# 用地担当者のための民法の基礎知識

宇仁 美咲／著

# はしがき

　本書は、令和2年（2020年）9月から令和5年（2023年）10月まで用地ジャーナルに連載した「用地担当者のための民法の基礎知識」をまとめたものです。

　この連載は、用地取得に際し日常的に生じる様々な法律問題について、担当者に代々受け継がれてきた処方箋だけに頼ることなく、具体的で適切な説明ができることを目指して始まりました。用地ジャーナルとしては初めての試みでしたが、読者からの質問も受け付けました。連載期間中に編集部経由で筆者に届いた質問は2件でしたが、いずれも非常によく考えられた質問で、相当な知識を有する方が読まれているのだと背筋が伸びる思いがしました。

　連載が開始されたのは令和2年9月でしたが、令和4年11月に終了するまでの間に、民法（債権関係、共有関係、相続関係親子法制、戸籍法等）や不動産登記法の改正、相続土地国庫帰属法の制定など用地取得にあたって理解しておくべき重要な法律の改正や制定が重なり、このたび一冊にまとめるに当たり、大幅に加筆・修正を施し、読者からいただいた質問も入れ込みました。

　法律の知識に裏打ちされた経験は自信につながり、自信をもってなされた説明は説得力を生みます。本書が「現場の経験」に「知識」の裏打ちをし、担当者の自信につながるのであれば、これほどうれしいことはありません。

　連載中から本書の脱稿に至るまで、多くの方々に支えていただきました。

　用地ジャーナルへの連載は、元（一財）公共用地補償機構常務理事板倉靖和氏からのご依頼が始まりでした。お受けするにあたり、知識優先の独りよがりになることを防ぐために、用地取得の観点から忌憚のないご意見を述べてくださる方を紹介していただきたいとお願いしたところ、井上　稔氏（（一社）日本補償コンサルタント復興支援協会企画・研修部長、元：国土交通省関東地方整備局用地部用地調整官）と高橋徹雄氏（（一財）公共用地補償機構用

地補償研究所統括主席研究員）というまさに公共用地取得における逸材ともいえる得難い人物に伴走していただくことができました。お二人の専門知識とメールでの熱心なやりとりを通じて、"現場感覚"を維持しながら3年半もの長きにわたり書き続けることができました。また、締め切りに追われてわき目もふらずにパソコンに向かっていても、何も言わずに見守ってくださった事務所長の岡本正治弁護士、丹念な校正と締切りを口にしない信頼によって、励まし続けてくださった大成出版社企画編集部岩田康史氏には様々にご苦労をおかけしました。各氏の静かな励ましと理解と信頼に心より感謝を申し上げます。

　最後に、連載をお読みいただいた用地ジャーナルの読者にも感謝の意をささげます。皆様のご支援とご愛読が書き続ける力の源でした。

　本書の表紙と裏表紙は井上　稔氏の御子息である井上　朗氏の作品です。掲載をご快諾いただき、心より感謝しております。

　　2025年3月

　　　　　　　　　　　　　　　　　　　　　　　　弁護士　宇仁　美咲

# 凡　例

○法令名略記

民　民法

不登　不動産登記法

不登規　不動産登記規則

相帰　相続等により取得した土地所有権の国庫への帰属に関する法律
　　　（相続土地国庫帰属法）

特措　所有者不明土地の利用の円滑化等に関する特別措置法

民執　民事執行法

民執規　民事執行規則

民訴　民事訴訟法

民保　民事保全法

民保規　民事保全規則

人訴　人事訴訟法

家手　家事事件手続法

宅建業法　宅地建物取引業法

建物保護法　建物保護ニ関スル法律

一般法人法　一般社団法人及び一般財団法人に関する法律

○判例等引用略記

大判　大審院判決

大連判　大審院連合部判決

最判　最高裁判所判決

民録　大審院民事判決録

大民集　大審院民事判例集

裁判例　大審院裁判例＝法律新聞号外

民集　最高裁判所民事判例集

裁判集民　最高裁判所裁判集民事

下民集　下級裁判所民事裁判例集

判時　判例時報

判タ　判例タイムズ

WLJPCA　Westlaw Japan のデータベース

# 目　次

はしがき

凡例

## ① 売買契約の基本要素

Q1-1　売買の基本的要素は何ですか。……………………………1

Q1-2　「契約の締結」と「契約の成立」は違うのですか。…………3

## ② 交渉の相手方・代理

Q2-1　代理とはどういう制度ですか。………………………………7

Q2-2　委任状がなければ代理権の授与があったとはいえないのですか。………………………………………………………11

【豆知識】白紙委任状……………………………………………11

Q2-3　同居している長男から「この件については父から任されているから」とか、「自分が代理しているから」と言われても、委任状がなければ、相手にしてはいけないのですか。…12

【豆知識】印影と印章……………………………………………13

Q2-4　土地所有者が認知症のため、介護認定を受けています。用地取得の手続を進めることはできますか。………………14

【豆知識】後見開始審判の取消し………………………………17

Q2-5　土地所有者は、要介護度5の認定を受けて介護施設に入所中。子供4人が土地の売却には同意するが「成年後見人の選任はお金がかかるからやりたくない、長男を"相続人代表者"として売買したい」と言っています。窓口になるという長男を相続人代表者として売買契約を締結できます

か。……………………………………………………………… 18

## ❸ 対抗要件

- Q3-1　物権は、なぜ、公示が必要なのですか。……………… 19
- Q3-2　登記しなければ対抗できない「第三者」には例外はないのですか。…………………………………………………………… 23
- Q3-3　売買契約のように当事者の意思による物権変動の場合以外に、登記が問題になる権利関係はありますか。……………… 26

## ❹ 地図、公図と筆界

- Q4-1　「地図」と「公図」は違うのですか。……………………… 33
- Q4-2　私人間で土地を購入するときに、土地をきちんと測量してもらいました。私の手元にある測量図面を登記所に備え付けてもらうことはできますか。……………………………… 35
- Q4-3　「公図」は、不動産登記法14条1項の「地図」ではないのに、なぜ登記所に備え付けられているのですか。………… 37
- 【豆知識】　公図…………………………………………………………… 38
- Q4-4　「公図」によって現実の土地がどこにあるのかを特定することはできますか。………………………………………… 38
- Q4-5　「境界」とは土地の「境」ではないのですか。…………… 40
- 【豆知識】　登記記録において「一つの筆」である条件………………… 41
- Q4-6　隣地所有者との間で境界の合意をすることはできますか。… 42
- Q4-7　隣地所有者は、事業計画や補償方針については特段反対しないものの、土地の境界について代々激しく争っており、一歩も譲りません。筆界特定の申請を勧めてみましたが、測量費用の負担の問題もあって応じてもらえず、任意による用地取得が困難な状態になってしまっています。何か方

　　　　　法はないですか。……………………………………………46

**❺ 所有者不明土地問題**
　Ｑ５−１　所有者不明土地の利用の円滑化を図るためにどのような措
　　　　　置が講じられましたか。………………………………………49

**❻ 付合**
　Ｑ６−１　建物の賃借人が建物に設置したエアコンは、建物所有者の
　　　　　物になりますか。………………………………………………59
　【豆知識】　加工……………………………………………………………65
　Ｑ６−２　建物は、土地に付合しますか。………………………………71
　Ｑ６−３　賃借人が賃貸人の承諾を得て増改築をした場合で、増改築
　　　　　部分の所有権が賃借人に認められないときには、増改築費
　　　　　用は賃貸人に請求することができますか。………………………74
　Ｑ６−４　造園業者Ａが、苗木の栽培のためにＢから休耕田を借り受
　　　　　けて苗木を植栽していたが、造園業が不振で経営に行き詰
　　　　　まり、苗木は長らく放置されて土地に完全に根付いて樹木
　　　　　となった。その後Ａは、地代を払えなくなり、土地賃貸借
　　　　　契約を解除された。この場合、土地に植栽していた苗木や
　　　　　樹木の所有権は誰に帰属しますか。…………………………77
　【豆知識】　明認方法………………………………………………………79

**❼ 時効**
　Ｑ７−１　用地取得の対象となる土地の隣に住んでいる人が、「詳し
　　　　　いいきさつはよくわからないが、この土地は、当家の土地
　　　　　だと思って長年にわたり使っており管理もしてきた。地区

　　　　　　の人も当家の土地だと思っている」と言って、時効取得を
　　　　　　主張しています。一定期間、土地を占有しているだけで時
　　　　　　効取得ができるのですか。……………………………………81
【豆知識】「みなす」と「推定する」……………………………84
　Q7-2　時効取得を主張する者と登記事項証明書に記載されている
　　　　　所有者との間で土地の所有権がどちらにあるか合意にいた
　　　　　らない場合には、どのように対応すればよいですか。………91

## ⑧ 債務の履行と債権の消滅

　Q8-1　「債務の履行」と「弁済」は違うのですか。……………97
【豆知識】領収証の但書きの記載……………………………100
　Q8-2　受取証書の交付について争われた事案はありますか。……104
【豆知識】供託の目的物………………………………………108
　Q8-3　弁済はいつ、どこですればよいですか。………………109
【豆知識】振込み先の記載……………………………………110
　Q8-4　弁済は、債務者本人でないとできませんか。…………110
【豆知識】第三者による弁済の「第三者」……………………111
　Q8-5　友人に借りた10万円を返せる目途がつかないままずるずる
　　　　と3ヵ月がたってしまい、顔を合わせて嫌味を言われたく
　　　　ないので、親から譲り受けた九谷焼の壺（20万円相当）を
　　　　貸主である友人の家の玄関に「これで返す」と貼り紙をつ
　　　　けて置いてきたら、債務を免れることができますか。……114

## ⑨ 債務不履行

　Q9-1　契約が成立すると、債権者は債務者に対し、契約に従った
　　　　履行をするよう請求できるはずですが、債権者が債務の履
　　　　行を請求できない場合はありますか。……………………117

| 【豆知識】 | 特定物と種類物 | 118 |
| Q9-2 | 債務不履行には履行不能のほかにどんな類型がありますか。 | 119 |
| Q9-3 | 履行遅滞に陥るのはいつですか。 | 121 |
| 【豆知識】 | 利息と遅延損害金 | 122 |
| 【豆知識】 | 履行の提供 | 123 |
| Q9-4 | 期限が到来しても、履行遅滞にならない場合はありますか。 | 126 |
| 【豆知識】 | 双務契約 | 127 |

## ⑩ 履行の強制

| Q10-1 | 債務者が債務を履行しない場合、強制的に履行させることはできますか。 | 131 |
| Q10-2 | 手続に則った国家機関による履行の強制には、どのような方法がありますか。 | 132 |
| 【豆知識】 | 引渡しと明渡し | 133 |
| 【豆知識】 | 執行官 | 134 |
| Q10-3 | 直接強制が可能な場合や代替執行が可能な場合には、間接強制はできますか。 | 141 |
| Q10-4 | 金銭債権は、どのようにして回収しますか。 | 142 |
| Q10-5 | 強制的に履行させようとすれば、裁判をしなければならないのですか。 | 142 |
| Q10-6 | 土地上の建物を撤去して、土地の明渡しをするための強制執行の流れはどうなりますか。 | 147 |
| 【豆知識】 | 差押禁止財産 | 155 |
| Q10-7 | 建物賃借人が賃料を滞納しているので、早く明け渡して欲しいと思っています。裁判をして強制執行をするのは、非 | |

|  |  | 常に時間と手間がかかります。契約書には、1か月の滞納で建物を明け渡すと明記しているので、契約条項に基づいて明け渡してもらうことはできますか。………………156 |
|---|---|---|
| 【豆知識】 | | 契約自由の原則と自力救済………………………………160 |
| 【豆知識】 | | 民事訴訟法248条（損害額の認定）……………………161 |

## ⑪ 債務不履行の効果
### ―損害賠償請求

| Q11－1 | 債務不履行があれば、常に損害賠償請求ができるのですか。………………………………………………………165 |
|---|---|
| Q11－2 | 債務不履行により損害が発生したら、どのような場合でも賠償請求ができるのですか。…………………………169 |
| Q11－3 | 「債務者の責めに帰することができない事由によるもの」があるかどうかは、どのように判断されるのですか。……170 |
| Q11－4 | 債務不履行によっては様々な損害が生じますが、債務者が賠償する義務を負うのは、どの範囲ですか。……………175 |
| 【豆知識】 | 損害賠償額算定の基準時……………………………178 |
| Q11－5 | 裁判所の判断を待たずに当事者間で損害の額を決めることはできますか。……………………………………………180 |
| 【豆知識】 | 予定損害賠償額の増減……………………………183 |

## ⑫ 解除

| Q12－1 | 土地の売買契約を締結しましたが、事情があって売買契約を解除したいのです。どうすればよいですか。……………185 |
|---|---|
| Q12－2 | 土地の売買契約が解除されました。引渡しを受けている土地はどうすればよいですか。………………………………190 |
| Q12－3 | 買主が、代金支払い期日に売買代金を支払わなかったの |

| Q12－4 | 土地がAからB、BからCに売却された後、Aが、Bの代金不払いを理由に売買契約を解除しました。CはAに所有権を主張することができますか。‥‥‥‥‥‥‥‥‥‥‥192 |
|---|---|
| Q12－5 | 解除権が消滅することはないのですか。‥‥‥‥‥‥‥193 |
| Q12－6 | 土地建物の売主は息子とその父の2名で、買主は私たち夫婦だったのですが、私たちは契約を解除したいと思っています。このような場合、契約解除の意思表示は誰から誰にすればよいですか。‥‥‥‥‥‥‥‥‥‥‥‥‥‥‥‥‥194 |
| Q12－7 | 解除の意思表示は、いつ効力が生じますか。‥‥‥‥‥196 |
| Q12－8 | 金融機関から融資を受けて、土地建物を購入する予定で売買契約を締結したのですが、融資が実行されないことが確定したので、売買契約の白紙解除をしたいと思います。可能ですか。‥‥‥‥‥‥‥‥‥‥‥‥‥‥‥‥‥‥‥‥‥198 |
| Q12－9 | 新築マンションの売買契約を締結し、手付金を支払いましたが、金融機関から融資を受けられなかったので、ローン特約解除をしようと思い、販売代理業者に伝えました。手付金は戻ってきますか。‥‥‥‥‥‥‥‥‥‥‥‥‥‥204 |
| Q12－10 | 中古の土地建物を売りたいのですが、ローン特約を設けると、融資承認されるかどうかが確定するまで、売主としては長期間にわたり不安定な立場に立たされます。何か方法はありますか。‥‥‥‥‥‥‥‥‥‥‥‥‥‥‥‥‥‥205 |
| Q12－11 | 婚約が調い、新居としてマンションを購入することになり融資承認も下りたのですが、いろいろあって、婚約を解消することになりました。ローン特約解除の期限も経過していますし、事前審査では融資承認される見込みですから、ローン特約解除の要件には当てはまりません。なんとか白紙解除をしてもらう方法はないですか。‥‥‥‥‥‥‥206 |

で、契約を解除しました。損害賠償請求はできますか。‥‥191

## ⑬ 手付

- Q13-1　手付は、何のために授受するのですか。……………………209
- 【豆知識】　「手付金０円」の落とし穴……………………………………212
- Q13-2　違約罰としての手付の合意をしている場合に、手付解除はできますか。………………………………………………………218
- Q13-3　手付解除をした場合、損害賠償請求はできますか。………220
- Q13-4　手付解除は、いつまでもできるのですか。…………………221

## ⑭ 契約不適合

- Q14-1　引き渡された目的物が、売買契約の締結時点で予定していた性状を有しなかった場合、買主にはどのような救済手段が用意されているのですか。……………………………………227
- 【豆知識】　地歴の調査……………………………………………………231
- 【豆知識】　売買代金取り決めの事情まで記載した契約書……………232
- 【豆知識】　公簿面積と実測面積…………………………………………235
- Q14-2　目的物が品質や性能を「欠いている」かどうかは、いつ判断されるのですか。………………………………………………236
- 【豆知識】　更改……………………………………………………………238
- Q14-3　契約不適合の場合に、買主がとることができる手段として民法はどのような方法を用意していますか。……………………239
- 【豆知識】　追完請求権としての修補……………………………………240
- 【豆知識】　形成権…………………………………………………………243
- Q14-4　追完が不能であるかどうかの判断基準は何ですか。………244
- Q14-5　代金減額請求や解除において、催告を要しない場合として定期行為が挙げられています。定期行為とは具体的にどういう契約ですか。……………………………………………………245
- Q14-6　契約不適合責任を負わないという約定を設けることはでき

|  |  |  |
|---|---|---|
|  |  | ますか。……………………………………………………246 |
| 【豆知識】 |  | 破産財団に含まれる土地の売却……………………………249 |
|  | Q14-7 | 契約不適合責任に基づく修補請求、損害賠償請求、解除をするには期間制限はありますか。売主に対し契約不適合責任を問うためには、買主は、いつまでに何をしなければならないのですか。……………………………………………………249 |
|  | Q14-8 | 契約不適合責任に基づく権利を行使するには期間制限はありますか。……………………………………………………251 |

## ⑮ 賃借権が設定された土地の売買

| | Q15-1 | 賃借権が設定された土地を売買することはできますか。……255 |
|---|---|---|
| 【豆知識】 | | 賃借権の登記………………………………………………258 |
| 【豆知識】 | | 賃貸人に対する登記請求権………………………………259 |
| 【豆知識】 | | 借地権………………………………………………………261 |
| 【豆知識】 | | 権原と権限…………………………………………………263 |
| | Q15-2 | 借地上の建物の登記名義が同居の親族名義になっている場合でも、借地権を対抗することはできますか。……………264 |
| | Q15-3 | 賃借人が賃借した土地上に建物を建築して第三者に賃貸している場合は転貸借になるのですか。……………………265 |
| | Q15-4 | 土地上に建物や構築物がある場合には、土地の利用関係について事実確認をすることは比較的容易ですが、売買契約締結後に実は、資材置き場として賃貸に供されているという事実が判明した場合、買主は賃借人に対し、明渡しを求めることはできますか。……………………………………272 |
| | Q15-5 | 農地を借りて耕作している場合、これも賃借権ですか。……275 |

## ⑯ 担保に供された土地の売買

- Q16-1　抵当権とはどんな権利ですか。……………………279
- Q16-2　抵当権の実行とは、どういうものですか。……………281
- Q16-3　競売による不動産担保権の実行は、どういう手続で行われますか。……………………………………………………282
- Q16-4　不動産競売における売却の方法にはどんなものがありますか。……………………………………………………285
- Q16-5　担保不動産収益執行とはどういう手続ですか。……………287
- Q16-6　抵当権が設定されている土地の買主は、抵当権が実行されると、なぜ所有権を喪失するのですか。……………………289
- Q16-7　抵当権が設定されている土地の買主が抵当権を消滅させる方法はありませんか。……………………………………290
- Q16-8　登記簿を確認したら乙区欄に根抵当権が設定されていました。抵当権と根抵当権はどう違いますか。……………295
- Q16-9　登記簿を確認したら、既に解散した法人名義の根抵当権が残っていました。これを抹消することはできますか。………298
- Q16-10　民法改正前に債権が成立していた場合には、解散日から10年経過すれば、解散した法人が有していた債権は時効消滅するとしても、万一、解散日よりも後に弁済期が設定されている債権が存在する場合は、消滅時効の起算日はいつですか。……………………………………………………301
- Q16-11　抵当権の被担保債権である金銭債権の弁済期が確認できない場合、消滅時効の起算点はいつですか。………………302
- Q16-12　解散している法人の清算人を選任するにはどのような手続が必要ですか。……………………………………………303
- Q16-13　解散した法人を根抵当権者とする登記を訴訟によって抹消するにはどうすればよいですか。……………………306

## ⑰ 仮差押え登記が残ったままの土地の売買

- Q17-1　仮差押えはどういう目的でなされるのですか。……………311
- Q17-2　訴訟を提起するのはハードルが高いので、とりあえず、権利を保全しておきさえすれば、強制執行に備えた財産の確保ができますか。…………………………………………313
- Q17-3　起訴命令にしたがって訴えを提起しなかった場合には、どうなりますか。………………………………………………318
- 【豆知識】　訴えの取下げ……………………………………………320
- Q17-4　登記簿の甲区欄に、仮差押え登記が残っている土地を買い受けました。この土地は、仮登記の設定後、数人を転々流通して現在の買主が所有権者となっています。現在の土地の所有者は、起訴命令の申立てをして保全命令の取消しの申立てができますか。…………………………………321
- Q17-5　土地の全部事項証明書の甲区欄には、「仮差押え」の記載があり、約100年前の明治33年●月●日に「▼▼区裁判所」でなされています。現在は、「区裁判所」というものはありません。起訴命令と仮差押え命令取り消し申立ては、どこに提起すればよいですか。………………………324

## ⑱ 仮処分

- Q18-1　訴えを提起し、確定判決を得て強制執行をするには、一定の時間がかかります。その間に、債務者が財産を使ってしまったり、目的物を誰かに譲渡してしまったりすることを防ぐ手段はありますか。……………………………………325
- 【豆知識】　密行性………………………………………………………327
- Q18-2　保全命令にはどんな種類がありますか。…………………328
- Q18-3　係争物に関する仮処分は何のためにするのですか。………331

目次　xi

| 【豆知識】 | 承継執行文 ································· 333 |
| --- | --- |
| 【豆知識】 | 民事訴訟における当事者の死亡 ············· 333 |
| Q18－4 | 仮の地位を定める仮処分の類型で、実務上申立ての多い類型はどのようなものですか。 ································ 334 |
| Q18－5 | 保全命令の手続は、具体的にはどのような流れになりますか。 ································ 336 |
| 【豆知識】 | 管轄と申立て ································· 337 |
| 【豆知識】 | 記録を残す ································· 339 |
| Q18－6 | 保全命令が発せられると、その後の手続はどのような流れになりますか。 ································ 344 |

## ⑲ 婚姻と離婚

| Q19－1 | 土地の登記記録に記載されている所有者が死亡していることが判明した場合、相続人を特定するためにはどの順番で確認していけばよいですか。 ································ 349 |
| --- | --- |
| 【豆知識】 | 「親族」 ································· 350 |
| Q19－2 | 婚姻は、婚姻届出をすれば成立しますか。 ············· 352 |
| Q19－3 | 離婚にはどんな種類がありますか。 ················· 355 |
| Q19－4 | 協議離婚の理由は限定されていますか。 ············· 358 |
| Q19－5 | 離婚は婚姻が解消するという効果のほかに、どんな効果を伴いますか。 ································ 360 |
| Q19－6 | 財産分与や離婚慰謝料などは離婚の効果ではないのですか。 ································ 361 |
| Q19－7 | 親権者を決めないと離婚できないのですか。 ············· 363 |

## ⑳ 親子

| Q20－1 | 戸籍は、どのように編製されますか。 ··············· 365 |
| --- | --- |

| | | |
|---|---|---|
| Q20－2 | 相続において、実子と養子は区別されますか。 | 368 |
| Q20－3 | 養子縁組の要件は何ですか。 | 368 |
| Q20－4 | 養子縁組の効果は何ですか。 | 371 |
| Q20－5 | 養子縁組をすると、戸籍には養子の記載がされますか。 | 372 |
| Q20－6 | 認知とはどういう制度ですか。 | 377 |
| 【豆知識】 | 改製原戸籍 | 382 |
| Q20－7 | 未成年の子が所有者になっている土地は、誰が管理するのですか。 | 383 |
| Q20－8 | 土地所有者である未成年者の父母が婚姻中の場合、土地の売買契約にあたっては、父母の両名が署名押印する必要がありますか。 | 385 |

## ㉑ 相続

| | | |
|---|---|---|
| Q21－1 | 登記簿上の土地所有者が死亡していることが判明しました。土地上の建物に居住しているのは、登記簿上の土地所有者の妻で、子供は独立して他県で生活しています。用地取得の交渉は誰との間で行えばよいですか。 | 389 |
| Q21－2 | 遺産を相続しないという選択はできますか。 | 395 |
| 【豆知識】 | 事実上の相続放棄 | 397 |
| Q21－3 | 相続の割合は、誰が相続人かで変わりますか。 | 401 |
| Q21－4 | 被相続人が亡くなってから相当時間が経過した場合でも、遺産分割はできますか。 | 402 |
| Q21－5 | 相続人がいない場合について、民法は規定を設けていますか。 | 403 |
| 【豆知識】 | 公告期間の短縮 | 404 |
| Q21－6 | 登記簿上の建物所有者が死亡しており、その建物に居住しているのは、死亡した建物所有者の妻で、子供は独立して | |

他県で生活しています。妻には配偶者居住権があります
　　か。……………………………………………………………405

判例索引……………………………………………………… 411
事項索引……………………………………………………… 415
参考文献……………………………………………………… 423
著者略歴……………………………………………………… 429

#  売買契約の基本要素

　公共用地取得業務は、道路や河川、鉄道等の社会資本（インフラ）を整備するために必要な用地を取得する業務です[1]。公共用地の取得の方法には、土地収用（強制取得）と任意取得の2つがあります。用地取得は、①土地収用という権力的手段を用いることが可能ですが、②現実には、土地所有者との話し合いにより、民法上の売買契約によって取得する任意取得の方法がとられることが多いと言われています[2]。

　公共用地の任意取得は、買主が国や地方公共団体等であることから、用意されている売買契約書の様式には私人間の売買ではみられない条項もありますが、法的性質は民法上の売買です。そこで、はじめに、売買契約における基本的な要素をもとに、本書で取り上げる事項について俯瞰をしてみましょう。

##  1-1
**売買の基本的要素は何ですか。**

　売買契約の要素は、
　① 売主と買主の両当事者が確定していること
　② 移転される財産権＝目的物が定まっていること
　③ 売買代金
の3つです。

---

[1] 藤川・公共用地取得・補償の実務2頁。
[2] 藤田・行政法総論　上巻28頁。

■**当事者の確定**■

　公共用地の任意取得では、買主は国や地方公共団体等であり、買主が確定しないということはありません。難しいのは、売主が誰であるかということです。登記簿上の所有者が既に死亡している場合には、相続が発生しますし（→㉑ 相続）、登記簿上の所有者の所在が分からないとか、相続が繰り返されている間に相続人が鼠算式に増えて、誰が所有者であるかの調査に多大な時間と手間を要する場合もあります（→❺ 所有者不明土地問題）。相続を理解するには親族関係の知識が不可欠です（→⑳ 親子・⑲ 婚姻と離婚）。

　現況を確認するため現地に行ってみると、登記簿上の所有者ではない者が時効取得を主張する場合もあります（→❼ 時効）。

　売主が誰であるかが確定していても、その売主が認知症により判断能力に問題があるという場合もあります（→❷ 交渉の相手方・代理）。

　売主は特定できていても、取得の対象となる土地が共有地であって共有者間で統一的な意思形成ができない場合もあります（→❺ 所有者不明土地問題）。

■**目的物の特定**■

　土地は一続きになっており、境界標が設置されている場合ばかりではありませんから、1筆の土地の範囲を把握しておかねばなりません（→❹ 地図、公図と筆界）。

　隣地所有者との間に境界の争いがあり、隣地所有者が土地の測量に同意しないとか、測量のための立入を拒否することは、珍しくありません。令和3年の民法の一部改正により測量のための土地の立入が認められるようになりました（→❺ 所有者不明土地問題）。

■**目的物に関する権利関係**■

　売買の目的となる土地が賃貸に供されていたり、抵当権や根抵当権といっ

た担保に供されていることも珍しくありません（→⓯ 賃借権が設定された土地の売買、⓰ 担保に供された土地の売買）。

■契約の履行・債務不履行■

　任意取得の契約類型は売買ですから、私人間の売買契約がどのような手順で締結されるのかについて知っておくことは必要です（→⓭ 手付）。そのうえで、契約にしたがった履行とはどのようなものか（→❽ 債務の履行と債権の消滅）、契約に従った履行がなされなかったことによる損害は誰がどのように負担するか（→⓫ 債務不履行の効果―損害賠償請求）、契約関係から離脱したいという場面では何が問題になるか（→⓬ 解除）の理解も必要です。一応の履行がなされても、契約締結時に契約内容としていた履行がなされていない場合もあります（→⓮ 契約不適合）。

　用地取得においては、債務が履行されないときに、契約を解除して損害賠償請求すれば紛争が解決するわけではなく、むしろ、契約に従った履行として土地を引渡してもらう必要があります。そのための手段と方法について知っておくことは、交渉における説得材料になります（→❿ 履行の強制）。強制執行の手続をとっている間に目当ての土地を第三者に売却されてしまうと困りますから、これを封じる手段についても知っておきましょう（→⓱ 仮差押え登記が残ったままの土地の売買、⓲ 仮処分）。

## 1-2
「契約の締結」と「契約の成立」は違うのですか。

---

　「契約の締結」は事実です。「契約の成立」はその事実に対する法的評価です。

　したがって、滞りなく土地の引渡しを受け、その後も紛争が生じないように売買契約が成立したと評価される事実を積み上げておく必要があります。

❶ 売買契約の基本要素

契約成立の大前提として、契約締結の意味を認識することができる程度の判断能力を有する者の自由な意思決定に基づく意思表示をもって売買契約を締結することが必要です。

## ■諾成契約■

売買契約は契約書というタイトルの書面がなくても「売ります」という意思表示と「買います」という口頭での意思表示が合致すれば成立します。このように、何らの様式も要しない契約を諾成契約と言います。

「意思表示の合致」というのは、単純に意見が一致したという意味ではありません。「成熟した意思表示の合致」による合意の終局性が必要です。契約を締結することによって、売主は目的物を引渡し、買主は合意が調った額の売買代金を支払うという法律効果までを当事者双方が納得して売主が「売ります」という意思表示をし、買主が「買います」という意思表示をしたときに、意思表示が合致したと言えるのです。

わが国における不動産の売買では、売主と買主の双方が「契約書」の締結をもって取引内容を確定させ、最終的な合意が調うと考えていますから、契約書の締結をもって契約が成立したといえることがほとんどです。

## ■不動産の売買契約の成立時期■

契約がいつ成立するかについては、取引慣行が重視されます。用地の任意取得に限らず、不動産売買は、通常、契約書を取り交わすことで"契約の成立"とされます。

以下の裁判例は、書面の取り交わしはしたが、その後にまだ具体的な条項を詰める予定であった場合に、書面作成時点で契約が成立するかが争われた事案です。

【東京地判昭57.2.17判時1049号55頁】
〔事案の概要〕
売主と買主との間で、昭和46年6月15日、不動産を代金2億6000万円、手

付金5200万円で売買することについて合意が成立し、同年6月28日に正式契約を締結する旨を定めて仮契約を締結したが、その後に、買主が、売買契約の締結を拒否した。売主は、契約成立を主張して買主に対し、損害賠償請求をした。請求棄却。

〔判旨〕

「売買代金は、当事者双方が売買を成立させようとする最終的かつ確定的な意思表示をし、これが合致することによって成立するものであり、代金額がいかに高額なものであったとしても、右意思表示について方式等の制限は何ら存しないものである反面、交渉の過程において、双方がそれまでに合致した事項を書面に記載して調印したとしても、さらに交渉の継続が予定され、最終的な意思表示が留保されている場合には、いまだ売買契約は成立していないことは言うまでもない」

「本件仮契約書は、不動産売買仮契約書と題するもので、その前文では、本件仮契約書が正式契約でないことを示す趣旨の記載があり、第2条では更に具体的細部事項を定めて正式契約を締結するものと明確に規定している。したがって、仮契約書の記載上も、後日正式契約を締結すること及びその締結に向けて、正式契約に盛り込むべき具体的細部事項について交渉を継続することを予定しており、実際にも、右規定の趣旨に基づいて、具体的細部事項についての交渉を継続して同年6月28日に正式契約を締結し、その際、買主側から手付金として5200万円を支払うという今後のスケジュールが予定されていたことから、昭和46年6月15日の書面化（仮契約）は、売買代金及び目的物について合意に達したので、これら売買契約の基本的条件を書面化して確認するとともに、さらに交渉を継続して、売買契約に盛り込むべき具体的細部事項を定め、本件仮契約書の各条項を基本的な内容とする売買契約を締結することを定めた契約が締結されたにすぎない。当事者が後日正式な売買契約を締結する意思であったことから、いまだ売買契約が成立したものとは認められない」。

通常、契約書を授受する前には、売買契約の要素である目的物、代金額及

びその支払方法、支払時期等のいずれの点についても、概ね合意に達しています。しかし、不動産は、担保に供されていたり、賃貸借に供されたりしていることは珍しいことではありませんから、このような権利関係をどのように整理し、処理するかということについて合意がなされなければ、売主も買主も、まだ、契約に向けて詰めなくてはいけない事項が残っていると考えています。さらに、売買代金額は通常高額にのぼりますから、いつ、どのような形で代金を授受するか、仮に、目的物に当事者が契約締結当時認識していなかった問題があった場合、これをどのように処理するかといった事項を契約書で合意しておく必要があります。実際、売主も買主も、これらの事項について取り決め、これを条項に記載した売買契約書に署名捺印してこれを取り交わして初めて「契約が成立」すると考えています。このように、両当事者が、後日正式な売買契約書を交わして契約を締結する意思を有している場合には、いくら仮契約書の授受があったとしても、その内容は書面を授受した当時に合意ができていた基本的事項を記載したに過ぎず、これから具体的な事項を詰めていく必要があると考えている場合には、終局的な合意とは言えません。概ね合意ができたというだけでは、いまだ本件売買契約が成立したものとは認められず、不動産取引の慣行に照らすと、契約書の締結がなければ合意の終局性が認められないと評価されているのです[3]。

## ■売主の義務と買主の義務■

　売買契約が成立すると、売主と買主のそれぞれに義務が生じます。

　基本的な義務としては、土地の売主は、土地の所有権を買主に移転し（民555条）、登記、登録その他の売買の目的物である権利の移転についての対抗要件を備えさせる義務を負います。買主は支払期限までに売買代金を支払う義務を負います。

---

[3] 中田・契約法112頁。

# 交渉の相手方・代理

　用地取得の対象となる土地の所有者が誰であるかの調査が完了し、所有者に会いに行ったら、所有者ではない人物が出てきて「この件については父から任されているから」とか、「自分が代理しているから」とか、「父は、老健施設に居るので会えない。どのみち話は分からないだろうし、代表して自分が話を聞く」などと言われることがあります。所有者本人ではない者が契約の場面に関与し、本人に契約の効力を生じさせるために、民法はどのような規律を設けているのでしょうか。

## Q 2-1

### 代理とはどういう制度ですか。

　代理は、本人と一定の関係にある他人（代理人）が本人のために意思表示をすることによって、その効果を直接本人に帰属させる制度です[4]。

### ■日常用語と法律用語の不一致■

　日常用語と法律用語とで意味が異なる言葉はたくさんあります。「代理」はその最たるものです。

　日常用語としての「代理」の使い方は、毎月第一日曜の朝に行われている地区の清掃行事に「父の代理で来ました」と出席したり、卒業式に市長の祝辞を代読する人を「市長の代理として〇〇課長がおいでくださいました」と紹介したりします。これらは、「〇〇の代わりで」という意味で使われてい

---

[4] 四宮＝能見・民法総則341頁、潮見・民法（全）73頁。

ますが、それ以上の意味はありません。

　民法が規定している「代理」とは、本人に代わって「意思表示」を行い、その効果が本人に生じる制度です。代理人が行うのは「意思表示」です。民法も、「本人のためにすることを示してした意思表示は」（民99条1項）と規定しています。清掃行事に参加したり祝辞を代読したりする「事実行為」は、民法でいうところの代理ではありません。

> **（代理行為の要件及び効果）**
> 第99条　代理人がその権限内において本人のためにすることを示してした意思表示は、本人に対して直接にその効力を生ずる。
> 2　前項の規定は、第三者が代理人に対してした意思表示について準用する。

## ■代理の要件（民99条1項）■

　以下の3つの要件が揃うと、代理人Aの意思表示の効果を本人Xに生じさせることができます。

① 代理権
② 顕名（X代理人Aと表示すること）
③ 意思表示

　①の「代理権」とは、本人に代わって意思表示をしたり、受けたりする地位や資格をいいます。代理権がない者が土地の売買契約を締結しても、本人の追認がなければ、無権代理として本人に対して効力は生じません（民113条1項）。

　②の「顕名」とは、代理人として意思表示をしていることを契約の相手方に示すことです（民99条1項）。具体的にはX代理人Aと表示します。

　わが国では、土地の売買が口頭でなされることはまずありませんから、代理人によって土地を売却する場合には、売主から代理権を授与された（①）代理人がX代理人Aとして「この土地を3000万円で売ります」という意思表示をし（③）、買主が「この土地を3000万円で買います」という意思表示をし、実務上は、さらに様々な取り決めを経て、当事者双方の意思の合致に

よって、売買契約が成立します。売買契約書にはX代理人Aとして署名押印することで（②）、売買の効力が本人に生じます。その結果本人Xは、土地を引き渡して買主に登記を移転する義務を負い、買主は本人Xに対し、土地所有権を移転する対価として売買代金の支払義務を負います。

## ■使者と代理■

代理とよく似た制度に使者があります。使者は、本人が決定した意思表示をそのまま相手方に伝達するものです[5]。

不動産の売買契約は、通常、売買契約書という書面を取り交わして行われます。XとYの共通の知人であるAから口頭で「Xさんが、土地を売るって言ってたよ」と聞いたYや「Yさんが土地を買うそうですよ」と聞いたXは、Cが使者として土地の売買契約締結のための意思表示を伝達していると勘違いすることはまずありません。Cから伝え聞いたXやYは、相手方が概ね契約締結に向けた意思を固めたのだなとは思うかもしれませんが、そこからさらに、契約書の作成に伴った細かい条件（支払い条件や違約金等）を詰めていく作業に入れるなと考えるのが普通です。このようなCは、意思表示を伝達しているわけではないので使者にはあたりません。

売買によって土地の引き渡しを受けた後、契約時にはわからなかった地中埋設物や土壌汚染が発見された場合などに、買主が知人や媒介業者を通じて売主に対し、「コンクリートガラが埋まっていたから売主の方で処理をして欲しい」とか、「契約を白紙にして欲しい」などと述べることがあります。このときの知人や媒介業者も通常は、使者ではありません。使者は、「意思表示」を伝達するものです。「言い分」や「要望」を伝えるものではないからです。「意思表示」とは、法律行為の構成要素です。損害賠償請求の意思表示や契約解除の意思表示があれば、その意思表示に沿った法律効果が発生します。高額な不動産の売買においては、様々な人物が「代理人」や「使

---

[5] 四宮＝能見・民法総則343頁、潮見・民法（全）92頁。

者」と称して登場することがあります。このときには、誰から、どんな権限を与えられているのかを確認することが必要です。一般には、「意思表示」がなされたと言えず、使者ですらないことも多いものです。

意思表示は相手に到達して初めて効力を生じます（民97条1項）。解除の意思表示も相手方に到達しないとその効力を生じません。契約を解除されたくない側は、「解除するなどとは聞いていない」、「解除の意思表示は届いていない」と主張するかもしれません。意思表示が到達したかどうか、到達したとすればいつ到達したのかが問題になることを避けるため、損害賠償請求の意思表示や契約解除の意思表示をするときには、万一訴訟になった場合を念頭において、配達証明付きの内容証明郵便を用いるのが通常です。

## ■代理権の発生原因[6]■

代理権の発生原因は2つあります。

1つは、法定代理権と言って、法律の規定等により代理権が発生するものです。①未成年者の親権者は法律上当然に代理人となりますが（民818条、819条3項本文、824条）、②離婚の際に父母の一方を親権者と定める場合もあります（民819条1項～3項）[7]。③不在者財産管理人は家庭裁判所によって選任されます（民25条）。いずれも、本人の意思ではなく、法律の規定や（①の場合）、本人以外の者の意思（②の場合）、裁判所の選任（③の場合）によって代理権が発生します。

もう1つは、任意代理権です。本人の意思、つまり本人の代理権授与行為に基づいて代理権が発生します。代理権授与行為は、一定の行為について代理権を授与するという意思表示です。土地の売却は、売主と買主との間で交渉をし、売買契約を締結して目的物を引き渡し、所有権移転登記を完了し

---

[6] 四宮＝能見・民法総則347頁、潮見・民法（全）73頁。
[7] 令和6年5月17日、民法の一部を改正する法律（令和6年法律第33号）が成立し（同月24日公布）。協議離婚の際は、父母の協議により父母双方または一方を親権者に指定することができ、協議が調わない場合、裁判所は、子の利益の観点から父母双方または一方を親権者と指定するとされました（民819条）。

て、売買代金を受領するという一連の行為を要します。代理人に対し、売買代金の受領権限まで与えるか否かは、本人と代理人との間の委任契約や業務委託契約の内容によります。

## Q 2-2
### 委任状がなければ代理権の授与があったとはいえないのですか。

A 代理権の授与は、意思表示のみでできます。代理権授与行為は、「委任状」という書類がなくても有効です。しかし、委任状がなければ、代理権の有無や範囲はわかりません。通常、委任状には、代理人の名前と、授与する代理権の範囲、代理権授与の意思表示が記載されます。特に書式や様式が定められているわけではありません。委任状によって、誰が誰に対してどのような法律行為を授権したのかが明らかになりますから、代理人と称する者が、代理権を有しているか否かを判断する一つの方法として用いられます。

代理権を有しない者が他人の代理人として契約をすることを、無権代理といいます。無権代理は、本人が追認をしなければ本人に効力は生じません（民113条1項）。ですから、売主の代理人と称するAが売主Xに無断でX代理人Aとして売買契約を締結しても、代理権がなければ契約の効力は本人であるXには生じません[8]。

---

 【豆知識】　白紙委任状

代理人の名前や、授与する代理権の範囲の全部または一部が記載されていない委任状を白紙委任状といいます。白紙委任状は、後日、代理権の授与や範囲が争われることが多いため、白紙委任状での契約は避けるべきです。白紙委任状を持

---

[8] 潮見・民法（全）77頁、四宮＝能見・民法総則372頁。

> 参した代理人に対しては、代理権限を明確にした委任状を求めるようにしましょう。

# Q 2-3

同居している長男から「この件については父から任されているから」とか、「自分が代理しているから」と言われても、委任状がなければ、相手にしてはいけないのですか。

委任状がなくても代理権を有する場合はないわけではありません。しかし、「任されている」とか、「代理している」と言われただけでは、土地の売買契約を締結することができる代理権を授与されているかどうかはわかりません。そのように言われても、家族の同席のもとに本人と話を進めるべきです。

## ■「任されている」、「代理している」の意味■

一般に、「任されている」、「代理している」というのは、「代わりに話を聞いておく」とか、せいぜい「事実上、本人に代わって自分が交渉窓口になります」という程度の意味しか有しないことがほとんどです。かと言って、我が国では親族間で委任状を出すことは稀ですから、用意周到に委任状が提出されると、逆に、代理権授与が疑われる場合も多々あります。同居している親族は、本人が保管している実印を使うことは比較的容易ですし、説明・交渉段階で早々と実印の印影がある委任状と印鑑証明書が提出されても、マイナンバーカードを使ってコンビニで印鑑証明書を取り寄せることができる自治体もあり、本人が代理権を授与したかどうかは委任状のみで判断することはできません。高齢化社会の進展とともに、土地所有者が意思能力を欠き、

代理権を授与するという意思表示ができる状態でない場合もあります。

### ■本人の意思確認■

「この件については任された」と長男が述べていても、財産的価値を有する土地を手放すかどうかは「ひとまず話を聞いてから」検討を始めるのが普通です。「売ること」、「売却すること」を自らの自由な意思で決定することができて初めて「売却のための代理権を授与する」のであって、売るかどうかも決めていない状態で漠然と"任す"というのは、代理権の授与とまでは言えないことがほとんどです。

したがって、原則は、所有者本人に直接会って、本人の意思を確認する必要があります。本人と面談することで、取引内容を理解する能力があるか、契約を締結することが自分にとって有利か不利かを判断できる能力があるか、このまま契約を進めることができるか否かについても確認することができるというメリットもあります。その上で、本人が「息子に任せている」と言った場合でも、契約に向けた要所要所で本人に面談し、意思確認をしながら進めることが望ましいと言えます。

### ■意思確認の方法■

高齢の所有者と話をする際には、家族の同席を求めることが望ましいです。高齢社会を反映し、土地の所有者は高齢者が多くなってきました。思い違いや聞き間違いを防ぐ意味でも、家族の同席のもとに話を聞いてもらい、説明・交渉を進めていくことが、本人の真意に基づく売買契約の締結にとって大切なことです。

【豆知識】 印影と印章

印章とは、「印、判」（広辞苑初版）のことです。街中で簡単に買える「三文判」から銘木や象牙、水晶などで作られる高価なものまであります。一般に「はんこ」とか「印鑑」と言われます。印影とは、「紙などにおされた印のあと」（広辞

苑初版）のことです。ですから、契約書に押印されている朱肉の跡は、印影です。

「この契約書には、あなたの印鑑が押してある」とは正確には、「この契約書には、あなたの印章による印影がある」ということになります。

土地の所有権をめぐる紛争には、「売買契約に基づいて所有権を取得した、売買契約書には売主の署名押印がある」と主張する買主に対して、土地所有者が、「自分は売った覚えはない」、「売買契約書は見たこともない」と主張し、本人が作成した売買契約書かどうかが争点になるものがあります。売買契約書は私文書です。「私文書は、本人又はその代理人の署名又は押印があるときは、真正に成立したものと推定する」（民訴228条4項）と規定されています。「推定する」であって「みなす」ではありませんから反証によって推定は破られます。売った覚えがないと主張する土地所有者は、同居する息子が自己の所有する印章を勝手に持ち出し、了解のないまま押印されたと立証することができれば、民事訴訟法228条4項の推定が破られます。

  2-4

土地所有者が認知症のため、介護認定を受けています。用地取得の手続を進めることはできますか。

 　成年後見人の選任等の手続を要する場合があります。意思能力を欠いた意思表示は、無効です（民3条の2）。

意思能力とは、自己の行為の法的な結果を認識・判断することのできる能力をいいます。意思能力の有無は、個々の法律行為ごとに個別に判断されます。「行為の種類・内容によっても異なるが、おおよそ7歳から10歳の子供の判断能力であると考えられている」[9]とされています。民法は、意思表示をした時に意思能力を有しなかったときは、その法律行為は無効とする（民3条の2）という明文規定を置きました。意思能力の有無については、その

---

[9] 四宮＝能見・民法総則44頁。

法律行為がなされた時点で意思能力がなく、この行為が無効であると主張する側が立証責任を負います。

## ■後見制度■

円満に社会生活を送っている人でも、泥酔状態であれば、自分の行為の性質を判断することはできず、意思能力がありません。しかし、飲酒によって意思能力を喪失するかどうかは体質だけではなく当日の体調や飲酒量などによって違うため、一概に言えません。現実には意思能力を有しない状態での意思表示だったと証明することは難しいものです。他方で、意思能力の有無は外観から判断できる場合ばかりではありませんから、取引後に意思能力を有していなかったから無効と言われると、相手方が予期せぬ損害を被ることもあります[10]。

そこで、民法は、行為能力の制度を設け、財産管理を中心とした事務処理面での判断能力が十分でない者（制限行為能力者）を、判断能力の程度・状況に応じて段階的に定型化し（常時欠如＞著しく不十分＞不十分）この者が単独で行った取引を、その時の意思能力の有無に関係なく取消すことができるものとしました[11]。

行為能力制度には、後見、保佐、補助の種類があり、成年後見人は、財産に関するすべての法律行為について代理権を有します（民859条）。保佐と補助は、申立ての範囲内で家庭裁判所が審判で定める特定の法律行為について代理権を有します（民876条の4、876条の9）[12]。

## ■介護認定と行為能力■

介護認定を受けていることと、成年被後見人であることとは別です。介護認定を受けていても認知能力には全く問題がない方もあります。後見、保佐

---

[10] 潮見・民法（全）20頁。
[11] 潮見・民法（全）21頁以下。
[12] 法務省・成年後見制度　https://www.moj.go.jp/MINJI/minji17.html

または補助開始の審判があれば、法務局が保管する磁気ディスクをもって調製する後見登記等ファイルに、記録がなされます（後見登記等に関する法律4条）。そのため、後見登記等ファイルに記録がないことを証明した登記事項証明書の交付を受けることができれば、取引の相手方が後見等の開始の審判を受けていないことを証することができます。この登記事項証明書の交付申請は、後見人、後見監督人等のほかは、本人、配偶者、4親等内の親族しかできません（後見登記等に関する法律10条）。

## ■成年後見人が選任されているとき■

成年後見開始の審判がなされているときには、成年後見人が法定代理人として法律行為を行います。甲の成年後見人乙が、甲所有の土地の売買について甲を代理するときには、「甲成年後見人乙」として、意思表示をします。

## ■成年後見の申立■

現実の取引において問題になるのは、土地所有者の後見開始の審判はなされていないけれど、認知能力に問題があり、土地の売却という意味が理解できない場合です。所有者が、土地の売却の意味が理解できずその判断ができなかったり、損得の判断ができない場合には、いくら土地所有者の署名捺印がある契約書があっても、意思能力がないとして売買契約が無効となる可能性があります。しかも、土地の売却について判断できない者が、土地の売却の代理権の授与について判断できるはずがありませんから、代理人により契約しようとしても、そもそも、代理権の授与行為自体が意思能力のないものとして無効です。

このような場合には、成年後見人を選任してもらい、成年後見人との間で売買契約を締結する以外に方法はありません。ただし、成年後見人選任の申立人は、本人、配偶者、4親等内の親族、未成年後見人、未成年後見監督人、保佐人、保佐監督人、補助人、補助監督人または検察官のほか、福祉の観点から老人福祉法等の特別法によって市町村長の申立てに限定されていま

す。そのため、用地取得に際して、土地所有者の判断能力に問題がある場合には、親族の協力のもとに後見開始の申立てをしてもらうよう説明する努力が求められることになります。

> 【豆知識】 後見開始審判の取消し
>
> 　民法は、後見開始審判の取消しについて規定を設けています（民10条）。要件は、「第7条に規定する原因が消滅したとき」つまり、「精神上の障害により事理を弁識する能力を欠く常況にある」（民7条）を回復したときです。
> 　認知症等により後見が開始された場合、本人が精神能力を回復することはまず見込めませんから、現実には、生涯にわたって、後見制度が適用されることになります。
> 　最近は、後見人が本人の財産を費消するなどの非違行為を防ぐため、後見人には弁護士や司法書士といった専門家が選任されることがほとんどです。後見人は本人の財産を管理し、かつ、その財産に関する法律行為について被後見人を代表し（民859条1項）、定期的に裁判所に報告を行います。後見人の報酬は、家庭裁判所が被後見人の財産の中から、「相当な報酬を」「与えることができる」（民862条）と規定されており、専門家後見人には、報酬が支払われます。認知症等は回復する見込みがない場合がほとんどですから、土地の売買という1回だけの行為のために後見開始の申立てをした場合であっても、いったん後見開始決定がなされると現実には一生にわたって後見制度が適用されることの問題性が指摘されています。

## Q 2-5

土地所有者は、要介護度5の認定を受けて介護施設に入所中。子供4人が土地の売却には同意するが「成年後見人の選任はお金がかかるからやりたくない、長男を"相続人代表者"として売買したい」と言っています。窓口になるという長男を相続人代表者として売買契約を締結できますか。

**A** このような方法で売買契約は締結できません。
　売買契約を締結して有効に法律行為を行うには、意思能力が必要です。意思能力を欠く常況にある場合には、代理権授与行為という法律行為もできませんから、代理人による法律行為はできません。

　また、未だ相続が発生していない以上、相続人はいませんから、「相続人代表者」という肩書を有する者もいません。

　「相続人予定者」ではだめかと言われるかもしれませんが、子供たちが知らない間に公正証書遺言が作成されて、その内容がすべての財産を一人の相続人に「相続させる」といった特定財産承継遺言である場合には、子供たちの全員が「相続人予定者」であるわけではありませんし、遺言は死亡まではいつでも撤回できますから、誰が「相続人」になるか、何を相続するかは相続が発生するまではわかりません。「相続人予定者」ではだめか、という問いは、子供たちが一方的に"法定相続人が法定相続分に応じて相続するもの"と思い込んでいるだけともいえます。

　したがって、申立人となり得る、被補償者の4親等内の親族のうち成年に達している者、区市町村長、検察官に対し、後見開始審判申立ての意思の有無を確認する必要があります。いずれの申立権者からも、後見開始審判申立ての意思があるとの回答が得られない場合、任意による解決は困難なことが見込まれます。このような場合、最終的には、土地収用手続により「補償金等を受けるべき者が補償金等を受領することができないとき」(土地収用法第95条第2項第二号)に該当するものとして、供託による対応が考えられます。

　(→特定財産承継遺言については、❸ 対抗要件27頁)。

# ③ 対抗要件

不動産の対抗要件は登記です。民法177条は、「不動産に関する物権の得喪及び変更は、不動産登記法その他の登記に関する法律の定めるところに従いその登記をしなければ、第三者に対抗することができない」と規定しています。

「得喪及び変更」とは、「取得」「喪失」「変更」のことです。これらをあわせて物権変動といいます。物権変動の原因には、法律行為（意思表示）、相続、取得時効、原始取得（建物建築）等があります[13]。売買や贈与などの意思表示だけではなく、取消や解除による意思表示も登記による対抗の問題になります。

## Q 3-1

**物権は、なぜ、公示が必要なのですか。**

 物権は、特定の物を直接支配する権利です（直接支配性）。同一物上に同一内容の物権が成立することはありません（排他性）。しかも、物権は、誰に対しても主張することができる絶対的な権利です（絶対性）[14]。ところが、所有権をはじめとする「権利」は目に見えません。そのため、いくら現地に赴いて土地を睨んでいても、誰がその土地の所有権を有しているのかはわかりません。取引の安全のためには、物権の所在を何らかの「形式」で世間一般に公示しておく制度（公示制度）が必要不可欠です[15]。土地や建物

---

[13] 安永・物権・担保物権法48頁、潮見・民法（全）119頁。
[14] 安永・物権・担保物権法6〜7頁、道垣内・リーガルベイシス406頁、潮見・民法（全）112頁。
[15] 安永・物権・担保物権法29頁。

といった不動産の公示方法は登記です（民177条）。動産の公示方法は引渡しです（民178条）。

## ■意思主義■

民法176条は、「物権の設定及び移転は、当事者の意思表示のみによって、その効力を生ずる」と規定しており、所有権は、当事者の意思表示だけで移転します。したがって、所有権移転時期について別段の合意をしなければ、民法176条によって、売買契約成立時に土地の所有権は買主に移転します。

私人間の土地売買では契約締結と同時に売買代金全額を支払って、同時に所有権を移転するいわゆる「一括決済」の方法と、売買契約締結時には手付を授受し、その後、買主が融資を受けて残金決済をする方法とがあります。融資を受けて土地を購入するときに民法の意思主義の原則に従うと、売買契約締結時点で「売る」意思と「買う」意思とが合致していますから、売買契約締結時点で所有権が移転されることになってしまいます。しかし、手付の授受以外の金銭授受がない契約時点で所有権を移転すると、売主が残代金支払いについての危険を負うことになり不公平です。そこで、通常は、以下のように、残代金支払い時に所有権が移転するとの条項を設けます。

「第〇条　本物件の所有権は、買主が売主に対して売買代金全額を支払い、売主がこれを受領した時に売主から買主に移転します。」

一つの契約書の中に書かれているのでつい見過ごしそうになりますが、これは所有権移転時期についての「特約」に当たります。

## ■対抗要件■

不動産に関する権利関係はすべて登記ができます（不登3条）。登記は当事者の申請に基づいて行われます（不登16条）。

登記がなければ「第三者に対抗することができない」（民177条）ため、登記をしないままだと第三者に自己の所有権を主張することができません。たとえば、不動産が二重に売買（二重譲渡）された場合、登記のない買主は、

登記のある買主に対し、「自分が先に買ったのだから、自分が所有者だ」と主張することができません。民法177条の下では、売買契約時期の先後ではなく、先に登記を備えた買主が、その目的物の所有権を確定的に取得し、自己の所有権を主張することができるのです。登記をしておかないと第三者が現れた際にその第三者に対しては、自己の権利を主張することができないという不利益を受けるため、登記を強制されなくても買主は任意に登記の申請を行うというインセンティブが働くことになります。

## ■相続登記の義務化■

相続により所有権を取得した場合には、当面、対抗すべき第三者が現れません。相続人は登記をしなくてもその権利取得を脅かされることがありませんから、登記への動機付けが弱いところがありました[16]。しかし、登記簿に最新の情報が反映されていないと、直ちに所有者が判明せず、所有者探索に時間と費用を掛けなければならず、多大な負担となります。このような事態は、公共事業用地の取得や大規模災害において復興用地の買収に時間がかかることにもつながります。また、土地の利用や管理という面でも、ライフラインの敷設等のための同意を得ることができないとか、管理の不備に伴う土砂の流出等の問題に対処できないといった支障が生じることもあります。そこで、令和3年の不動産登記法改正により、①相続・遺贈・遺産分割を原因とする所有権の移転が生じた場合に、その相続人に公法上の登記申請義務を課し（不登76条の2）、②義務違反については過料の制裁を規定しました（不登164条）。さらに、③登記の手続的な負担（資料収集等）を軽減するため相続人申告登記を創設しました（不登76条の3）[17]。また、④遺贈による所有権の移転の登記手続を簡略化して、登記権利者が単独で申請することが可能

---

[16] 安永・物権・担保物権法30頁、潮見・民法（全）626頁、道垣内・リーガルベイシス462頁。

[17] 山野目＝佐久間・所有者不明土地関係改正のポイント「第3章第1節Ⅳ　相続人申告登記」（水津太郎）380頁以下、荒井・Q＆A245頁以下。

になり、⑤法定相続分での相続登記がされた場合における登記手続の簡略化が図られました[18]）。

このように、相続人や相続人を取り巻く親族の思惑とは関係なく、すべての不動産について所有権の相続登記が義務付けられました。その結果、相続人の一人が行方不明のときに、予納金や申立て費用を準備して不在者財産管理人等を選任するほどの必要性を感じないため相続登記未了のままになっている場合や、相続人間に不和となる事情を潜在的に抱えているため相続登記を契機とした親族間の紛争を避けたいという思惑から"消極的な"放置がなされる事案等の解消が見込まれます。

### ■相続人申告登記■

当面、遺産分割を行わない場合に相続人がとり得る手段としては、相続人申告登記（不登76条の3）があります。相続の開始により所有権の移転の登記を申請する義務を負う者は、所有権の登記名義人について相続が開始した旨及び自らが当該所有権の登記名義人の相続人である旨を申し出ることができ、この申出をした者は、相続登記の申請義務を履行したものとみなされます。注意が必要なのは、相続人申告登記さえしていれば、その後は、相続登記等の申請を行わなくてもいいわけではなく、遺産分割がなされれば、相続登記の義務があることです。

### ■住所等変更登記の申請義務■

登記時点から時間が経過して、登記名義人の氏名・名称・住所に変更があった場合、これが登記に反映されないと、登記名義人の所在を確知できなくなってしまうことがあります。そこで、令和3年改正では、これらの変更があった時は、変更から2年以内に変更の登記を申請しなければならないとしました（不登76条の5）。

---

[18] 山野目＝佐久間・所有者不明土地関係改正のポイント「第1章第3節不動産登記法の改正の概要」（山野目章夫）31頁以下。

# Q 3-2

## 登記しなければ対抗できない「第三者」には例外はないのですか。

　「背信的悪意者」に対しては、登記なくして対抗できます。

### ■当事者■

　契約当事者は、相互に「第三者」にはあたりませんから、登記がなくても所有権の主張はできます。土地の所有者Aから土地を購入した買主Bは、契約当事者である売主Aに対し登記なくして所有権を主張することができます。Aが死亡してCが相続した場合、相続は包括承継ですから、Cは、Aの地位をそのまま引き継ぎます。そこで、Bは、相続人Cに対しても登記なくして所有権を主張することができます。Bの相続人Dも包括承継としてBの地位をそのまま引き継ぎますから、B相続人DはA相続人Cに対し、登記なくして自己の所有権を主張することができます。

### ■背信的悪意者■

　「背信的悪意者」に対しては、登記なくして対抗することができるという判例法理が確立しています。「背信的悪意者」とは、「登記の欠缺（けんけつ）を主張するにつき正当な利益を有しない者」です。判決文を引用すると「第三者が登記の欠缺（けんけつ）を主張するにつき正当な利益を有しない場合とは、当該第三者に、不動産登記法4条、5条（現行不登5条1項、2項に該当）により登記の欠缺を主張することの許されない事由がある場合、その他これに類するような、登記の欠缺を主張することが信義に反すると認められる事由がある場合」（最判昭31.4.24民集10巻4号417頁、判時75号3頁）とされていました。

❸ 対抗要件

現行不動産登記法5条では、条文の見出しが「登記がないことを主張することができない第三者」とされ、最判昭和31年判決を反映したものになっています。

> **（登記がないことを主張することができない第三者）**
> 第5条　詐欺又は強迫によって登記の申請を妨げた第三者は、その登記がないことを主張することができない。
> 2　他人のために登記を申請する義務を負う第三者は、その登記がないことを主張することができない。ただし、その登記の登記原因（登記の原因となる事実又は法律行為をいう。以下同じ。）が自己の登記の登記原因の後に生じたときは、この限りでない。

　「詐欺又は強迫によって登記の申請を妨げ」（不登5条1項）ておきながら、登記がないから対抗できないと主張することは、信義に反します。「他人のために登記を申請する義務を負」（不登5条2項）いながら、登記がないから対抗できないと主張するのも同様に信義に反します。

　その後の判例は、不動産登記法を引用することなく、「実体法上物権変動があった事実を知りながら当該不動産について利害関係をもつに至った者において、右物権変動についての登記の欠缺を主張することが信義に反するものと認められる事情がある場合には、かかる背信的悪意者は登記の欠缺を主張するについて正当な利益を有しない者であって、民法177条にいう『第三者』にあたらないものと解すべき」（最判昭44.1.16民集23巻1号18頁）としています。

### 【最判昭44.1.16民集23巻1号18頁、判時547号36頁】

〔事案の概要〕

　昭和34年4月、Xは、B社を根抵当権者、C協同組合を債務者とする極度額800万円の根抵当権が設定された建物をA社から買い受けた。昭和35年12月、Xの意向を受けたA社代表者A′が債務者C協同組合代表理事Yとともに根抵当権者であるB社を訪問し、B社は50万円の弁済を受けて債務免除することになり、B社は根抵当権を解除して解除証書を交付するとともに根抵

当権設定登記抹消登記申請書を送付した。ところが、B社は、昭和36年5月、C協同組合に対する800万円の債権と抹消されないままの根抵当権をXの意向を受けて債務免除の交渉を担当していたYに譲渡し、Yを根抵当権者とする根抵当権移転登記がなされた。XはYに対し、根抵当権設定登記の抹消登記手続を求めるとともに、根抵当権設定登記がなされた根抵当権は存在しないことの確認を求めた。第一審、控訴審請求棄却。X上告。破棄差戻し。

〔判旨〕

上告審は、「実体上物権変動があった事実を知りながら当該不動産について利害関係をもつに至った者において、物権変動についての登記の欠缺（けんけつ）を主張することが信義に反するものと認められる事情がある場合には、かかる背信的悪意者は登記の欠缺を主張するについて正当な利益を有しないものであって、民法177条にいう「第三者」に当たらない」としたうえで、「Yは、根抵当権の被担保債権の債務者の代表者であり、A′とともに根抵当権者Bと交渉して根抵当権放棄の意思表示を受けたのであり、A′が代理をしていて有効に放棄がされたものと認められる場合には、このような立場にあるYが登記の無いことを理由に根抵当権の消滅を否定し、譲受にかかる根抵当権の存在を主張することは信義に反するというべきであり、Yは、根抵当権の消滅についての登記の欠缺を主張する正当の利益を有せず、「第三者」に当たらない」としました。

Yは被担保債権の債務者C協同組合の代表者であり、根抵当権設定者Aの代表者A′とともに根抵当権を放棄するよう根抵当権者に働きかけ、根抵当権放棄の経緯についても熟知しています。そのようなYが、たまたま根抵当権消滅の登記がなされていないことをいいことに、元の根抵当権者に働きかけて被担保債権と根抵当権の譲渡を受けて、自己が根抵当権者であると主張する行為は、信義に反する行為であるとしたのです。

**3-3**

売買契約のように当事者の意思による物権変動の場合以外に、登記が問題になる権利関係はありますか。

 法律行為の取消しの場面、契約解除の場面、時効取得の場面、相続の場面です[19]。

## ■相続と登記■

(1) 共同相続による権利の承継

人が亡くなったときには、死亡の時から被相続人の財産に属した一切の権利義務は相続人に承継されます（民882条、896条）。このとき、遺言があれば遺言にしたがって権利義務の承継がなされます。遺言がなければ法定相続に従います。複数の相続人がいる場合には、相続財産は共同相続人の共有に属します（民898条）。相続財産に含まれる不動産も共同相続人の共有になります。

共同相続における権利の承継の対抗要件については、平成30年改正により新たな規定（民899条の2）が設けられ、令和元年7月1日に施行されました。したがって、施行日以後に発生した相続は、この規定にしたがって規律されます。

> **（共同相続における権利の承継の対抗要件）**
> 第899条の2（★平成30年相続法改正による新設規定）
> 　相続による権利の承継は、遺産の分割によるものかどうかにかかわらず、次条及び第901条の規定により算定した相続分を超える部分については、登記、登録その他の対抗要件を備えなければ、第三者に対抗することができない。
> 2　（略）

① A、B、C3人の相続人がいるのに、Aが遺産分割前に相続財産であ

---

[19] 安永・物権・担保物権法49頁以下。

る土地について、勝手に自己名義の単独相続の登記を行ってXに売却した。

　このとき、相続によって権利を取得したB及びCは、自己の法定相続分までは登記なくしてその権利取得を第三者であるXに対抗することができます。この考え方は民法899条の2が新設される前の解釈と同じですから、対抗関係は、改正民法の施行の前後によって違いはありません。

② 特定財産承継遺言がある場合

　相続財産のうち「甲土地と乙建物（甲土地上の建物）をAに相続させる」という遺言を特定財産承継遺言といいます。この遺言により所有権を取得したAは、法定相続分を超える部分については、登記による対抗要件を備えなければ第三者に対抗することはできません。ですから、Aが相続登記をしない間に共同相続人Bから共有持分の譲渡を受けたCが共有持分について登記をすればAは法定相続分を超えた部分については、所有権取得を対抗できなくなります[20]。特定財産承継遺言がある場合には、遺言に基づいて単独申請をすることができるので、Aは、自ら登記申請をして容易に自己名義の登記を備えることができます。

③ 遺産分割後

　民法899条の2は、「遺産の分割によるものかどうかにかかわらず」と規定していますから、遺産分割による取得も登記しなければ、第三者に対抗することはできません。これは平成30年改正前からの確立した判例理論です。

(2) 相続放棄

　民法899条の2は、相続放棄には適用されません。相続放棄は、相続の「初めから相続人とならなかったものとみな」され（民939条）、その者から権利取得をすることはあり得ないことから、「第三者」は想定されず、

---

[20] 安永・物権・担保物権法59頁。

対抗の問題は生じません[21]。

### ■無効と登記■

　Aが認知症により意思能力を有しない状態であるのをいいことに、Aと同居していたBが、Aから土地の贈与を受けたとしてCに売却した場合、AB間の贈与契約は無効ですから（民3条の2）、Bが所有権移転登記を有していてもこれは無効の登記です。登記は「対抗要件」に過ぎず、登記があるからといってAからBへの有効な物権変動があったことにはなりません。したがって、AはCに対して登記なくして自己の所有権を主張することができます。

　認知症のAが意思能力を回復することは考えにくいので、無効の登記を信じたCは所有権を取得しないという結論が変わることはないのが普通です。しかし、Aが交通事故で意識を失っており、BがAから土地の贈与を受けたとしてBの下に登記を移転した後、Aが奇跡的に意識を回復し、日常生活にも復帰できた段階で、Bが勝手に土地の登記を移転したことを知った場合には、少し別の考慮が必要です。この場合には、Aは、Bを所有者とする無効の登記を抹消できるにもかかわらず、放置していたことから、第三者であるCが信頼してしまうような外観を作出したのと類似しています。そこで、Bが所有者だと信じていたCは、民法94条2項を類推適用して保護される可能性があります。

### ■取消しと登記■

　取消しと登記については判例が確立しており、取消し後の第三者に対しては登記なくして対抗できません。AB間の土地売買契約をBの詐欺を理由に取り消した場合には、売主Aと、取消し後にBから土地を購入したCとのいずれが確定的な所有権者となるかは、登記の先後によって決まります。売主

---

[21] 安永・物権・担保物権法63頁。

Aへの復帰的な物権変動と、取消し後にBから土地を購入したCへの物権変動とが二重譲渡と同様の関係に立つとするのです（大判昭17.9.30大民集21巻911頁）。これは、取消しの意思表示によって自己名義の登記が可能になったにもかかわらず、登記を怠っている間に第三者が登場したのだから、登記を備えた方が確定的に所有権を取得するという考え方を基礎にしています[22]。ただし、学説は、二重譲渡と考えることに反対し、無効の場合と同様に民法94条2項を類推適用すべきであるとしています。なぜなら、取消しの効果は初めから無効であったものとみなされますから（民121条、取消しの遡及効）、Bが所有権を有していたことは一度もなく、復帰的物権変動と考えるのはおかしいからです[23]。Cの保護は、錯誤における第三者を保護する規定（民95条4項）や詐欺において第三者を保護する規定（民96条3項）によるべきであるとするのです。

> （取消しの効果）
> 第121条　取り消された行為は、初めから無効であったものとみなす。

取消しの理由が詐欺や錯誤による場合には、欺されている状態や錯誤に陥っている状態では抹消登記をすることが期待できませんから、判例においても、取消し前の第三者との関係では、第三者が民法95条4項や96条3項によって保護される場合を除き、登記なくして所有権を対抗できるとします。

## ■解除と登記■

AB間で売買契約が締結された後、何らかの事情で契約が解除された場合、解除前の第三者は、解除の効果を規定した民法545条1項但書きによって保護されます。

---

[22] 安永・物権・担保物権法53頁、道垣内・リーガルベイシス431頁、潮見・民法（全）124頁。
[23] 安永・物権・担保物権法53頁、道垣内・リーガルベイシス432頁。

> （解除の効果）
> 第545条　当時者の一方がその解除権を行使したときは、各当事者は、その相手方を原状に復させる義務を負う。ただし、第三者の権利を害することはできない。
> 2～4　（略）

　解除後の第三者との関係については、判例は、民法177条を適用します。解除の効果としてBからAへの復帰的物権変動とBからCへの物権変動とを観念し、対抗関係に立つとするのです（大判昭14.7.7大民集18巻748頁、最判昭35.11.29民集14巻13号2869頁）。（→❷　解除Q12-4）

## ■時効と登記■

　時効と登記については、判例法理が確立しています[24]。

① 　時効により不動産の所有権を取得した場合には、取得者はその所有権移転登記をしておかなければその後に登場した第三者に対抗できない（大連判大14.7.8大民集4巻412頁）。

② 　時効による取得は取得時効完成当時の所有者に対しては登記なくして対抗することができる（大判大7.3.2民録24輯423頁、最判昭46.11.5民集25巻8号1087頁、判時652号34頁）。取得時効完成時の原所有者は、時効取得者からみて「当事者」の関係に立ち、民法177条の第三者ではないと考えるのです[25]。

③ 　取得時効の起算点は、「時効の基礎たる事実の開始した時」に固定される（大判昭14.7.19大民集18巻856頁、最判昭35.7.27民集14巻10号1871頁、判時232号20頁）。時効の起算点を任意に選択できるとすると、現在の時点で時効が完成したといえる時点を選択し、「当事者」の関係に立つ（上記②の権利関係に立つ）として、時効取得者が常に登記を要しないことになって

---

[24] 安永・物権・担保物権法64～66頁。
[25] 安永・物権・担保物権法64頁、潮見・民法（全）126頁、道垣内・リーガルベイシス436頁。

しまうからです。

④　仮に、時効取得の登記をしなかったために、時効完成後に所有権を取得した者に対抗できなかったとしても、その後、所有の意思をもって必要な期間占有を継続した場合には、登記なくして時効取得を主張することができる（最判昭36.7.20民集15巻7号1903頁）。

時効期間は、時効の基礎たる事実の開始された時を起算点として計算すべきもので、時効援用者において起算点を選択し、時効完成の時期を早めたり遅らせたりすることができないとした事案があります。

### 【最判昭35.7.27民集14巻10号1871頁、判時232号20頁】

〔事案の概要〕

Xの先々代Aは、関東大震災の2、3年後（遅くとも大正15年9月1日）に土地を自己の所有地として、ここに檜苗を植え、以来これを管理し、昭和28年9月に被告がこの土地内の1614番の土地を買い受けるまで平穏公然に自己の所有地として占有してきた。

昭和28年9月10日、Yが元の所有者からこの1614番の土地を買受け、同月18日に所有権移転登記手続を了した。Xは、所有権の起算点は時効援用者において自由に決めることができるとして、昭和28年10月6日を遡ること20年間の平穏公然の所有の意思をもってした占有により、登記なくして対抗できると主張し、所有権の確認と所有権移転登記手続を求めた。上告棄却。

〔判旨〕

「時効による権利の取得の有無を考察するにあたつては、単に当事者間のみならず、第三者に対する関係も同時に考慮しなければならぬのであつて、この関係においては、結局当該不動産についていかなる時期に何人によつて登記がなされたかが問題となるのである。そして時効が完成しても、その登記がなければ、その後に登記を経由した第三者に対しては時効による権利の取得を対抗しえない（民法177条）のに反し、第三者のなした登記後に時効が完成した場合においてはその第三者に対しては、登記を経由しなくとも時効取得をもつてこれに対抗しうることとなると解すべきである。しからば、結

局取得時効完成の時期を定めるにあたつては、取得時効の基礎たる事実が法律に定めた時効期間以上に継続した場合においても、必らず時効の基礎たる事実の開始した時を起算点として時効完成の時期を決定すべきものであつて、取得時効を援用する者において任意にその起算点を選択し、時効完成の時期を或いは早め或いは遅らせることはできないものと解すべきである。」

　この事案で、時効の起算点を自由に選択できるとすれば、②の理論により、現在から遡って20年間土地を占有しているXは、Yに対して、常に登記なくして所有権取得を対抗できることになります。しかし、時効の起算点を動かせないとすれば、Xは、大正15年9月1日から20年が経過した昭和21年8月31日に時効取得をしていることになり、①の理論により、Xはその所有権移転登記をしておかなければその後に登場したYに対抗できなくなります。裁判所は、Xが自分の都合の良い時点を選択して、その時点から20年を経過したという主張ができないとし、その結果、Xは、自分が土地を時効取得した旨の登記がなければ、Yに対抗できないとしたのです。

# ④ 地図、公図と筆界

> 土地の登記記録は、一筆の土地ごとに作成されます（不登2条5号）。
> 「一筆の土地」の位置と範囲は、登記記録を眺めていてもわかりません。土地の位置は、図面でないと明らかにできませんが、位置を表そうとすると土地の「区画」を明らかにしなければなりません。土地の位置と区画を表す「地図」と「公図」、そして、これらとの関係で「筆界」について取り上げます。

##  4-1
### 「地図」と「公図」は違うのですか。

 「地図」は不動産登記法14条に根拠を有する図面です。「公図」は旧土地台帳法に根拠を有する土地台帳附属地図のことです。

■公図■

公図は、「登記所には、土地台帳の外に、地図を備える」（旧土地台帳法施行細則2条1項）という規定により、登記所が保管している旧土地台帳法所定の土地台帳附属地図のことです。「公図」というのは、土地台帳附属地図の俗称です[26]。昭和35年に土地台帳法が廃止され、法律上の根拠はなくなりましたが、今も登記所に備え付けられて一般の閲覧に供され、「現在でも不動産取引においては、現地を特定し、筆界点を明確にする資料として、また、土地所有者が財産管理をするのに極めて重要な役割を果たして」います[27]。

---

[26] 山野目・不動産登記法71頁。
[27] 森下・地図の蘇生27頁。

■**不動産登記法上の地図**■

　不動産登記法は、「登記所には地図…を備え付けるものとする」（不登14条1項）とし、「地図は、一筆又は二筆以上の土地ごとに作成し、各土地の区画を明確にし、地番を表示するものとする」（不登14条2項）と規定されています。つまり、不動産登記法14条1項にいうところの地図は、①「区画を明確にする」ことと、②「地番を表示するもの」であることが必要です。

　不動産登記法では区画を明確にするため、「地図は、地番区域又はその適宜の一部ごとに、正確な測量及び調査の成果に基づき作成する」（不登規10条1項）と規定され、測量方法（不登規10条3項）、縮尺（不登規10条2項）、誤差の限度（不登規10条4項）が具体的に定められています[28]。

■**地図に準ずる図面（不登14条4項）**■

　地図は、土地の区画を含む精度の高い図面であることが求められます。全部の登記所において、すべての土地を網羅して地図を備えることは、現実には非常に難しいことです[29]。しかし、土地の区画や位置を確認する必要はあります。そこで、登記所備付の図面を参照することによって、個別の不動産の位置を概略において把握できるようにするために備え付けられているのが「地図に準ずる図面」です[30]。現在、登記所に備え付けられている「地図に準ずる図面」の大半は、「公図」です[31]。

---

[28] 山野目・不動産登記法68頁。
[29] 法務省のウェブサイトによれば「全国の法務局・地方法務局においては、「民活と各省連携による地籍整備の推進」（平成15年6月26日都市再生本部決定）の方針を踏まえ、全国の都市部の人口集中地区（DID）の地図混乱地域を対象に、登記所備付地図作成作業を計画的に実施しています。地価が高額であるなどといった理由により大都市の枢要部や地方の拠点都市の地図の整備は進んでいません。また、東日本大震災の被災県においても、復興の進展に伴い地図の整備が求められています。」とされています。https://www.moj.go.jp/MINJI/minji05_00231.html
[30] 山野目・不動産登記法70頁。
[31] 藤原・公図の研究15頁では、地図に準ずる図面として備え付けられている図面とし

公図は、登記所に「地図が備え付けられるまでの間」これに代えた不動産登記法14条4項の地図に準ずる図面です。

## Q 4-2

私人間で土地を購入するときに、土地をきちんと測量してもらいました。私の手元にある測量図面を登記所に備え付けてもらうことはできますか。

　　　一定の手続の下に、「19条5項指定」を受けると、不動産登記法14条1項地図として登記所に備え付けられます。

### ■「19条5項指定」[32] ■

　「19条5項指定」とは、土地に関する様々な測量・調査の成果が地籍調査と同等以上の精度または正確さを有する場合に、地籍調査の成果と同様に取り扱うことができるように、この成果を国が指定する制度です。法令上の根拠は、国土調査法19条5項です。
　19条5項指定の対象となる測量・調査には、土地の開発規模による制限はありません。また、測量や調査の主体も問われません。国土調査と同等以上の精度・正確さを有すると認められる成果であれば、原則としてすべて指定を受けることができます。
　指定に当たっては、測量・調査成果を、土地境界確認書等の土地境界が適

---

　　て、「①旧土地台帳法施行細則2条の地図（旧土地台帳附属地図）、②国土調査法20条1項の規定により送付された地籍図ならびに土地改良登記令5条2項3号、土地区画整理登記令4条2項3号、新住宅市街地開発法等による不動産登記に関する政令6条2項の土地の全部についての所在図（不動産登記規則10条5項ただし書及び6項）」を挙げています。

[32] 国土調査以外の測量成果の活用について〜国土調査法第19条第5項指定制度〜
https://www.chiseki.go.jp/plan/katuyou/index.html

切に確認されていることを示す根拠資料や、測量の精度が確認できる管理表等とともに申請書類として国土交通大臣等に提出し、指定のための審査を受けます。審査の結果、19条5項指定がなされると、指定された測量・調査成果の写しが地籍調査の成果と同様に登記所に送付され、その図面が登記所備付地図として備え付けられます。これにより、測量や調査の成果である図面が公的に管理され、散逸のおそれがなくなり、測量結果の有効活用につながります[33]。

　土地の正確な情報は、測量を実施した私人限りの財産にとどまりません。私人間の取引だけではなく、災害復興事業を迅速に進めたり、地域の土地利用の活性化につながるなど、公共的な財産、社会資本としての意味があります。

　19条5項指定により、誰もが、「プチ伊能忠敬」になれる機会が開かれているとも言えます[34]。

---

[33] 国土交通省不動産・建設経済局土地政策審議官部門地籍整備課「国土調査法第19条第5項指定申請の手引」（令和4年6月改訂版）4頁。https://www.chiseki.go.jp/info/images/202206_19-5gaidorain.pdf

[34] 伊能図は、国土地理院古地図コレクション（古地図資料閲覧サービス）https://kochizu.gsi.go.jp/ で見ることができます。
　伊能忠敬の偉業を実感できる資料や作品は数々ありますが、お勧めは立川志の輔「大河への道」～伊能忠敬物語～を聴くことです。感動のあまり、伊能忠敬記念館（千葉県香取市）を訪れたくなり、井上ひさし「四千万歩の男(1)～(5)」（講談社文庫）を手に取ることは間違いありません。なお、国土地理院のサイト https://www.gsi.go.jp/ は、様々な地図が閲覧でき（月の地形図まである）、地図の面白さと重要性・奥深さに改めて気づくことができます。

# Q 4-3

「公図」は、不動産登記法14条1項の「地図」ではないのに、なぜ登記所に備え付けられているのですか。

**A** 昭和35年改正の不動産登記法17条の地図に準ずる図面として登記所に備え付けられ、現行不動産登記法14条4項で法的位置づけが与えられています。

## ■公図の沿革■

公図の沿革は、明治政府が行った地租改正にまで遡ります。

地租改正は、土地を課税物件とし、現物貢租を金納制（土地の対価の3％）に改める租税についての制度改革です[35]。公図は、地租改正条例（明治6年）により、明治6年から14年までの間に、全国の土地を測量の上、作成された地租改正図（改租図、字切図（あざきりず）、字限図（あざきりず）、字図（あざず）とも略称される）が基本になっています[36]。

明治政府は、全国の土地を測量の上、収穫量を査定して地価を更正し、地券を発行したのです。この時の調査は「地押丈量（じおしじょうりょう）」と呼ばれます。「地押とは、今日いうところの原始筆界を形成し、地番を振る作業であり（それまでの土地には地番がなく、土地の特定は、検地帳の順番によってなされていた）、丈量とは、一筆地に関する測量」[37]を指します。

その後、明治22年に土地台帳規則が制定され、土地台帳及びその附属図面は大蔵省の所管でしたが、昭和25年に税務署から登記所に移管されました。さらに、昭和35年の不動産登記法の改正と土地台帳法の廃止によって、土地台帳附属図面は、現行不動産登記法14条に規定する地図が整備されるまでの

---

[35] 藤原・公図の研究28頁。
[36] 藤原・公図の研究32頁。
[37] 七戸・土地家屋調査士講義ノート7頁、新井・公図の沿革と境界17頁、20頁。

間、地図に準ずる図面として登記所に備え付けられました。現行不動産登記法14条4項では、「登記所には、（第1項の規定により）地図が備え付けられるまでの間、これに代えて、地図に準ずる図面を備え付けることができる」と規定しています。

【豆知識】 公図

「公図」は"公"という漢字が用いられているので、語感として「地図」よりも「格式が高い」とか「権威がある」ように思われるかもしれません。しかし、「公図」は、登記所にすべての土地の「地図」（不登14条1項）が備え付けられるまでの間の暫定的な図面です。精度の面でも不動産登記法14条1項の「地図」の方が高い精度を有します。"公"という語感に引っ張られないようにしましょう。

##  4-4
「公図」によって現実の土地がどこにあるのかを特定することはできますか。

 「公図」には、現地復元性がありません。

■公図の現地復元性■

公図には、現地復元性がありません。現地復元性とは、各筆の土地の区画および地番を明示し、その位置および区画を現地において復元し得ることです[38]。

公図に現地復元性がない理由は、大きく分けて二つあります。

一つ目は、測量技術の問題です。公図作成のための測量等は、まず地元の

---

[38] 藤原・公図の研究46頁。

住民、戸長、総代人等が行い、地元では自らの手で、あるいは専門家に頼んで一筆ごとの筆限図（ひつきりず）を作成します。これをつないで、字限図（あざきりず）、村限図を作成し、政府の管理はこの測量等に誤りがないか現地に赴いて確認するという仕組みになっていました[39]。このように専門家である測量士による測量機器を用いた現在の測量とは大きく精度が異なります。素人が稚拙な測量をする場合、小さく測って、それを足していくやり方では、誤差がより大きくなります[40]。

　二つ目の理由は、旧土地台帳法所定の土地台帳附属地図の作成目的が、地租徴収のための資料であることによります。所有する土地の面積が狭い方が地租（つまり税金ですね）は、低くて済みますから、「村民は地租をできるだけ少なくしたいということからか（その真意は必ずしも明らかではないが）、縄のび（なわのび）が行われ、現況より小さく作図されているといわれる」[41]。縄は引っ張ると伸びますから、うんと引っ張って測った後、縄が元に戻ると測量値は実際よりも小さい値が出ます。「縄のび」とは言い得て妙ですが、人間の考えることは今も昔も変わらないということでしょう。

---

[39] 藤原・公図の研究47頁。
[40] 藤原・公図の研究42頁。
[41] 藤原・公図の研究43頁。

# Q 4-5
## 「境界」とは土地の「境」ではないのですか。

**A** 「境界」とは多義性をもった概念です[42]。

### ■所有権界と筆界■

日常会話において「境界」とか「土地の"境"(さかい)」と言われるときには、土地の所有権の及ぶ範囲の縁(へり)を指すことが一般的です。平たく言えば、所有権と所有権のぶつかり合う線です[43]。これは、「所有権界」と呼ばれます。

「筆界」とは、「表題登記がある一筆の土地とこれに隣接する他の土地との間において、当該一筆の土地が登記された時にその境を構成するものとされた二以上の点及びこれらを結ぶ直線をいう」(不登123条1号)と定義されています。一筆の土地の外縁という意味です。

「境界」という場合には、所有権界か筆界のどちらかを指すことがほとんどです。しかし、所有権界、筆界のほかにも、地上権や借地権の境である「地上権界・借地権界[44]」、道路や川など公物管理の及ぶ範囲(縁)を示す「公物管理界[45]」などがあります。

### ■一筆の土地■

登記記録は、一筆の土地又は一個の建物ごとに作成されます(不登2条5号)。「筆」は「ひつ」と読みます。不動産登記制度における筆は、土地の個

---

[42] 寳金・境界の理論と実務3頁。
[43] 寳金・境界の理論と実務5頁。不動産登記法132条1項5号では、「所有権の境界」という表記がある。
[44] 寳金・境界の理論と実務28頁。
[45] 寳金・境界の理論と実務29頁。

数の単位です[46]。

> 【豆知識】 登記記録において「一つの筆」である条件[47]
> 
> 一つの筆であるには三つの条件を満たす必要があります。
> ① 同じ筆であるとされる土地の全面が物理的に連続していること。
> ② それぞれの土地の全面が均一な地目であること。
>   地目は、土地の主たる用途により、宅地や田、畑、山林など23種類が定められています（不登規99条）。どれにも当てはまらない場合に備えて「雑種地」という地目もあります。
> ③ その土地の全面が同一の地番区域に属すること。

## ■地目■

地目とは、土地の用途による分類（不登2条18号）で、土地の「表示に関する登記」の登記事項の一つです（不登34条1項3号）。地目は、現状の土地の利用方法と必ずしも一致しません。登記記録の地目は「畑」になっていても現実には建物の敷地、つまり「宅地」として使用されていたり、地目が「宅地」であってもその一部を「畑」として使っていたりして、登記記録の「地目」と現況とが一致しない場合が多々あります。取引実務では、登記記録の「地目」を「公簿地目」、現状の土地の用途を「現況地目」と言ったりします。

---

[46] 藤原・公図の研究では、豊臣秀吉が「太閤検地を1594年頃から実施した。これが検地帳といわれる公の帳簿である。今の不動産の登記簿の表題登記に該当するようなものではないかと推測されるが、検地帳というのはまさしく土地の石高を中心に、この村にどれだけの石高があるかというようなことが判明するように、各行に一筆ごと書くということで、現在使用している「筆」というのはこの時代にできた概念ではないかとも考えられる」（4頁）、「この検地に基づいてできた検地帳の記載内容は、記載を連記して村単位に作成しており、地番はなかったようであるが、地番はなくても、検地帳上の順番（筆順）が特定の土地表示になっているとみられ、「一筆の土地」という呼称は、検地帳の一行に一枚の田畑を記載するところから、生まれたといわれる」（5頁）としています。

[47] 山野目・不動産登記法176頁。

不動産登記法では、地目の変更があったときは、表題部所有者または所有権の登記名義人が、その変更のあった日から1月以内に、地目変更の登記を申請しなければならないことになっています（不登37条1項）。しかし、現実には、土地の利用方法を変えたからと言って、利用方法に従った地目変更の登記をする人はあまりいないのが実情です。このように、一筆の土地の地目変更はなされないのが一般的であるという実情を踏まえると、一筆の土地の一部の利用方法が変わった場合に、その一部を分筆して土地の利用に従った地目に変更しようとする人は極めて稀であるということになります。不動産登記法は、土地の公示の単位としての「筆」の要件のうち、土地の全面が均一な地目であることという要件を確保するため、一筆の土地の一部の利用方法が変わり、別の地目になった時には、登記官は申請がなくても職権でその土地の分筆の登記をしなければならない（不登39条2項）と規定しています。ただし、登記官は、登記所が管轄している範囲の土地をパトロールして歩いているわけではありませんから、現実には、一筆の土地の一部が別の地目として利用されている土地は数多く存在します。

　用地取得の場面では、土地の現実の利用方法は補償金額の算定にも関わってきます。登記記録の「地目」に縛られることなく、現地に赴き、現状の利用方法を確認することも目的物の把握という意味で大変重要なことです。

## 4-6

### 隣地所有者との間で境界の合意をすることはできますか。

所有権界について合意をすることはできますが、筆界についての合意をすることはできません。

■**筆界は合意できない**■

　所有者は、所有権に基づき、自由に管理処分することができます。しかし、筆界は、土地と土地の境界、正確には、公簿上の地番と地番の境界ですから、自由に決めることができません。せっかく譲り合いの精神で争いを避けようとしているのに、合意ができないというのは不合理なように思えるかもしれません。しかし、筆界は、徴税目的に端を発し、地番と地番の境には、市町村境、都府県境もあることを考えると、筆界について合意ができないという意味も比較的飲み込みやすいかもしれません。

■**「筆界」と「所有権界」の峻別**■

　判例上、登記制度上の単位である「筆」の境界と「所有権の範囲」とは明確に区別されています[48]。

　最高裁は、「相隣者間において境界を定めた事実があっても、これによって、その一筆の土地の境界自体は変動しないものというべきである」（最判昭42.12.26民集21巻10号2627頁、判時507号29頁）としており、その後の裁判例もこれを踏襲しています。

　したがって、所有権の範囲について合意をして所有権界を移動させたり、時効取得によって所有権の範囲が広がったりしても、筆界は変動しません。所有権界と筆界とを一致させるためには、一つの筆を複数の筆に改める分筆と、複数の筆を一つの筆にする合筆とが必要です（不登39条）。登記手続においては、分合筆（ぶんごうひつ）の登記（不登規108条）を行い、土地の一部を分筆して直ちに隣の土地に合筆します[49]。

■**筆界は新たに作るものではなく、発見して認定するもの**■

　筆界は、「当事者が合意で定めるものではなく、また、裁判所や登記官が

---

[48] 山野目・不動産登記法249頁。
[49] 山野目・不動産登記法入門176頁。

創設的に決定するものでもない。それは、すくなくとも建前としては、あらかじめ定まっているものであり、当事者・裁判所・登記官のする作業の理論的性質は、それを『発見する』営みであると整理される」[50]ものです。ただし、「発見する」と言っても筆界が目に見えるわけではありません。北半球から南半球に向かう飛行機の窓から目を凝らしても「赤道」が見えないようなものです。

　筆界は、土地台帳附属地図（公図）が作成された後、分筆、合筆を繰り返して新たな筆界が創設されています。そこで、これを順に遡り、これ以上遡って調査する必要がない筆界を「原始筆界」といいます[51]。地租改正の頃のものは和紙で作成されているので、「和紙公図」と言われたりします。

　不動産登記法123条1号は、筆界の定義を「表題登記がある一筆の土地とこれに隣接する他の土地との間において、当該一筆の土地が登記された時にその境を構成するものとされた二以上の点及びこれらを結ぶ直線をいう」と規定しており、登記された時点の境を探すことになります。不動産登記法14条1項の地図があれば、これをもとに現地復元ができますが、そうでない場合には、公図も一つの資料になります。筆界が争われる案件の中には、「和紙公図」が重要な役割を果たすこともあります。

## ■筆界特定と筆界確定訴訟■

　筆界特定は、平成16年の不動産登記法の改正で新設されました（不登123条以下）。法務局・地方法務局に置かれる筆界特定登記官が主宰する手続により筆界を見定める手続です[52]。

　筆界確定訴訟は、裁判官が主宰して裁判所で筆界を確定する手続です。

　筆界特定と筆界確定訴訟とは別の手続ですから、筆界特定の結果が気に入らなければ、改めて裁判所に筆界確定訴訟を提起することは可能です。それ

---

[50] 山野目・不動産登記法249頁、藤原・公図の研究1頁。
[51] 寳金・境界の理論と実務15頁。
[52] 山野目・不動産登記法253頁、255頁以下、山野目・不動産登記法入門190頁以下。

では不経済ではないか、という問題が形式的には残ります。しかし、現実には、そういう心配はあまりありません。

　筆界特定登記官は、筆界調査委員の意見を踏まえ、登記記録、地図または地図に準ずる図面および登記簿の附属書類の内容、対象土地および関係土地の地形、地目、面積および形状並びに工作物、囲障または境界標の有無その他の状況およびこれらの設置の経緯その他の事情を総合的に考慮して、対象土地の筆界特定をし、その結論および理由の要旨を記載した筆界特定書を作成します（不登143条）。筆界のプロである筆界特定登記官が作成した筆界特定書を覆す立証は、まずできません。平成16年の創設以来積み上げられてきた実績により、むしろ、筆界特定を経ずに筆界確定訴訟が提起された場合には、筆界特定を経ることを裁判所が助言することも多々あると言われています。

　筆界特定制度に残された問題は、職権で開始することができず、当事者の申請で開始されることと、申請人が測量費用を負担することです[53]。これは、地図の作業を完成させるための大きな障害の一つになってしまうので、積み残しの問題として検討されることが望まれます。

---

[53] 山野目・不動産登記法259頁、271頁、山野目・不動産登記法入門190頁、193頁。

## Q 4-7

隣地所有者は、事業計画や補償方針については特段反対しないものの、土地の境界について代々激しく争っており、一歩も譲りません。筆界特定の申請を勧めてみましたが、測量費用の負担の問題もあって応じてもらえず、任意による用地取得が困難な状態になってしまっています。何か方法はないですか。

土地収用法48条4項但書きに基づく所有者不明の裁決が認められています。

### ■境界が定まらない土地が残り続ける理由■

A土地とB土地との境界に争いがあるというときは、所有権界に関する争いがある場合と筆界に関する争いがある場合とがあります。

所有権界に関する争いに決着がつかなければ、裁判所に所有権確認の訴えを提起する方法があります。筆界に関する争いに決着がつかなければ、土地を管轄する法務局または地方法務局に筆界特定の申請をするか、裁判所に筆界確定（境界確定）訴訟の提起をすることになります（裁判所からは先に筆界特定の申請をすることを勧められることが多いでしょうが）。

境界に関する紛争の特殊性は、決定的な証拠が少なく（だからこそ揉める）、かつ、どちらかが土地を売却したいとか、建物を新築したいとかの行動を起こさない限りは、当面、放置していても日常生活にあまり影響しないことにあります。そのため、時間の経過とともに感情的なしこりだけが大きくなります。さらに、筆界は当事者間での合意もできません。

### ■境界が定まらない土地は所有者不明の土地■

隣接する甲土地所有者Aが主張するx、yを結ぶ直線と乙土地所有者Bが

主張するa、bを順に結ぶ直線（x、y、a、b、xの各点を順に結ぶ直線）に囲まれた土地の部分（斜線部分）は、筆界が不明であることにより、甲土地に属するのか、乙土地に属するのか、所有者がわからないという意味で所有者が不明である土地と言えます。

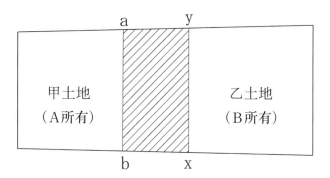

## ■用地取得と筆界特定申請■

　用地取得においては、境界に関する争いがあるからといって、その土地を避けて通るわけにはいきません。そこで、用地取得の担当者が、争いのある隣地所有者に対し、筆界特定の申請を促し、いずれかの所有者が筆界特定の申請をすると、筆界のプロである筆界特定登記官が中立な立場で筆界を特定してくれるので、一番望ましい解決法と言えます。

　筆界特定は、筆界を特定するものであり、筆界と所有権界とは必ずしも一致しませんが、筆界が特定されることによって、所有権界についての争いにも決着がつくことが多いものです。

## ■土地収用法48条４項但書きに基づく所有者不明の裁決■

　筆界特定申請がかなわない場合には、起業者が裁決申請をする方法があります。

　前掲図の斜線で示した部分の土地は、境界争いにより筆界が不明であり、かつ、AかBのいずれが所有者かがわからないという意味で所有者が不明で

す。そこで、土地収用法48条4項但書きにより、不明裁決をすることができます。

不明裁決がなされると、その部分に係る補償金は、土地収用法95条2項3号により供託され、土地所有者AおよびBは、その後のお互いの訴訟等の結果に応じて供託金の還付を受けることとなります。ただし、起業者から裁決申請をするに当たっては、土地所有者を不明とした理由を明確にしなければなりません。そのため、場合によっては、和紙公図にまで遡って筆界の特定のためのできる限りの努力をすることが必要です。

地図情報、公図、分筆の経過といった境界特定のための調査は、当事者の説得材料になりますし、説得が無理なら権利取得裁決の申請材料になります。淡々と調べる作業は、次の申請へのステップだと割り切って、心を軽くして調査に当たっていただきたいと思います。

所有者不明土地問題

　用地取得の過程において、土地所有者が判明しないとか、判明してもどこに居住しているかわからず連絡がつかないという事態が生じると、公共事業や災害の復旧・復興事業が円滑に進みません。

　令和4年国土交通省の調査によれば、不動産登記簿により所有者が直ちに判明しない土地や所有者が判明してもその所在が不明で連絡がつかない土地といった所有者不明土地の割合は、24％にも上ります。このような土地は放置されることが多いため、危険性も増します。さらに、相続登記が未了のまま放置されると相続が繰り返されて土地所有者が鼠算式に増加します。このような問題を解決するために、令和3年4月、民法と不動産登記法を改正する法律として「民法等の一部を改正する法律」（令和3年法律第24号）、「相続等により取得した土地所有権の国庫への帰属に関する法律」（相続土地国庫帰属法。令和3年法律第25号）が成立しました[54]。

 5-1

**所有者不明土地の利用の円滑化を図るためにどのような措置が講じられましたか。**

 　不動産登記制度の見直し、相続土地国庫帰属制度の創設、民法の規律の見直しが行われました。

---

[54] 法務省民事局「所有者不明土地の解消に向けた民事基本法制の見直し」https://www.moj.go.jp/MINJI/minji05_00343.html
　　潮見ほか・改正不登法・相続土地国庫帰属法1頁以下、道垣内・リーガルベイシス462頁以下、安永・物権・担保物権法140頁以下、山野目＝佐久間・所有者不明土地関係改正のポイント2頁以下、23頁以下、31頁以下［山野目章夫］。

## ■不動産登記制度の見直し■

不動産登記制度の見直しは、所有者不明土地の発生を予防する観点からなされました。

所有者不明土地を生じさせる最も大きな原因は、相続人が相続した土地の登記をしないことにありました。そこで、相続登記・住所変更登記の申請を公法上の義務としました。そして、登記申請の負担を減じるために、相続登記・住所変更登記の手続の簡素化および合理化が図られました。

具体的には、以下のような内容からなっています[55]。

① 不動産の所有権を取得した者は、自己のために相続開始があったことを知り、かつ、当該所有権を取得したことを知った日から3年以内に所有権移転の登記を申請することを義務付けた（不登76条の2）[56]。相続人が特定財産承継遺言または遺贈によって不動産所有権を取得した場合も同様。

② 相続登記の申請義務は、相続人申告登記の申出をすることによって履行したものとみなす（不登76条の3第2項）。ただし、相続人申告登記をした後に遺産分割によって所有権を取得した相続人は、遺産分割の日から3年以内に所有権移転登記を申請する義務をなお負う。

③ 登記名義人の氏名・住所について変更があった時には、2年以内に変更登記の申請を義務付け、一定の場合には登記官が職権で氏名・住所の変更ができるようにした（不登76条の5、76条の6）[57]。

④ 被相続人がどんな不動産を所有していたのか相続人がわからないと相続登記の義務を履行できないことから、手続的な負担を軽減し、申告漏れ防

---

[55] 安永・物権・担保物権法142頁以下、李　采雨「不動産登記に関する改正事項の概要」232頁以下（潮見ほか・改正不登法・相続土地国庫帰属法）、山野目＝佐久間・所有者不明土地関係改正のポイント338頁以下［水津太郎］、山野目章夫＝井上　稔＝大谷　太＝西　希代子＝野澤千絵「座談会　所有者不明土地問題とその周辺」ジュリスト1606号14頁以下。

[56] 大場浩之「相続登記の義務化」246頁以下（潮見ほか・改正不登法・相続土地国庫帰属法）、安永・物権・担保物権法142頁。

[57] 安永・物権・担保物権法145頁。

止のため、登記名義人本人および相続人は、相続登記が必要な不動産の一覧を証明書として交付するよう登記官に請求できる（所有不動産記録証明制度、不登119条の２）こととした。

相続登記の義務化の制度は、所有者の探索に費用と時間がかかっていたこれまでの用地取得の困難性を解消する大きな要素となってくると考えられます。

## ■相続土地国庫帰属制度の創設■

相続土地国庫帰属制度は、土地を手放すための制度です。一定の要件のもとに土地の所有権を国庫に帰属させることができることとして、所有者不明土地の発生を予防しようとするものです[58]。

相続により土地の全部または一部を取得した土地所有者は、法務大臣に対し、その土地の所有権を国庫に帰属させることについての承認申請ができます（相帰２条１項）。土地が数人の共有である場合には、承認申請は、共有者の全員が共同して行うときに限りすることができます（相帰２条２項）。

承認申請ができない場合として、建物の存する土地、担保権または使用および収益を目的とする権利が設定されている土地、通路その他の他人による使用が予定される土地として政令で定めるものが含まれる土地、土壌汚染対策法２条１項に規定する特定有害物質により基準を超えて汚染されている土地、境界が明らかでない土地その他の所有権の存否、帰属または範囲に争いがある土地が挙げられています（相帰２条３項１号～５号）。これに該当する場合には、申請は却下されます（相帰４条１項２号）。土地の管理コストを不当に国に転嫁することを防止し、国が土地を取得した後、取得した現状のままで容易に管理又は処分できるようにするためです[59]。

---

[58] 安永・物権・担保物権法146頁、吉田克己「相続土地国庫帰属法制定の意義」260頁以下、田髙寛貴「国庫帰属の承認要件と手続」276頁以下（潮見ほか・改正不登法・相続土地国庫帰属法）、山野目＝佐久間・所有者不明土地関係改正のポイント466頁以下［松尾　弘］。

[59] 安永・物権・担保物権法147頁、道垣内・リーガルベイシス463頁。

法務大臣は、承認申請に係る土地の実地調査（相帰6条）等の事前調査をし、通常の管理または処分をするに当たり過分の費用または労力を要する以下のような土地でなければ、国庫への帰属を承認しなければなりません（相帰5条）。

一　崖（勾配、高さその他の事項について政令で定める基準に該当するものに限る。）がある土地のうち、その通常の管理に当たり過分の費用または労力を要するもの

二　土地の通常の管理または処分を阻害する工作物、車両または樹木その他の有体物が地上に存する土地

三　除去しなければ土地の通常の管理または処分をすることができない有体物が地下に存する土地

四　隣接する土地の所有者その他の者との争訟によらなければ通常の管理または処分をすることができない土地として政令で定めるもの

五　前各号に掲げる土地のほか、通常の管理または処分をするに当たり過分の費用または労力を要する土地として政令で定めるもの

　承認申請者は、申請が承認されれば、当該土地について、負担金（その土地の10年分の管理費用）を納付しなければなりません（相帰10条1項）。通知を受けてから30日以内に納付しない場合には承認は効力を失います（相帰10条3項）。国庫に帰属する時期は、負担金を納付した時です（相帰11条1項）。

## ■民法の規律の見直し■

　土地の利用の円滑化を図ることを目的とし、民法の令和3年改正では相隣関係の見直し、共有関係規定の見直し、所有者不明土地・建物管理制度等の創設などが定められました（令和3年法律第24号）。

(1)　所有者不明土地・建物管理制度の創設

　　民法には、もともと不在者財産管理人や相続財産管理人の制度が設けられています。しかし、不在者財産管理人は不在者のすべての財産を管理し、相続財産管理人もすべての相続財産を管理する仕組みであって、個別

の不動産のみを管理する制度ではありません。1筆の土地の売却のみを検討すれば足りる場合に、不在者財産管理人や相続財産管理人が選任されると、費用と時間をかけてすべての財産を管理せざるを得ず、非常に使い勝手の悪いところがありました[60]。そこで、所有者不明土地・建物に関して新たな仕組みが創設されました。

利害関係人および国の行政機関の長または地方公共団体の長は、所有者不明土地、すなわち、所有者を知ることができず、またはその所在を知ることができない土地（共有持分権者が不明の時も含む。）について、所有者不明土地管理人による管理を命ずる処分（所有者不明土地管理命令）をすることを裁判所に申し立てることができます（民264条の2、特措42条2項）。この土地の管理処分権は、選任された所有者不明土地管理人に専属します（民264条の3第1項）。ただし、保存行為を超える行為や所有者不明土地等の性質を変えない範囲内において、その利用または改良を目的とする行為を超えるときには、裁判所の許可が必要となります（民264条の3第2項）[61]。

所有者不明建物についても同様の制度があります（民264条の8）。

さらに、土地・建物の管理が不適当であることにより、他人の権利または法律上保護される利益が侵害され、または侵害される恐れがある場合には、裁判所は、利害関係人の請求により、管理不全土地管理人・管理不全建物管理人を選任し、その者に管理をさせることができます（民264条の9以下）[62]。

管理不全土地について、所有者不明土地の利用の円滑化等に関する特別措置法（平成30年法律第49号）は、管理不全所有者不明土地における災害等防止措置に係る事態を放置することが著しく公益に反すると認められる

---

[60] 安永・物権・担保物権法148頁以下、道垣内・リーガルベイシス463頁、山野目＝佐久間・所有者不明土地関係改正のポイント200頁以下 ［髙　秀成］。
[61] 武川幸嗣「所有者不明土地・建物管理制度」146頁以下、松尾　弘「管理不全土地・建物管理制度」161頁以下（潮見ほか・改正不登法・相続土地国庫帰属法）。
[62] 安永・物権・担保物権法211頁以下。

ときは、市町村長は、当該管理不全所有者不明土地の所有者の負担において、当該災害等防止措置を自ら講じ、またはその命じた者若しくは委任した者に当該災害等防止措置を講じさせることができます（特措40条1項）。これは、社会問題化している空き地や空き家対策に大きく寄与するものと思われます[63]。

特措法では、所有者不明土地の管理の適正化のための勧告の実施や所有者不明土地管理命令または管理不全土地管理命令の請求等の実施の準備のため必要がある場合は、固定資産課税台帳、地籍調査票、農地台帳等も含めた土地所有者等関連情報を、情報を保有する市町村長等に対して提供するよう請求することができ、市町村等がこれらの情報を必要とし、同一市町村内で保有する場合には、内部利用することが可能となりました。また、地域福利増進事業、収用適格事業または都市計画事業の実施の準備のために必要がある場合には、同様に土地所有者等関連情報の提供の請求、内部利用が可能となりました。

これによって、登記事項証明書や戸籍関係書類の他に固定資産課税台帳の情報なども利用することができ、通常の用地取得においても権利者探索のための大きな一歩となると考えられます。

(2) 共有地において不明共有者がいるとき[64]

相続の発生により、関係権利者が数十人から百人単位にまで及ぶ事例は少なくありません。共有地の用地取得における所在不明者の扱いや登記事務の処理方法等については、かねてから様々な課題があり、用地取得にとって隘路となっていました。このような状況を解消すべく、民法の共有に関する規定について見直しが行われ、以下の改正がなされました（令和

---

[63] 令和6年1月　国土交通省不動産・建設経済局「所有者不明土地の管理の適正化のための措置に関するガイドライン」
https://www.mlit.go.jp/tochi_fudousan_kensetsugyo/content/001618314.pdf
[64] 松岡久和「共有物を使用する共有者と他の共有者との関係」47頁以下（潮見ほか・改正不登法・相続土地国庫帰属法）、山野目＝佐久間・所有者不明土地関係改正のポイント122頁以下［藤巻　梓］。

3年法律第24号、令和5年4月1日施行）。

① 各共有者は、他の共有者の同意を得なければ、共有物に変更を加えることができませんが、共有物に変更を加える行為であっても、その形状または効用の著しい変更を伴わないもの（軽微変更）は、各共有者の持分の過半数で決することができます（民251条1項）。

② 共有物の管理に関する事項は、各共有者の持分の価格に従い、その過半数で決します（民252条1項）。

③ 共有者が他の共有者を知ることができず、またはその所在を知ることができないときや、共有者が他の共有者に対し相当の期間を定めて共有物の管理に関する事項を決することについて賛否を明らかにすべき旨を催告した場合において、当該他の共有者がその期間内に賛否を明らかにしないときには、共有者の請求により他の共有者以外の共有者の持分の価格に従い、その過半数で共有物の管理に関する事項を決することができる旨の裁判をすることができます（民252条2項）。

④ 共有物の管理をするために管理者を置くこともできることが明らかにされました（民252条1項括弧書、252条の2）[65]。

⑤ 共有物を使用する共有者は、別段の合意がある場合を除き、他の共有者に対し、自己の持分を超える使用の対価を償還する義務を負います（民249条2項）。

⑥ 上記①のとおり、各共有者は他の共有者の同意を得なければ共有物に変更を加えることができませんが（民251条1項）、共有者が他の共有者を知ることができず、またはその所在を知ることができないときは、裁判所は、共有者の請求により、当該他の共有者以外の他の共有者の同意を得て共有物に変更を加えることができる旨の裁判をすることができま

---

[65] 伊藤栄寿「共有物の管理者」94頁以下（潮見ほか・改正不登法・相続土地国庫帰属法）。

す（民251条2項）[66]。

⑦　他の共有者を知ることができず、またはその所在を知ることができないときは、裁判所の決定を得てその他の共有者の持分を取得し（民262条の2）、または、その持分を譲渡する権限を付与することができます（民262条の3）[67]。

このように、共有の土地について裁判所の関与の下に、共有物の変更行為や管理行為、さらには、所在不明共有者の共有持分の取得（民252条2項、252条の2）や譲渡ができるようになりました。これによって、所在不明共有者の存在により共有物の管理や処分が円滑に進められない事態へ対処することをねらいとしています[68]。

改正前の登記実務では、分筆は、上記①の「共有物に変更を加えること」に該当すると解され、共有者全員の同意がない限り分筆ができなかったことから、土地の利活用、公共用地の任意取得において大きな制限となっていました。しかし、令和3年改正により、軽微変更は、各共有者の持分の過半数で決することができるとされ（民251条1項、252条1項）、分筆は、客観的に存在する一筆の土地の物理的形状を変動させることなく登記記録上細分化して数筆にするにとどまり、その土地の外観、構造等のほか、機能や用途を変更するものでもなく、また、共有者の権利関係もそのまま維持されることから軽微変更に当たり、各共有者の持分の過半数を有する共有者からの登記申請を認める扱いとされました（「民法等の一部を改正する法律の施行に伴う不動産登記事務の取扱いについて（民法改正関係）（通達）」（令和5年3月28日付法務省民事局長））。これにより、持分の過

---

[66] 秋山靖浩「共有物の変更・管理」72頁以下（潮見ほか・改正不登法・相続土地国庫帰属法）。

[67] 安永・物権・担保物権法209頁。

[68] 山野目章夫「総論　令和3年の民法改正の経緯と概要」6頁、髙原知明「裁判による共有物の分割・相続財産についての共有物分割の特例」110頁以下、藤巻　梓「所在等不明共有者の持分の取得、譲渡」124頁以下（潮見ほか・改正不登法・相続土地国庫帰属法）。

半数について同意の条件が整えば、分筆申請も可能になり、率先して分筆登記手続を進め、持分の譲渡に応じる者から順次、権利取得を実行していくことができるようになりました。

(3) 相隣関係の規定の見直し

隣地の所有者が不明な場合や、隣地所有者の所在が不明である場合も含め、境界調査や竹木の枝の切り取りのために隣地を使用することができるとしました（民209条）[69]。

電気、ガス、水道水などの継続的給付を受けるための設備を設置し、又は、他人が所有する設備を使用することができるとしました（民213条の2、213条の3）。これによって、電気、ガス、水道水といったライフラインを自分の土地に引き込むための導管などの設備を他人の土地に設置する権利が明確になりました[70]。

土地の所有者は、あらかじめ、その目的、日時、場所及び方法を隣地の所有者及び隣地使用者に通知することによって、①境界またはその付近における障壁、建物その他の工作物の築造、収去または修繕、②境界標の調査または境界に関する測量、③枝の切取り（民233条3項）のため必要な範囲内で、隣地を使用することができます（民209条1項）。あらかじめ通知することが困難なときは、使用を開始した後遅滞なく通知すれば足ります（民209条3項但書き）。

(4) 遺産分割に関する改正

遺産分割のルールも見直されました。

相続開始から10年を経過した後に遺産分割を行うときには、特別受益（民903条1項）と寄与分（民904条の2）の規定は適用されません（民904条の3）。相続人は、特別受益や寄与分によって利益を受けようとすれば、

---

[69] 根本尚徳「隣地使用権・竹木の枝の切除請求権および枝・根の切除権」16頁以下（潮見ほか・改正不登法・相続土地国庫帰属法）。

[70] 千葉惠美子「継続的給付を受けるための設備設置権および設備使用権」37頁以下（潮見ほか・改正不登法・相続土地国庫帰属法）。

相続開始から10年以内に遺産分割をしなければなりませんから、結果として遺産分割は促進されることになります。また、遺産分割がなされないときには、法定相続分によりますから、権利関係は明確です。

# ⑥ 付合

建物賃借人が増改築をした場合、増改築部分は、誰の所有に帰するのでしょうか。補償基準では、「借家人が附加した造作又は増築部分であって建物の本体及び構成部分として建物に附合するものに係る移転料は、建物所有者に補償するものとする。」（基準細則第15第1項(七)）とされています。ここで規定されている「建物の本体及び構成部分として建物に附合するもの」とはどのような状態を指すのでしょうか。

## Q 6-1

建物の賃借人が建物に設置したエアコンは、建物所有者の物になりますか。

　エアコンは、建物から取り外して持ち出すことが可能ですから、付合はしません。したがって、賃貸人と賃借人の間で何の取決めもなされていなければ、賃借人の所有になります。

賃貸人の承諾を得てエアコンを設置するに際しては、通常、賃貸人と賃借人との間で「退去するときは取り外してくださいよ」とか、「設置の承諾はするが、3年経過後の退去においては、賃貸人が撤去か残置かを決定する」とか、「設置の承諾はするが、退去の際には賃借人がエアコンを撤去し、壁をエアコン設置前の状態に原状回復する」など何らかの合意をすることが多く、合意があればこれに従います。

■**添付という制度**■

　土地賃借人が植樹した苗木が根を張って立木になるとか、賃借している建物に賃借人が増改築をするなど、所有者の異なる2個以上の物が結合して分

割できなくなることがあります。

　このように、日常生活において、複数の物が１つの物になってしまうと、新たにできあがった物を分離したり、復旧して強引に元に戻すことは物理的には可能かもしれませんが、社会経済上不利益です。

　所有者の異なる２つの物が結合した時に、その物の所有権は誰に帰属するかについては、民法は添付（民242条〜248条）という制度を規定しています。添付には、付合（民242条〜244条）、混和（民245条）、加工（民246条）の３つの種類があります。いずれも、所有者の異なる複数の物が結合して１つの物を形成した場合の規定です。

　新たな物に所有権を認める場合、以下の３つの問題を考えなければなりません[71]。

① 　複数の物から１個の物が生じたのであれば、その所有権をどの所有者に帰属させるか。
② 　所有権を得た者と、所有権を失った者との間の利益調整をどうするか。
③ 　もともとあった所有権の上の権利（抵当権や利用権など）は、どうなるか。

　このような問題について定めるのが、添付の制度です。添付には、付合のほかに、混和と加工とがあります。

> **（不動産の付合）**
> 第242条　不動産の所有者は、その不動産に従として付合した物の所有権を取得する。ただし、権原によってその物を附属させた他人の権利を妨げない。
> **（動産の付合）**
> 第243条　所有者を異にする数個の動産が、付合により、損傷しなければ分離することができなくなったときは、その合成物の所有権は、主たる動産の所有者に帰属する。分離するのに過分の費用を要するときも、同様とする。
> 第244条　付合した動産について主従の区別をすることができないときは、各動産の所有者は、その付合の時における価格の割合に応じてその合成物を共有する。

---

[71] 潮見・民法（全）166頁、安永・物権・担保物権法170頁以下。

> (混和)
> 第245条　前二条の規定は、所有者を異にする物が混和して識別することができなくなった場合について準用する。
> (加工)
> 第246条　他人の動産に工作を加えた者（以下この条において「加工者」という。）があるときは、その加工物の所有権は、材料の所有者に帰属する。ただし、工作によって生じた価格が材料の価格を著しく超えるときは、加工者がその加工物の所有権を取得する。
> 2　前項に規定する場合において、加工者が材料の一部を供したときは、その価格に工作によって生じた価格を加えたものが他人の材料の価格を超えるときに限り、加工者がその加工物の所有権を取得する。

　付合は、所有者の異なる2個以上の物が結合して分離できなくなった場合です（民242条）。付合には、建物に床暖房を設置するような不動産の付合と、古い襖の張り替えをするような動産の付合とがあります（民243条、244条）。

　混和は、海水天然塩と岩塩とが混じりあうように、混じりあって識別あるいは分離困難になることです（民245条）。混和は、動産の付合の規定を準用していますから、混和の対象は動産です。

　加工は、X所有の榧材に彫刻家Yが仏像を彫った場合のように、労働力の投下によって新たな物を生じた場合です（民246条）。加工は、「他人の動産に工作を加えた者があるときは」（民246条1項）と規定されていることから動産にしか認められません[72]。

## ■主物と従物■

　付合とよく似た概念に「従物」（民87条）があります。建物と畳、建物と襖、母屋と納屋、自動車とカーステレオなど、複数の物の間に一方が他方の効用を補うという関係がある場合に、補われている物を主物、補っている物

---

[72] 安永・物権・担保物権法169頁以下、河上・物権法講義278頁以下、松岡・物権法78頁以下、潮見・民法（全）167頁以下。

のことを従物といいます[73]（民87条1項）。主物の所有者と従物の所有者とは、同一であることが必要です。従物は、主物の処分に従う（民87条2項）と規定されていますが、これは、主物と従物の所有者が同じだから、主物の常用に供されるものとして従物も一緒に処分させることが社会経済的にも合理的だからです。

> **（主物及び従物）**
> 第87条　物の所有者が、その物の常用に供するため、自己の所有に属する他の物をこれに附属させたときは、その附属させた物を従物とする。
> 2　従物は、主物の処分に従う。

建物とエアコンの所有者が同一であれば、建物とエアコンとは主物と従物の関係にあります。しかし、賃借人がエアコンを設置した場合、建物は賃貸人の所有物でエアコンは賃借人の所有物ですから、建物とエアコンは所有者が異なるので従物（民87条1項）にはあたりません。そこで、賃貸借契約が終了して建物を明け渡す際には、賃借人は、自己の所有物であるエアコンを撤去して持ち出すことができますが（収去権）、賃貸借契約上の賃借人の原状回復義務としてみれば、エアコンを撤去し、賃貸借契約締結時の原状に復して建物を返還しなければなりません（収去義務）。

## ■どの所有者に所有権を帰属させるか■

物権は、特定の物を直接に支配して、その物の有する利益を排他的に享受することができる権利です[74]。「排他的に享受する」とは、同一物上に同一内容の物権が重ねて成立することはないということです[75]。物は1個、2個と数えられる独立性をもっています。1個の物に対して1つの物権が対応する関係にあるということを一物一権主義といいます[76]。物の一部や構成

---

[73] 潮見・民法（全）39頁。
[74] 安永・物権・担保物権法6頁。
[75] 安永・物権・担保物権法6頁。
[76] 安永・物権・担保物権法12頁、潮見・民法（全）38頁。

部分については原則として物権は成立しませんし、複数の物（集合物）に対し1個の物権は成立しません[77]。

付合、混和、加工によってできあがった物を新たな1個の物として扱うこととすると（一物化）、一物一権主義の結果、所有権を取得する者と、反射的に所有権を喪失する者とが生じます[78]。できあがった新しい物の所有権は、価値の大きな財産（作業を含む）を出した者に、その全体の所有権を帰せしめるのが添付の制度[79]です。ただし、動産の付合の場合に、付合した動産について主従の区別をすることができないときは、各動産の所有者は、その付合の時における価格の割合に応じてその合成物を共有します（民244条）。混和は、この規定を準用していますから、混和も同様に、混和の時における価格の割合に応じて合成物を共有します（民245条の準用する244条）。

## ■所有権を失った者との間の利益調整■

民法242条以下の付合、混和、加工の規定の適用によって損失を受けた者は、不当利得（民703条及び704条）の規定にしたがって、償金を請求することができます（民248条）。

## ■もともとあった所有権の上の権利の帰趨■

もともとあった所有権の上の権利（抵当権や利用権など）は、付合、混和、加工によるその物の消滅によって消滅します（民247条1項）。

元の物の所有者が、新たに生じた物の単独所有者となった時には、元の物についての権利は、以後、合成物について存することになります。合成物が共有になった場合には、元の物についての権利は、その共有持分について存することになります（民247条2項）。

---

[77] 安永・物権・担保物権法12頁。
[78] 河上・物権法講義279頁。
[79] 道垣内・リーガルベイシス403頁。

> **(付合、混和又は加工の効果)**
> 第247条　第242条から前条までの規定により物の所有権が消滅したときは、その物について存する他の権利も、消滅する。
> 2　前項に規定する場合において、物の所有者が、合成物、混和物又は加工物（以下この項において「合成物等」という。）の単独所有者となったときは、その物について存する他の権利は以後その合成物等について存し、物の所有者が合成物等の共有者となったときは、その物について存する他の権利は以後その持分について存する。
> **(付合、混和又は加工に伴う償金の請求)**
> 第248条　第242条から前条までの規定の適用によって損失を受けた者は、第703条及び第704条の規定に従い、その償金を請求することができる。

## ■添付の規定が働く場面■

　日常生活においては、2つの物が結合して分離できなくなった場合、できあがった新しい物の所有権の帰属は、関係当事者間の契約によって明らかになることがほとんどです。添付の規定（民242条以下）を適用する必要が生じるのは、当事者間で契約関係が存在しない場合か、もしくは、契約の内容や趣旨によっても所有権の帰属が決まらない場合に限られます[80]。

　例えば、建物賃貸借契約において賃借人が増改築を申し出た際、賃貸人と賃借人との間で何も決めないということは通常ありません。賃貸人は、いい加減な工事をする施工業者によって建物の構造や水廻りに影響が出ては困りますから、どこの業者に依頼しどのような増改築をするのかについて賃借人に図面を提出させ、賃貸借契約が終了するときには増改築部分を工事前の状態にまで戻すのか、それとも増改築部分を残したままで返還するのか、増改築部分を残すとしたら、どのような状態で返還すればいいのか、ということまで決めて増改築を許可します。長らく飲食店舗の賃貸に供していた建物であれば、壁紙を張り替えたり床を張り替えたりすることがほとんどです。壁

---

[80] 松岡・物権法78頁。

紙やフローリングは、はがそうと思えばはがすことはできますが、そのままにして退去するものとする、とか、オーブンは取り外して持ち出してもらってもいいけれど、流し台はそのままにしておくとか、オーブンのために新たに設置した大容量のコンセントは外さないでそのままにしておく、給排水管は触らないとかの取り決めがなされます。当事者間で増改築と明渡しの際の原状回復の内容と程度が明確に取り決められていれば、付合の規定を持ち出すまでもなくこの合意に従います[81]。

【豆知識】　加工

　加工は、請負契約で解決されることがほとんどです。例えば、X所有の榧材の提供を受けて彫刻家Yが仏像を彫った場合は、Xが榧材という材料を提供して請負人である彫刻家Yが仏像を彫り上げるという請負契約が締結されます。できあがった仏像は、何も手を加えていない榧材よりもはるかに価値の大きな動産になっていますが、民法246条の加工の規定によるのではなく、請負契約により、できあがった仏像の所有権はXに帰属し、Xは、Yに請負代金支払い義務を負います[82]。

## ■不動産の付合における原則■

　複数の物が1つの物になって分離不可能なときに当事者間で物の帰属についての取り決めがない場合には、付合によって解決されます。

　付合は、「不動産の所有者は、その不動産に従として付合した物の所有権を取得する。ただし、権原によってその物を附属させた他人の権利を妨げない」（民242条）と規定されています。分離不可能な程度は、「従として付合」と規定されているだけで、具体的にどういう場合を指すのかについては示されていません。通説では、動産が物としての独立性を失い、不動産に付着して緊密な結合関係を有し、分離復旧することが事実上不可能になり、分離復

---

[81] 安永・物権・担保物権法171頁。
[82] 安永・物権・担保物権法171頁。

旧させることが社会経済的に見てマイナスが大きいと判断される場合とされています[83]。

賃借人が貸店舗に設置したオーブンや流し台は、容易に取り外すことができますから、建物に付着して緊密な結合関係を生じているとまでは言えません。したがって、付合は生じておらず、賃借人が取り外して収去することができます（収去権、収去義務）。

### 【熊本地判昭54.8.7下民集30巻5～8号367頁】

〔事案の概要〕

エレベーター設備工事の請負人が更生手続開始決定を受け、この請負人からエレベーター設置工事を請負っていた下請け会社が7階建ての建物所有者（注文者）に対し、エレベーターの引渡しを求めた。エレベーターが建物に付合しているか否かが争点になった。請求認容。

〔判旨〕

本件エレベーター一式を建物から取り外すには、「乗場ユニットを建物の壁面に固定させているアンカー・ボルト（ナット）を取り外した上、すき間を埋めたモルタルのみを取り壊し建物のコンクリート壁面は取り壊さずに、乗場ユニットを取り外し、制御盤、巻上機、調速機、ガイド・レール、電線を通すダクトを建物壁面に固定させているアンカー・ボルト（ナット）を取り外して、右制御盤等を取り外し、更に、本体かごを分解してこれを昇降路及び建物から搬出することなどによって、これが可能であって、4、5日程度でこの取外しが終了できる」「取り外される本件エレベーター一式は、機能を何ら損うことなく、ほかの建物の昇降機として利用し得るものであり、本件エレベーター一式を取り外される建物も、建物のコンクリート壁に埋め込まれたアンカー・ボルト及び昇降路の空間などが残るのみであり、建物自体が取り壊されることはない」として、「不動産に従として付合した物」（民242条）と認めなかった。

---

[83] 安永・物権・担保物権法172頁。

7階建ての建物でエレベーターがなければ困るから、これは付合しているだろうと思ってしまいがちですが、このような事案もありますから、思い込みは禁物です。

給排水管や電気の配線を分離することは物理的には可能ですが、給排水管や配線だけを取り外すことは建物にとってもマイナスが大きく、他方で、取り外された給排水管や配線は、社会経済的に見てほとんど価値がありませんから、取り外すことは社会経済的に不利益を生じます。裁判例では、下請業者が自己所有の材料で新築ビルに設置した給排水設備が建物に付合したと認めた事例があります。

**【東京地判昭42.11.27判時516号52頁】**

〔事案の概要〕

建物建築を請け負った元請け業者が、下請け業者に対し配管設備工事代金を完済しなかったことから、下請け業者が配管設備等は自己の所有に属すると主張したことに対し、建物所有者および元請け業者は、配管設備は建物に付合し、その所有権は建物所有者に帰属し、その反射的効果として下請け業者は所有権を喪失すると主張した。下請け業者の請求棄却。

〔判旨〕

建物の床や壁の内部に設置された配管工事等を別にすれば、施工された設備の分離によって、建物自体にはほとんど物質的損傷を及ぼさず、分離により物自体としての建物の経済的損失は生じないが、ポンプや水槽、消火栓箱等は、建物の床や壁コンクリートに附着し、このポンプ、水槽、および消火栓設備には、ビニール管や亜鉛鍍鋼管等の配管設備が連結し、その配管の一部分は建物のコンクリート壁および床の内部に入り込み、完全に建物の構成部分となっている。このように構成部分と化した配管と構造上必然的に結合しその機能を発揮するこれらの設備も一体となって本件建物に対する附着の結合度を強められている。

本件設備は右目的に必要な附帯設備として本件建物に設置されたものであるという経緯に鑑みれば、右設備を本件建物より分離することは、建物の経

済活動を損わしめ、社会経済上大なる不利益を生ずる反面、たとえ本件設備の一部を建物の物質的損傷を加えずして分離しえたとしても、設備たる機能を喪失し、個々の構成部分に分解された単なる動産と化し、しかもその価値は、分離前の設備としてもっていた価値に比しては勿論、それが未だ設備される以前に動産として有していた価値に比してさえ著しく低下減少し、廃品に等しくなることが明白である。として、この設備は建物に附合し、その建物所有者の所有に帰したものと解するのが相当であるとした。

裁判例によれば、7階建て建物に設置されたエレベーター設備は、建物に損傷を与えることなく撤去でき、かつ、取り外される本件エレベーター一式は、何ら機能を損うことなく、ほかの建物の昇降機として利用し得ることが付合を否定する根拠となっていますが、配管設備等は、取り外すことは可能であっても取り外すことによって建物に設置される前よりも価値が著しく低くなり、廃品等になることが明白であるとしており、裁判所は、付属させた設備の取り外しの可否だけではなく、その後の価値をも考慮して付合しているか否かを判断しています。

■**権原によって附属させた者の権利**■

権原をもって付合させた者が結合させた部分は、その者が付合部分の所有権を取得します（民242条但書き）。

---
（不動産の付合）
第242条　不動産の所有者は、その不動産に従として付合した物の所有権を取得する。ただし、権原によってその物を附属させた他人の権利を妨げない。
---

正直に言えば、民法242条但書きは、少しわかりにくい規定です。付合は、複数の物が結合して1つの新たな物が生じて、元のとおり分離して取り外すことは社会経済的に不利益なので、新たに生じた物の所有権の得喪を規定するものなのに、権原をもって結合させた者に所有権を残すというのは背理の

ような気がしますね。これは、付合には「強い付合」と「弱い付合」の2つの概念があることがわかれば理解できます。

## ■「強い付合」と「弱い付合」■

付合は、動産が物としての独立性を失い、不動産に付着して緊密な結合関係を有し、分離復旧することが事実上不可能であるとか、分離復旧させることが社会経済的に見てマイナスが大きいと判断される場合ですが、結合の程度には様々な態様があります。

宅地をその接する道路面と同じ高さにするために、盛土をする場合の宅地と盛土や建物の壁面が傷んできたのでペンキを塗り直した場合の建物とペンキのように、一方が他方の構成部分となっているような場合は、「強い付合」が成立したと言われます。民法242条但書きは、「強い付合」には適用されません。いかに権原をもって附属させたとしても、造成された宅地から盛土部分を撤去するとか、建物の壁面からペンキをはがすことはできないため、もはや、盛土そのものやペンキには動産としての独立性がなく、所有権の客体にはならないからです[84]。

排水管の勾配が不良で排水が流れにくく、頻繁にあふれ出すので、賃貸人に補修を依頼したが応じてくれないため、賃借人が設備業者に依頼して賃借人の費用負担で床下地に埋め込んで施工し直した給排水管は、建物の構成部分と化したと言えるほど建物に結合し一体となっています。このような場合に排水管のパイプや材料はもともと設備業者の所有物ですが、設備業者と賃借人とは請負契約によって、賃借人が設備業者に請負代金を支払うことによって、設備業者には所有権は残りません。配管工事が完了した後の給排水管を建物の物質的損傷なしに分離することは難しいでしょうし、仮に可能で

---

[84]「その程度は、合意が別個の権利と認めた部分を(裁判官・執行官が)識別できないとき、あるいはその部分に対して執行が不可能なとき、と解すべきである」(瀬川・不動産附合法の研究331頁)としています。「執行が不可能なとき」というのは、非常に明確な基準となり得ると考えられます。

あったとしても、分離した給排水管は、分離前の設備と比べると、その価値は著しく低下して廃品に等しい物になってしまいます。したがって、給排水管と建物とは「強い付合」となり、権原の有無に関わらず賃借人の下に所有権は残りません。

　賃貸借契約においては、賃貸人が賃借物の使用収益に必要な修繕をする義務を負います（民606条1項）。賃借物の修繕が必要であることを賃借人が賃貸人に通知したり、賃貸人が知ったにもかかわらず、賃貸人が相当の期間内に必要な修繕をしないときは、賃借人は、その修繕をすることができます（民607条の2第1号）。そして、賃借人はその費用について、費用償還請求をすることができます（民608条）。このように民法は、賃貸借契約については、修繕に関する規定を置いています。

### ■公共用地の取得に伴う損失補償基準細則第15第1項(七)■

　用地取得の場合、公共用地の取得に伴う損失補償基準細則第15第1項(七)に、「借家人が附加した造作又は増築部分であって建物の本体及び構成部分として建物に附合するものに係る移転料は、建物所有者に補償するものとする」と規定されています。

　この規定では「附合」という漢字が使われていますが、民法でも元々「附合」が用いられていました。平成16年にわかりやすい平仮名、口語体へ改正された際、「付合」に改正されました。

## 建物は、土地に付合しますか。

わが国の民法では、建物は、土地とは独立した別個の不動産です。したがって、建物は土地に付合しません。

日本において土地と建物とが別個の不動産とされているのには様々な要因があると言われています。①日本の家屋が地震や火事で壊れやすく、また、釘を使わない木造家屋が多かったため、いざとなれば解体して大八車に乗せて運ぶこともできたと言われるほど土地との接合が弱かったこと[85]、②土地の所有権が個人に認められながらも売買が制限されていたため、独自の借地制度による建物建築が数多く行われたこと、③明治初期の土地課税のための「地券制度」と、地方ごとに建物の建築表象制度として展開した「家券制度」が不動産登記制度の基礎となったために、登記簿自体が「土地登記簿」と「建物登記簿」という別建てで整備されていったこと、④建築請負人の保護や借地人保護の要請などが「土地と建物は別個の不動産である」という意識の定着を招いたとされています[86]。建物の増築部分に区分所有権が成立しないとした裁判例として以下のものがあります。

---

[85] 一般社団法人日本曳家協会編「家が動く！曳家の仕事」（水曜社、2016年7月）という大変面白い本があります。2階建ての大きな民家を家具等はそのままに移動させる様などが写真や図を用いてわかりやすく解説されており、ページをめくるたびにしばらく見惚れてしまいます。保育所の建物を移動するため、この保育所に通っている子供たちが力を合わせて建物を引っ張っている愉しい写真も掲載されています。液状化で傾いた家を修復する、津波で陸に打ち上げられた船を海に戻す、大雨で折れ曲がった橋を直すといった工事にも曳家の技術が用いられていることが写真と図で解説されており、日本の土木技術がいかに優れているかが一目瞭然で理解できます。木造建物を解体して大八車（！）に乗せて運ぶという例を出すまでもなく、家も蔵もそのまま動くというのが、日本に暮らす人の意識の底にあったのではないかと思われます。

[86] 河上・物権法講義282頁。

**【最判昭44.7.25民集23巻8号1627頁、判時568号43頁】**

〔事案の概要〕

賃借人が、賃貸人の承諾を得て平家建物[87]に増築した2階部分は、「権原によってその物を附属させた他人の権利を妨げない」（民242条但書き）とする規定によって、賃借人の区分所有権が成立すると主張した。賃借人の請求棄却[88]。

〔判旨〕

賃借人が増築した2階部分から外部への出入りをするには賃借建物内の梯子段を使用するほかなく、増築された部分は、既存の建物の上に改築された2階部分としてその構造の一部をなすもので、それ自体では取引上の独立性を有しないことから民法242条但書きの適用はなく、所有権は貸主に属する。

この事案では、いわゆる「強い付合」が成立しているため、独立して所有権の対象にはならず、民法242条但書きが適用されないとしました。

**【最判昭38.10.29民集17巻9号1236頁、判時363号24頁】**

〔建物の増築部分に区分所有権が成立するとした裁判例〕

〔事案の概要〕

2階建木造建物の階下の一部を賃借するにあたり、賃貸人は、賃借人が賃借部分を改修して店舗にすることを承諾し、賃借人は工事に着手したところ、腐朽の程度が著しく、単なる改修、増築の程度では賃借人の意図する飲食店営業の店舗として使用することが到底不可能であることが判明したので、賃貸人の承諾を得て、賃借部分を取り壊し、そのあとに、賃借人の負担で店舗を作ることとして、賃借部分のうち、2本の通し柱と天井の梁を除く

---

[87] 判決文では、いわゆる平屋建ての場合でも「平家建」と表記されることが多く、これは、変換ミスではありません。登記簿上の記載（不登規114条3号イ）等により、物件目録の記載も「平家建」と記載されることによるものです。

[88] 同様に、改造途中の工作物を賃借人が建物として完成させた場合に、完成した建物は、付合により工作物所有者の所有に帰したものとする裁判例（最判昭34.2.5民集13巻1号51頁）。

ほかの構造物はすべて撤去して、原家屋よりも約６坪拡張した店舗を作り上げた。
〔判旨〕
　原家屋の２階が重なっており、既存の２本の通し柱と天井の梁を利用している事実があっても、賃借人が権原によって原家屋に附属させた独立の建物で、区分所有権の対象となる。

## ■構造の一部をなしているか■

　昭和44年判決のように、増築された２階部分が、賃借建物内の梯子段を使用するほか外部への出入りのしようがないのであれば、増築された部分は、既存の建物の上に改築された２階部分としてその構造の一部をなすもので、それ自体では取引上の独立性を有しないとして、民法242条但書きの適用はないとする裁判例は、おそらく誰の認識にも合致すると考えられます。

　ところが、昭和38年判決のように、建物の通し柱と天井の梁を利用しているのに、「強い付合」が成立していないというのは、何か強弁のような気がしないでもありません。しかし、翻って考えると、区分所有建物というのは、基礎、基礎杭、壁、柱、梁等の構造上主要な部分でつながっていますから、元の建物と一体とはなっているものの、区分所有権の対象となり得る程度の独立性があるならば、区分所有権を認めてもよいという考え方が成立しないわけではありません。

　特に、建築資材や工法が大幅に進歩した現在の建物建築においては、構造上、どこかがつながっているかどうかというだけでは増築部分の独立性がないとまでは判断できないこともあります。

## ■「権原によってその物を附属させた他人の権利を妨げない」（民242条但書き）■

　民法242条但書きの「権原」とは、「その物を附属させ」る権原のことです。賃借人が増改築をした場合には、賃貸人の所有する不動産に賃借人の動

産を結合させることのできる権原です[89]。

　建物賃貸借契約があるだけでは、「権原」があるとは言えません。建物の賃貸借契約は、賃借建物を使用および収益することができる権原であって、当然に増改築をする権限を含むわけではないからです[90]。これは、建物賃貸借契約の契約書では、通常、無断で増改築することが解除事由に挙げられていることからもわかります。しかし、賃貸人の同意を得て増改築をする場合には、建物賃借権も本条の但書きの権原となり得る[91]とされています。

## Q 6-3

**賃借人が賃貸人の承諾を得て増改築をした場合で、増改築部分の所有権が賃借人に認められないときには、増改築費用は賃貸人に請求することができますか。**

　賃貸人と賃借人との間で特約があれば、この特約にしたがいます。特約がなければ、付合により償金請求を行うか、民法608条2項の有益費償還請求の問題になります。

### ■付合による償金請求■

　付合による償金請求（民248条）は、不当利得の規定（民703条、704条）にしたがうこととされています。

　不当利得請求は4つの要件が必要になります。

---

[89] 潮見・民法（全）167頁。
[90] 松岡・物権法80頁。髙　秀成「『権限』とは何か」（法学教室526号26頁（2024年7月号））では、民法242条但書の「権原」について、「ある法律行為または事実行為をすることを正当とする法律上の原因」を意味するとしています。
[91] 安永・物権・担保物権法176頁、瀬川・不動産附合法の研究330頁では、「但書の「権原」は、多くの学説が言うような「不動産を使用収益する権利」ではなく、「附着した動産の所有権を留保する権利」と解すべきである。」としています。

① 他人の財産又は労務によって利益を受けたこと
② そのために他人に損失が生じたこと
③ 利益が法律上の原因に基づかないこと
④ 利益と損失との間に因果関係があること

　賃貸人は増改築された建物を取得することで利益を得ています。この利益は、賃借人の増改築費用の支出という損失によって生じたものであって、利得と損失との間には因果関係があり、かつ、増改築は賃借人の義務ではないので賃貸人が取得した増改築の利益は、法律上の原因がないことになります。したがって、賃借人の賃貸人に対する不当利得請求は可能です。ただし、この場合の「利得」は工事費用そのものではありません。これは、非常に腕の悪い職人による施工が行われた結果、時間ばかりかかって日当が嵩んだという例を思い浮かべればわかります。

　付合による償金請求がなされた場合、そもそも利得があるのか、あるとしてもその額はいくらか、ということは、当事者間では非常に大きな問題になり、紛争になることも少なくありません。

### ■費用償還請求■

　賃貸借契約関係にある場合に賃借人から賃貸人に対し、付合による償金請求がなされることはそれほど多くなく、一般には、費用償還請求がなされます。賃借人による費用償還請求の時期と範囲は有益費と必要費とで異なります。

　有益費とは、物の保存のために必要な費用（必要費といいます）ではないが、増・改築費など物の改良その他物の価値の増加に要した費用をいいます[92]。雨漏りを修繕する費用は、建物を保存するために必要な費用ですから「必要費」にあたります。賃借時点ではタバコのやにで黄ばんでいた壁紙と傷んでいたフローリングを賃借人が新たに張り直したような場合は、建物

---

[92] 安永・物権・担保物権法264頁、潮見・民法（全）428頁以下。

の価値の増加に要した費用として「有益費」にあたります。

　必要費は、直ちに償還請求ができますが（民608条1項）、賃借人が有益費を支出したときは、賃貸借が終了した時に、償還請求をすることができます（民608条2項）。

---
**（賃借人による費用の償還請求）**
第608条　賃借人は、賃借物について賃貸人の負担に属する必要費を支出したときは、賃貸人に対し、直ちにその償還を請求することができる。
2　賃借人が賃借物について有益費を支出したときは、賃貸人は、賃貸借の終了の時に、第196条第2項の規定に従い、その償還をしなければならない。ただし、裁判所は、賃貸人の請求により、その償還について相当の期限を許与することができる。

---

　有益費償還請求がなされると、賃貸人は、賃借人が支出した費用か、現存している利益かいずれかを選択して、償還することになります（民608条2項の準用する196条2項）。賃借人が壁紙とフローリングを新しく張り替えて30万円を費やしたとしても、契約更新を重ねて10年以上使っている間に張り替えた壁紙とフローリングはすっかり黄ばんで傷んでしまった場合には、「現存している利益」はほとんどなくなります。

　賃借人が賃貸人の承諾を得て増改築をした場合であっても、現存利益は使用収益している間にどんどん減少します。増築部分が有益費に当たると賃借人が主張したとしても、賃貸人としては増築が杜撰だから却って雨漏りが多発するようになったので現存利益はないどころか、賃借人が建物を毀損したなどと反論をすることもあり（そして、こういう紛争はしばしば起きます）、増改築の事実に争いがないとしても、現存利益が存するのか、存するとしてその額はいくらか、という問題は残ります。

　このように、建物の増改築は紛争のもとですから、増改築においては、「お互いを信用して任せた」りせず、ビジネスライクに事前に書面で取り決めを行っておくことが大切です。

# Q 6-4

造園業者Ａが、苗木の栽培のためにＢから休耕田を借り受けて苗木を植栽していたが、造園業が不振で経営に行き詰まり、苗木は長らく放置されて土地に完全に根付いて樹木となった。その後Ａは、地代を払えなくなり、土地賃貸借契約を解除された。この場合、土地に植栽していた苗木や樹木の所有権は誰に帰属しますか。

 苗木や樹木が土地に付合しているか否かで所有権の帰属が決まります。

植栽に関する裁判例は数多く見られます。

苗木の場合は、土地との間にそれほど緊密な結合関係があるとまでは言えず、分離することは容易です。そもそも苗木は、土地から分離して売却することを目的としているため、社会経済的に見ても分離によって土地にも苗木にもマイナスは生じませんから、苗木の所有権は、造園業者Ａにあります。その結果、造園業者Ａは、苗木は自己の所有物であるとして、土地から収去することができます。

Ａが造園業の経営に行き詰まり、重機も売り払ってしまって実質的に営業を行っていない場合には、土地所有者Ｂから苗木を持ち出してくれと言われても、持ち出しができない場合もあります。手を入れないまま中途半端に育ってしまった苗木であっても、土地から掘り出せるのであれば、苗木の所有者はＡですから、土地所有者Ｂは、自己の所有地にＡ所有の動産が残されていることになり、Ａに対して、所有権に基づく妨害排除請求ができます。

大木に育った樹木の場合は、土地に根付いてしまっています。土地と緊密な結合関係があり、土地と一体となってしまっていると判断されると、付合によって、樹木の所有権は土地所有者に帰属します。しかし、これでは、土

地所有者は土地上に欲しくもない樹木を所有することになり、所有権が自己にあるとされると妨害排除請求もすることができません。しかし、公園の造成をしている現場に運び込まれている植栽の中には相当大きな樹木もあることと考えると、一定の費用を掛ければ、どんなに大木であったとしても移植は可能であるとも言えます。

このように、付合の要件としての「その不動産に従として付合した」(民242条)は、必ずしも一義的に明確な基準ではありません。そこで不明確な部分を解釈により補うことによって合理的な解決を導くことになります。裁判例には、土地使用の権原のない者が甜瓜(マクワウリ)の種を撒き、種から生育した甜瓜苗の所有権は、土地所有者に属するとしたものがあります。

**【最判昭31.6.19民集10巻6号678頁、判夕60号51頁】**
〔事案の概要〕
　AとBは土地の交換契約をして、Aが当該土地を使用収益していたところ、その後交換契約が解除され土地をBに返還することになった。返還すべき土地にはAが小麦を植え付けていたことから、土地の返還は小麦の収穫後とすることになった。ところが、Aは小麦の収穫後そこに甜瓜の種を撒き、双葉、三葉になったので、土地の返還を拒んだにもかかわらず、Bが甜瓜苗を鋤き返して甘蔗を植え付けた。Aは、甜瓜の種を撒いた時点では土地に付合しているけれど、双葉苗になった時点で土地から分離できるので土地には付合しておらず、栽培によって得べかりし利益相当の損害を被ったと主張した。

〔判旨〕
　Aは、甜瓜の種を撒いた時点で土地を使用収益する権原を有していなかったから、撒かれた種から生育した苗の所有権は、土地所有者Bに帰属する。

　いかにも時代を感じる紛争ですが、小麦の収穫までは待ってあげると言われたけれど、小麦収穫後にちゃっかり甜瓜の種を撒き、苗に育ったから甜瓜の収穫まで土地の明け渡しを待ってもらおうというわけにはいかない、とい

う常識的な解決をした事案と言えます。

土地上の立木の所有権をめぐる事案としては以下のものがあります。

【最判昭35.3.1民集14巻3号307頁、判時216号19頁】

〔事案の概要〕

Aが甲から山林を買い受けて地盤所有者として立木を植栽した後、甲が、同じ山林をBに売却して移転登記を済ませ、その後BはCに売却して移転登記をした。Aは、植栽時点では元売主である甲との関係では山林の所有者であり、地盤に立木を植栽する権原を有しており、地盤が未登記であっただけであるとして、立木の所有権を有すると主張した。

〔判旨〕

Aは、既に登記を備えた第三者であるCに自己の土地所有権を対抗することはできない。

土地上の立木は、Aが植栽した時点では、Aは所有権者であったことから、Aが権原に基づいて植栽したものであるから、民法242条但書を類推すれば、土地の登記を備えた第三者との関係では、立木の地盤への付合は遡って否定され、立木は、Aの独立の所有権の客体となりえた。しかし、立木所有権の地盤所有権からの分離は、立木が地盤に付合したまま移転する本来の物権変動の効果を立木について制限することになるのであるから、その物権的効果を第三者に対抗するためには、少なくとも、立木所有権を公示する対抗要件を必要とする。Aが施していた立木の明認方法は既に消滅してしまったというのであるから、Aの立木所有権は第三者に対抗することができない。

【豆知識】 明認方法

明認方法とは、立木の皮を削って所有者名を墨書きするとか、立木に極印を打ち込み標札（立札）を立てる、標杭を立てるなどの方法で、立木の所有者を明らかにする方法です。わが国では、山林立木を山林地盤とは独立して立木のまま取引する慣行があり、立木の買主が立木の権利関係を公示するための手段として用

いられていました。ただし、植栽した立木の所有権は、土地所有者か土地を使用収益する権原を有する者が行ってはじめて主張できます。他人地に勝手に立木を植栽し、その皮を削って植栽した者の名前を墨書きしても、そもそも、立木の所有権を主張できません。

　権利取得の際に、いったん明認方法が施されていたとしても、第三者が権利を取得する時点でそれが消失している場合には、公示の機能を果たしていないので、明認方法ありとして第三者に対抗することはできません[93]。

---

[93] 安永・物権・担保物権法130〜131頁。

# ⑦ 時効

土地所有者を特定し、現地に赴いて調査をすると、長年にわたり自分が管理してきたから土地の所有者は自分だと主張する者が出てくることがあります。単純に10年間もしくは20年間土地を占有使用していたら、時効によって、占有部分の土地所有権を取得できると考えている人は少なくありません。しかし、冷静に考えると、所有権を取得する者がいるということは、所有権を喪失する者がいるということです。勝手に使っているだけで所有権を取得するというのも妙な話ですが、ご近所同士のことだからと遠慮して「私の土地だから使わないでください」と言えなかっただけで所有権を喪失するというのはもっと了解しにくい話です。民法は取得時効についてどのような規律を設けているのでしょうか。

## Q 7-1

**用地取得の対象となる土地の隣に住んでいる人が、「詳しいいきさつはよくわからないが、この土地は、当家の土地だと思って長年にわたり使っており管理もしてきた。地区の人も当家の土地だと思っている」と言って、時効取得を主張しています。一定期間、土地を占有しているだけで時効取得ができるのですか。**

長年にわたり他人の土地を使い続けているということだけでは、所有権の時効取得の要件を満たすかどうかは判断できません。所有権の時効取得には「所有の意思をもって」、平穏、公然に一定の期間占有を継続することが必要です。「詳しいいきさつはよくわからないが」というのは、占有の始まりがどんな態様であったのか、現在の占有がどうなっている

のかが不明であるということですから、言い分は聞き置くとして調査が必要です。

## ■土地の所有権を取得する方法■

土地の所有権を取得する方法には、前主の所有権を承継する「承継取得」と前主の所有権とは無関係に所有権を取得する「原始取得」とがあります[94]。

承継取得は、売買契約や贈与契約に基づく所有権移転の合意（民176条）や相続（民896条）などです。相続について規定した民法896条は「相続人は、相続開始の時から、被相続人の財産に属した一切の権利義務を承継する」と規定し、相続が承継取得であることを明確にしています。承継取得は、前主の権利を譲り受けるので、前主が有していた以上の権利を取得することはありません[95]。

原始取得は、元々の権利に依存せずに権利を取得する方法です。土地の所有権の原始取得の例としては、取得時効（民162条）があります。

## ■土地収用法による権利の取得、消滅及び制限■

土地収用法により土地を収用するときは、起業者は、権利取得裁決において定められた権利取得の時期に当該土地の所有権を取得します。このとき、当該土地に関するその他の権利ならびに当該土地または当該土地に関する所有権以外の権利に係る仮登記上の権利、買戻権は消滅し、当該土地または当該土地に関する所有権以外の権利に係る差押え、仮差押えの執行および仮処分の執行はその効力を失います（土地収用法101条1項）。

このように、土地収用法による権利の取得は、前主の権利を引き継がないという意味で、原始取得にあたります。

---

[94] 潮見・民法（全）165頁、道垣内・リーガルベイシス401頁。
[95] 道垣内・リーガルベイシス401頁。

## ■所有権の時効取得の要件■

土地の所有権を時効取得するには、
① 「所有の意思」をもってする占有であること、
② 平穏かつ公然に占有を開始したこと、
③ 一定期間の占有の継続

が必要です。占有の継続期間は、占有の開始時点に占有者が善意・無過失か否かによって異なります（民162条）。

> （所有権の取得時効）
> 第162条　20年間、所有の意思をもって、平穏に、かつ、公然と他人の物を占有した者は、その所有権を取得する。
> 2　10年間、所有の意思をもって、平穏に、かつ、公然と他人の物を占有した者は、その占有の開始の時に、善意であり、かつ、過失がなかったときは、その所有権を取得する。

## ■占有の開始時の善意・無過失■

土地の占有の開始において、自分が所有権者であると信じ、かつ、信じたことに過失がない（善意無過失）場合には、その占有が10年間継続すれば占有している土地の所有権を時効取得します（民162条2項）。「善意」とは、その土地の所有権が自分に帰属すると信じることです[96]。

「所有の意思」、「善意」および「平穏かつ公然」は、推定されるので（民186条1項）、10年の取得時効を主張する場合は、占有の開始時に「無過失」でかつ10年間占有をしていることを主張立証すれば足ります。ただし、「推定」は、反証によって破ることができます。反証の立証責任を負うのは、時効取得を争う者です。

---

[96] 我妻・民法総則479頁。

■20年間の占有■

　長期の取得時効では、占有者の善意が要求されていません。そのため、他人の土地であることを知りつつ所有の意思をもって20年間占有していた場合にも時効によって所有権を取得します[97]（民162条1項）。

【豆知識】　「みなす」と「推定する」

　条文に「みなす」と規定されている事項は、真実はともかく、一定の要件を満たした場合にはそのような事実があったものとするものです。具体的な例としては失踪宣告が「みなす」という文言を用いて規定されています。

（失踪の宣告）
第30条　不在者の生死が7年間明らかでないときは、家庭裁判所は、利害関係人の請求により、失踪の宣告をすることができる。
2　戦地に臨んだ者、沈没した船舶の中に在った者その他死亡の原因となるべき危難に遭遇した者の生死が、それぞれ、戦争が止んだ後、船舶が沈没した後又はその他の危難が去った後1年間明らかでないときも、前項と同様とする。

（失踪の宣告の効力）
第31条　前条第1項の規定により失踪の宣告を受けた者は同項の期間が満了した時に、同条第2項の規定により失踪の宣告を受けた者はその危難が去った時に、死亡したものとみなす。

（失踪の宣告の取消し）
第32条　失踪者が生存すること又は前条に規定する時と異なる時に死亡したことの証明があったときは、家庭裁判所は、本人又は利害関係人の請求により、失踪の宣告を取り消さなければならない。この場合において、その取消しは、失踪の宣告後その取消し前に善意でした行為の効力に影響を及ぼさない。
2　失踪の宣告によって財産を得た者は、その取消しによって権利を失う。ただし、現に利益を受けている限度においてのみ、その財産を返還する義務を負う。

---

[97] 四宮＝能見・民法総則416頁。

生死がわからない普通失踪の場合には、生死がわからない状態で7年間が満了した時、つまり、7年が経過した時に死亡したとされます（民31条、30条）。生死がわからないだけで、実際には生存していたとしても、生存の事実を証明し、失踪宣告を取り消さなければ失踪宣告によって死亡したとされる時期に死亡したとの事実は覆りません（民32条1項）。

　「みなす」ではなく、「推定する」との規定であれば、反証によって事実を覆すことができます。

　「推定」は、民事訴訟における証明責任との関係で大きな意味をもちます。

　民事訴訟上の「推定」には、法律上の推定と事実上の推定とがあります。法律上の推定とは、経験則が法規化され、法規の適用という形で行われる推定です[98]。土地を占有している者は、経験則上、所有の意思をもって善意で平穏かつ公然に占有していることから、これを法規化したのが民法186条1項です。法律上の推定の結果、占有の事実の証明があれば、取得時効の成立を争う側が「所有の意思をもって」「平穏」「公然」「善意」をくつがえす反対事実を証明しなければならなくなります。「法律上の推定」は、証明責任を転換するのです。

　普通の人が日常行なっている「推定」は「事実上の推定」です。たとえば、面談や打ち合わせの記録を毎回詳細に残している担当者の面談記録に記載がないやり取りは「そのようなやりとりがなかった」と推定されます。逆に、いつもいい加減な記録しかとっていない担当者の面談記録に記載がなくても、そのやりとりがなかったとまではいえません。これらは、経験則であり、「事実上の推定」です。

　民事訴訟においては、法律上の推定だけではなく経験則をも踏まえて判断がなされるので、訴訟にいたらない場面でも、同様の経験則が働きます。日頃からきちんと記録を残しておくことは、どんな場面でも大切です。

---

[98] 和田・民事訴訟法331頁。

■**所有の意思**■

　所有権を時効取得するには、「所有の意思をもって」占有する必要があります[99]。占有とは、物に対する事実的支配です[100]。事実的支配ですから、所有の意思をもってする占有のほか、賃借の意思をもってする占有や昭和から平成のはじめ頃まで駅前にあった自転車預かりのように寄託の意思をもってする占有などがあります。所有権を時効取得するためには、所有の意思をもってする占有が必要です。

　占有における所有の意思の有無は、占有している者がどのように考えているかといった占有者の具体的な内心の意思ではなく、占有取得の原因である権原または占有に関する事情により外形的客観的に定められます（最判昭45.6.18裁判集民99号375頁、判時600号83頁）。土地の賃借人が賃料を支払いながら長期間にわたり土地を占有使用してきた場合には、賃料を支払うという行為を外形的・客観的に見れば、賃借人としての占有が継続しているだけで、「所有の意思」をもってする占有ではありませんから、20年間継続して占有使用していたとしても土地所有権を時効取得しません。

　以下の昭和58年の最高裁の事案は、昭和33年に「お綱の譲り渡し」という慣習をもとに占有を継続していた場合に、占有者が土地所有権を時効取得するか否かが問題になった事案です。

**【最判昭58.3.24民集37巻2号131頁、判時1084号66頁】**

〔事案の概要〕

　Xは、昭和33年1月1日に父から「お綱の譲り渡し」を受け、不動産の占有を開始した。「お綱の譲り渡し」とは、当時、熊本県郡部で慣習として残っていたもので、所有権を移転する面と家計の収支に関する権限を譲渡す

---

[99] 「所有の意思」をもった占有を自主占有、所有の意思を伴わない占有を「他主占有」という。賃借人の占有は、賃貸人（所有者）の所有権の否定ではなく、むしろ、賃貸人の所有権を前提として成り立っています（四宮＝能見・民法総則445頁）。

[100] 安永・物権・担保物権法4頁。

る面とがある。Xは、元旦に「お綱の譲り渡し」を受けた後、農業経営とともに家計の収支一切を取り仕切り、農業協同組合に対する借入金の名義を父からXに変更して、自己の一存で金融を得るほか、父所有の山林の一部をXに移転したりして、不動産の所有権の贈与を受けたと信じていた。昭和40年3月1日に父が死亡し、XのほかYらが相続した。不動産は父の名義のままであったことから、Xは、Yらの各共有持分につき、時効取得を原因として移転登記手続を求めた。第一審、控訴審ともにXの請求認容。Yら上告。破棄差戻し。

〔判旨〕

控訴審では、Xは、「お綱の譲り渡し」により、所有権の贈与を受けたとまでは断じがたいが、本件不動産を含む財産の処分権限まで付与されていたと認められるとし、Xが不動産の所有権を取得したと信じても無理からぬところがあるとして、その占有の始め善意無過失であったから、占有開始時より10年を経過した昭和43年1月1日に本件不動産を時効取得した、としました。

最高裁は、「占有者がその性質上所有の意思のないものとされる権原に基づき占有を取得した事実が証明されるか、または、占有者が占有中、真の所有者であれば通常はとらない態度を示し、若しくは所有者であれば当然とるべき行動に出なかったなど、外形的・客観的にみて占有者が他人の所有権を排斥して占有する意思を有していなかったものと解される事情が証明されるときは、占有者の内心の意思いかんを問わず、その所有の意思を否定し、時効による所有権取得の主張を排斥しなければならない」としました。

そのうえで、Xの行為は「所有権の移転を伴わない管理処分権の付与の事実と矛盾するものではない」。「お綱の譲り渡し」後においても、「各不動産の所有権移転登記手続はおろか、農地法上の所有権移転許可申請手続さえも経由されていないこと、亡父は『お綱の譲り渡し』後も各不動産の権利証及び自己の印鑑をみずから所持していてXに交付せず、Xもまた家庭内の不和

を恐れて亡父に対し右の権利証等の所在を尋ねることもなかった」ことから、さらに審理を尽くせば、Xの占有が所有の意思に基づくものではないと認めるべき外形的客観的な事情が認定される可能性があるとして、破棄差戻しました。

## ■公租公課の支払と所有の意思との関係■

「所有の意思をもった占有」を基礎づける要素の一つが公租公課の支払です。所有権者は公租公課を支払う義務がありますから、固定資産税を支払い続けて土地を現実に管理している事実は、外形的客観的に「所有の意思」があるとの認定に傾く要素です。

物干し場として他人の土地を使い続けていたり、隣家の土地の一部を青空駐車場として使っていたりしても、所有者であれば当然行うべき公租公課の負担をしていない場合には、昭和58年判決によれば「占有者が占有中、真の所有者であれば通常はとらない態度を示し、若しくは所有者であれば当然とるべき行動に出なかった」として客観的・外形的には「所有の意思をもった占有」とは言えません。

この点は、よく誤解をされていますが、長年にわたり、ただ「使い続けている」だけで、他人の所有物が自己の所有物になったりはしないのです。

## ■平穏■

「平穏」（民162条2項）かどうかは、占有の開始時を基準として判断されます。以下の事案は、国が土地を買収した後、国から土地の売渡しを受けたが、その後、農地ではなく宅地であることを理由に買収処分の取消しがなされ、売渡処分の取消し通知も到達し、農業委員会からその旨も聞いたというもので、占有のどの時点で「平穏」の要件を備えている必要があるかが争われました。

**【最判昭41.4.15民集20巻4号676頁、判時448号30頁】**

〔事案の概要〕

本件土地は、昭和23年2月2日、自作農創設特別措置法によりX1から国が買収し、同日付でY1に売り渡されてY1が占有を開始した。昭和27年、農地ではなく宅地であることを理由に買収処分の取消しがなされ、同年12月23日にY1（昭和23年9月4日に死亡）の相続人Y2に対し、売渡処分の取消通知がなされ、Y2は、昭和31年頃に農業委員会からもそのような趣旨を聞かされた。X1の相続人であるX2は、Y2に対し、抹消登記手続及び土地の引渡請求をした。第一審、控訴審は、Y2の時効取得を認めて請求を棄却したため、X2が上告。上告棄却。

〔判旨〕
　「民法162条2項にいわゆる平穏の占有とは、占有者がその占有を取得し、または、保持するについて、暴行強迫などの違法強暴の行為を用いていない占有を指称するものであり、占有者が右のような強暴の行為を以て占有を取得し、または、保持しているものでない以上は、たとい、不動産所有者その他その占有の不法を主張する者から、異議をうけ、不動産の返還、右占有者名義の所有権移転登記の抹消手続方の請求をうけた事実があっても、これがためにその占有が民法162条2項にいわゆる平穏を失うにいたるものではないと解すべきである。」

　Y1は、昭和23年2月2日付で国から土地の売渡しを受けた自分が所有権者であると思って占有を開始しています。そして、占有の開始時には、暴行強迫などの事実もなく、「平穏」（民162条2項）の占有という要件を満たす以上、Y1の相続人であるY2は、そのY1の占有を承継したと言えます。後日、買収処分が取り消されて、その通知がY2に届き、農業委員会からも買収処分が取り消された旨を聞いたとしても、これによって取得時効の期間に変化をきたすわけではないことを明確にしました。

■**前主の占有も併せて主張する場合**■

　時効取得を主張する際には、前主の占有も併せて主張することができま

す。

　前主とは、時効取得を主張する者の直前の占有者だけではありません。土地の所有権が転々流通している場合などでは、時効を主張する者は、任意の前主を選択することができ、選択した占有者の占有開始時から時効が起算されます。選択した占有者が自己に所有権があると信じることについて善意無過失であれば、その後の占有者が悪意であったとしても、10年の経過によって時効取得ができます。

### 【最判昭53.3.6民集32巻２号135頁、判時886号38頁】

〔事案の概要〕

　Ａ１が所有する土地を昭和７年にＡ２が家督相続し、昭和26年６月14日にＸらが共同相続した。昭和29年７月１日、国の買収事務担当機関であった北海道知事により農地法44条に基づく買収手続が行われ、Ｘらが所有者であるのに何ら調査をすることなく漫然と先々代であるＡ１の住所が不明であるとして買収令書を公示し、対価を供託して買収手続を完了し、新地番を付して売却した。Ａ２の相続人であるＸらは、買収手続が行われた事実を最近知って、本件土地がＸらの所有であることの確認と真正な登記名義回復及び土地引渡を求めて訴え提起。

　なお、本件土地は、買収した国→Ｐ→国→Ｑ→北海道に順次売却された。控訴審はＸらの請求を認容したため、北海道は上告。北海道は、Ｑの占有中に10年の取得時効が完成したと主張。

〔判旨〕

　原判決破棄、Ｐの善意無過失を審理させるために差戻し。

　「10年の取得時効の要件としての占有者の善意・無過失の存否については占有開始の時点においてこれを判定すべきものとする民法162条２項の規定は、時効期間を通じて占有主体に変更がなく同一人により継続された占有が主張される場合について適用されるだけではなく、占有主体に変更があって承継された２個以上の占有が併せて主張される場合についてもまた適用されるものであり、後の場合にはその主張にかかる最初の占有者につきその占有

開始の時点においてこれを判定すれば足りるものと解するのが相当である。」

　この事案は、占有の承継があり、最初の占有者は善意・無過失であったものの、最初の占有者の占有開始時から10年経過後のＱや中間の占有者が悪意または有過失であった場合、民法162条２項の短期取得時効は成立するかが争点です。

　最高裁は、民法162条２項は、同一人により継続された占有がある場合はもちろん、占有主体に変更があって２個以上の占有があわせて主張される場合にもまた適用されるとしました。２個以上の占有があわせて主張される場合には、最初の占有者の占有開始時点で判断するので、最初の占有者が善意・無過失であれば、その後の占有者が悪意であっても、最初の占有者の占有開始時から10年で時効取得します。そこで、最初の占有者の占有開始時点について差し戻して審理をさせることにしたのです。

## 7-2

**時効取得を主張する者と登記事項証明書に記載されている所有者との間で土地の所有権がどちらにあるか合意にいたらない場合には、どのように対応すればよいですか。**

　時効取得を主張する者と、これを否定する者との間で争いが生じた場合には、最終的には訴訟によって紛争を解決する必要があります。

■**土地の所有権についての争い**■

所有者以外の第三者が土地の占有を始めたときの所有者の対応としては、
①　積極的に争って明け渡すように主張を述べる、

②　承諾しているわけではないが、コトを荒立てたくないから当面使わない土地だし見て見ぬふりをして放置する、

のいずれかが考えられます。往々にして②により放置している所有者も珍しくありませんが、もめ事を嫌って放置していた土地が公共用地の取得の対象になった場合には、所有者と占有者との争いが顕在化します。

## ■時効の援用■

　長期にわたって占有を継続したからと言って、その占有者が自動的に所有権を取得するわけではありません。様々な証拠から占有の開始が「平穏かつ公然」、「善意無過失」で10年間占有が継続したという事実が認定できたとしても、時効取得を主張する者が「時効によって所有権を取得した」と時効の利益を受ける旨の主張をしなければ裁判所は時効によって裁判をすることができません[101]。これを「時効の援用」といいます（民145条）。

　用地担当者は、両者の紛争を収める立場にはありませんから、もちろん、時効の援用についての主張を聞く立場にもなく、中立的な立場を維持する必要があります。「中立的な立場」というのは"言うは易く、行うは難し"です。声の大きな側に引っ張られないためには、取得時効という制度に対する民法の規律について基本的な知識をもっておくことです。

## ■現地確認の重要性■

　誰が所有権者であるのか、所有権が抵当権や根抵当権といった担保物権、地上権や地役権といった用益物権の制限を受けることのない完全なものであるのかについて調査する「権利調査」は、私人間の売買でも用地の任意取得でも売買契約の第一歩です。

　登記事項証明書の最後には「これは登記記録に記録されている事項の全部を証明した書面である」として、登記官の名前が記されています。つまり

---

[101] 四宮＝能見・民法総則476頁、潮見・民法（全）100頁。

「登記記録に記載されている事項の全部」を証しているだけで、記載されている権利関係が真実であることを証しているわけではありません。

所有権の取得時効の制度は、所有権を行使しているという状態が、「占有」という形で外形的に表示されているとき、それが長期間そのまま経過すれば、その物権の取得を認めようとするものです[102]。したがって、土地の全部または一部を時効取得したとしても、これが登記に反映されている場合ばかりではありません（→時効と登記については、❸ 対抗要件30頁）。

権利の変動がすべて公示されているわけではないという現実を踏まえると、現地に足を運んで、現地確認や関係者等への事情聴取等により所有権者の確認をする必要があります。

### ■消滅時効■

時効には、原始的に権利を取得する取得時効だけではなく、権利を喪失する消滅時効もあります。

> **（債権等の消滅時効）**
> 第166条　債権は、次に掲げる場合には、時効によって消滅する。
> 　一　債権者が権利を行使することができることを知った時から5年間行使しないとき。
> 　二　権利を行使することができる時から10年間行使しないとき。
> 2　債権又は所有権以外の財産権は、権利を行使することができる時から20年間行使しないときは、時効によって消滅する。
> 3　前二項の規定は、始期付権利又は停止条件付権利の目的物を占有する第三者のために、その占有の開始の時から取得時効が進行することを妨げない。ただし、権利者は、その時効を更新するため、いつでも占有者の承認を求めることができる。

債権は、①債権者が権利を行使することができることを知った時から5年間行使しないとき、②権利を行使することができる時から10年間行使しない

---

[102] 道垣内・リーガルベイシス402頁、潮見・民法（全）105頁、四宮＝能見・民法総則415頁。

ときの長短二つの消滅時効があります（民166条1項）。
　債権と所有権以外の財産権は、権利を行使することができる時から20年間行使しないときは時効消滅します（民166条2項）。
　用地取得において問題になる所有権は、時効消滅しません。民法166条2項も「債権又は所有権以外の財産権は」と規定しているように、所有権は時効消滅しないのです。土地について取得時効が認められた場合には、そのいわば反射的効果として所有権を喪失するということになりますが、これは所有権が時効消滅したというわけではありません。

## ■消滅時効の援用権者■

　取得時効において、時効を援用するのは、当該権利を取得したと主張する者です。しかし、消滅時効の場合には、権利が消滅する側が時効を援用するわけもなく、「権利の消滅について正当な利益を有する者」とは誰かがわかりにくいので、民法は、わざわざ「消滅時効にあっては」とカッコ書きで規定しています。

> （時効の援用）
> 第145条　時効は、当事者（消滅時効にあっては、保証人、物上保証人、第三取得者その他権利の消滅について正当な利益を有する者を含む。）が援用しなければ、裁判所がこれによって裁判をすることができない。

　保証人、物上保証人、第三取得者は、「権利の消滅について正当な利益を有する者」の例示です。
　主たる債務が時効消滅すれば、保証債務も消滅しますから（付従性）、保証人は、主たる債務が時効消滅したことを主張するについて正当な利益を有する者に当たります。
　物上保証人とは、自己の土地や建物を自分以外の債務の担保として差し出している者です。例えば、XがYから1000万円を借りて、その担保としてXには見るべき財産がないので、Xの父Aが自己所有の土地建物に抵当権を設

定した場合、Aは自己所有の土地をXの債務の担保として差し出していることから物上保証人です。

債権者が権利を行使することができるのは、弁済期が到来した時です。ところが、弁済期が到来したのにYがXに請求しないまま5年が経過すれば、債権者が権利を行使できることを知った時から5年間行使しないものとして、YのXに対する1000万円の債権は時効により消滅します。被担保債権である1000万円の金銭債権が消滅すると、抵当権は付従性により消滅します。ところが、Xが消滅時効を援用しないとAの土地建物の抵当権は残ったままです。Aが抵当権抹消を主張するためには、被担保債権が時効消滅したことを主張しなければなりませんから、Aは、「権利の消滅について正当な利益を有する者」に当たります。

第三取得者とは、抵当権設定後に当該土地建物を譲り受けた者です。被担保債権が時効消滅していれば、自己の土地建物に設定された抵当権の抹消を主張できますから、第三取得者もまた「権利の消滅について正当な利益を有する者」に当たります。

用地取得においては、30年とか50年とかの長期にわたって登記簿上に抵当権が残り続けていたり、仮登記が残ったまま転々流通している土地は珍しくありません。このような場合に、被担保債権の時効消滅を主張して抵当権や仮登記を抹消する方法があります（→⓰ 担保に供された土地の売買、⓱ 仮差押え登記が残ったままの土地の売買）。登記を抹消する前提として、被担保債権が時効消滅しているか否かは非常に重要な要素となります。

**債務の履行と債権の消滅**

　売主が目的物を引渡さないとか、買主が売買代金を支払わないなどのように、契約当事者が契約内容に従った債務の履行を行わなければ債務不履行になります。条文では「債務の本旨に従った履行をしないときは」（民415条1項）と規定されています。では、どのような行為をすれば「債務の本旨に従った履行」と言えるのでしょうか。

## Q 8-1
「債務の履行」と「弁済」は違うのですか。

　「債務の履行」と「弁済」は、同じことを別の側から見たものです。債権の消滅をもたらす履行行為（給付）を弁済といいます[103]。債務者の行為の側から見れば「履行」であり、債権の消滅の側から見れば「弁済」です[104]。

### ■弁済■

　日常生活の中では「弁済」という用語は、借りたお金を返す場面だけに用いられます。しかし、法律上の「弁済」は、債務の消滅をもたらす履行行為（給付）ですから消費貸借契約における貸金の返済に限られません。土地の売買契約で売主が買主に土地を引き渡すことによって売主の債務は消滅しますから、土地の引渡しという売主の履行行為は「弁済」です。弁済は、債権の本来の消滅原因です。

---

[103] 道垣内・リーガルベイシス240頁、潮見・民法（全）296頁。
[104] 中田・債権総論351頁。

> （弁済）
> 第473条　債務者が債権者に対して債務の弁済をしたときは、その債権は、消滅する。

## ■弁済の要件■

　弁済の要件は、①債務者または第三者が給付行為をしたこと、②給付行為がその債務についてなされたことです[105]。

① 給付行為をしたこと

　「給付」とは、債権と結びつけられた概念です。「補助金の給付」のように「支給」や「交付」の意味で使われる日常用語としての「給付」ではありません[106]。売買契約における物の引き渡しや売買代金の支払い、消費貸借契約における貸金の返済のほか、運送契約で取り決めた態様で人や物を目的地まで運ぶといった役務の提供、建物建築請負契約における建物建築も「給付」です。

② 給付行為がその債務についてなされたこと

　Aから20万円を借りたままのBが、Aから購入した壺の代金20万円も未払いであった時には、どちらもAに対する20万円の金銭債務ですから、BがAに20万円を弁済すると、金銭消費貸借契約の20万円の債務を返済したのか、壺の売買代金20万円を支払ったのかがわかりません。

　同一人に対して、複数の金銭債務を負担している場合も同様です。例えば、BがAから3月10日に100万円、4月24日に100万円、6月9日に100万円を借りて、10月1日に、何も言わずに100万円を返済しただけでは、どの債務の弁済に充てたのかわかりません。通常、金銭消費貸借では、借主が

---

[105] 最判昭30.7.15民集9巻9号1058頁、判時57号6頁では、弁済の抗弁については弁済の事実を主張する者に立証の責任があり、その責任は、一定の給付がなされたこと及びその給付が当該債務の履行としてなされたことを立証して初めてつくされたものというべきであるとしています。中田・債権総論351頁。

[106] 中田・債権総論20頁。

「●●の債務を返済します」として指定しますが、借主が何も言わなかった場合は、受領する者（つまり貸主）が受領の時に「▲▲の債務の弁済として受領します」と指定します。どちらも何も言わずに金銭授受がなされた場合は、民法の規定に従います。

民法488条は、「同種の給付を目的とする数個の債務がある場合の充当」について規定しています。充当の順番は、以下のとおりです。

ⅰ）弁済をする者の指定（民488条1項）
ⅱ）弁済をする者が給付の時に指定しないときは、受領する者が受領の時に指定（民488条2項）
ⅲ）いずれも指定しないときには、
　㋐　弁済期のあるものから（民488条4項1号）、
　㋑　いずれも弁済期にあれば、債務者のために弁済の利益が多いものから（民488条4項2号）、
　㋒　弁済の利益が相等しい場合には、弁済期が先に到来したものから（民488条4項3号）、
　㋓　いずれも相等しい場合には、各債務額に応じて按分（民488条4項4号）。

このように、金利の割合や弁済期を勘案して充当されることになります。

## ■弁済の証明のための弁済者の権利■

債務者にとって最も困るのは、きちんと弁済しているにもかかわらず、再度請求されることです。借りたお金を返済したのに、またもや催促されるとか、売買代金を支払ったのに、再度売買代金を請求されるとかの紛争があります。

二重請求をされた場合、既に弁済が完了していることの立証責任は、弁済を主張する側が負います。そこで、債務者としては、弁済の証拠を残しておく必要が生じます。弁済の証拠とは、債権者から領収証を交付してもらうとか債権者の手元にある金銭消費貸借契約書を返還してもらうといったことです。

弁済をする者は、弁済と引換えに、弁済を受領する者に対して受取証書の交付を請求することができます（民486条）。債権に関する証書がある場合に、全部の弁済をしたときは、弁済をした者は、その証書の返還を請求することができます（民487条）。受取証書の交付請求権と債権証書の返還請求権は、弁済の事実を証明するための弁済者の権利です[107]。

---

**（受取証書の交付請求等）**
第486条　弁済をする者は、弁済と引換えに、弁済を受領する者に対して受取証書の交付を請求することができる。
2　（略）
**（債権証書の返還請求）**
第487条　債権に関する証書がある場合において、弁済をした者が全部の弁済をしたときは、その証書の返還を請求することができる。

---

【豆知識】 **領収証の但書きの記載**

受取証書とは、領収証とかレシートを指します。領収証には但書きの記載欄があります。領収証の但書きの記載は、何の債務の弁済であるのかを明確にするためのものです。

デパートで商品を購入して領収証を求めると、「但書きの記載は、『お品代』でいいですか？」とか「『商品代』でいいですか？」と聞かれます。大抵は、あまり深く考えずに、「はい」と言って済ましますが、同一人に対する貸金債務が複数あるなど、同種の給付を目的とする数個の債務がある場合には、どの債務の弁済であるかを明確にして後日の証拠とするという非常に重要な意味があります。

## ■弁済の提供■

弁済の提供とは、弁済の完了に債権者の受領その他の行為が必要な債務について、債務者としてなすべきことをした上で、債権者の受領その他の行為を求めることをいいます[108]。

---

[107] 中田・債権総論409頁。
[108] 中田・債権総論356頁。

債務の中には債権者の関与や協力があってはじめて履行が完了するというものがあります。たとえば運送契約において、指定された荷物を指定された期日に指定された場所まで運んで引き渡す場合、受取人が「荷受け」をしてくれないと引渡しが完了しません。金銭債務も、返済期限に債権者が受領してくれなければ返済が完了しません。

　債権者が債務の履行に協力をしない場合には、債務者は供託によって債権を消滅させることができますが（民494条以下）、供託は、供託原因が明確に定められています。そこで、債務者としてなすべきことをすれば、少なくとも債務不履行責任を負わされることのないようにする制度が弁済の提供です。

　債務者は、弁済の提供の時から、債務不履行責任を免れます（民492条）。その結果、債務者は①契約の解除（民541条）をされることがなくなり、②損害賠償（民415条）を請求されることもありません。債務不履行に陥っていませんから、③違約金（民420条3項）も請求されず、④担保権の実行もなされません。⑤抵当権の効力が抵当不動産の果実に及ぶこと（民371条）もありません。これらは、債務不履行から免責されることの効果です[109]。

　そのほかに、弁済の提供によって、⑥同時履行の抗弁（民533条）が消滅し、⑦約定利息の発生が停止されるなどの効果があります[110]。

## ■口頭の提供と現実の提供■

　弁済の提供には「現実の提供」と「口頭の提供」の2つの方法があります。

> （弁済の提供の方法）
> 第493条　弁済の提供は、債務の本旨に従って現実にしなければならない。ただし、債権者があらかじめその受領を拒み、又は債務の履行について債権者の行為を要するときは、弁済の準備をしたことを通知してその受領の催告をすれば

---

[109] 中田・債権総論356頁。
[110] 中田・債権総論357頁。

> 足りる。

　「弁済の提供は、債務の本旨に従って現実にしなければならない」（民493条本文）と規定されているように、「現実の提供」が原則です。「提供」とは、債務者としてその事情のもとでできる限りのことをし、ただ債権者の協力がないために履行を完了できないという程度にまですべてのことをし尽くしたことをさします。「現実に」とは、「債権者が直ちに給付を受領できるようにすること」です（大判大10.7.8民録27輯1449頁）。つまり、債権者が受け取ろうと思えば受け取れる状態にまですることが必要です。

　しかし、債権者が受け取ってくれない場合について、民法は、「ただし、債権者があらかじめその受領を拒み、又は債務の履行について債権者の行為を要するときは、弁済の準備をしたことを通知してその受領の催告をすれば足りる」（民493条但書き）と規定しています。これが「口頭の提供」です。

　債務者は、「現実の提供」によって、債務不履行責任を免れることができます（民492条）。「現実の提供」をしても債権者が受け取ってくれないときには、毎日、債権者のもとに通って受け取ろうと思えば受け取れる状態を維持する必要まではなく、弁済の準備をしたことを通知してその受領を催告する「口頭の提供」をしておけば足ります。しかし、「現実の提供」によって債務が消滅したわけではありませんから、目的物を保管し、債権者の事情が変わって履行の請求を受ければ、それに応じられる状態を維持しなければなりません。

　そこで、債務者が債権を一方的に消滅させる方法として、弁済供託という制度があります[111]。

## ■弁済供託■

　弁済供託とは、弁済者が債権者のために弁済の目的物を供託所に寄託することによって、一方的に債務を消滅させる行為です（民494条）。

---

[111] 中田・債権総論440頁、潮見・民法（全）299頁、道垣内・リーガルベイシス299頁。

弁済供託は、債務者の一方的行為で債務を消滅させることから、供託できる者と供託原因が明確に定められています。
　供託できる者は、債務者その他弁済をしうる者です。
　供託原因は、①債権者の受領拒絶・受領不能（民494条1項1号・2号）と②債権者不確知（民494条2項）の2つがあります[112]。

(1)　債権者の受領拒絶・受領不能
　債権者の受領拒絶の要件を満たすためには、拒絶に先立ち、弁済者が適法な弁済の提供（民493条）をしたことを要します。賃貸借契約で賃貸人が賃料の増額請求をし、賃借人が増額を拒んでいる場合などに、賃貸人から「増額した賃料を持参しないと受け取らない」とあらかじめ言われていても、賃借人は、いったん弁済の提供をしたうえでないと供託はできません（大判明40.5.20民録13輯576頁）。ただし、この場合の弁済の提供の程度は「口頭の提供」でよく、口頭の提供をしても債権者が受領しないことが明らかなときは直ちに供託をしてもよい（大判明45.7.3民録18輯684頁）とされています。
　現実に賃借人から相談を受けた場合には、後から「持参すれば受け取った」と言われて供託の効力を争われ、債務不履行に基づいて契約解除をされると困るので、無駄とわかっていても賃料を持参して現実の提供をすることにより、裁判になった時の争点を減らします。
　現在では、「通い（かよい）」もしくは「通い（かよい）通帳」とともに、貸主のところに賃料を持参して、「通い通帳」に賃貸人の受領印を押印してもらうという方式は珍しくなり、振込送金が通常です。賃料は、賃貸人が賃料増額を求めたことによって一方的に賃料が増額されるわけではありません。増額請求された賃料の額で合意ができない場合には、借地非訟手続に付されます。裁判もしくは和解や調停で新たに賃料が決められるまでは、現状の賃料を払い続けていても、これは、従前の合意に従って賃料支払義務を履行していることになり、債務不履行には当たりません。したがって、「増額

---

[112] 中田・債権総論442頁。

した家賃しか受け取れない」と言われたとしても、現状の賃料を振込送金し続けていれば、債務不履行にはなりません。

(2) 債権者不確知

債権者不確知を理由に供託することは、用地取得においても珍しくないことでしょう。債権者不確知は、債権者が誰であるかを知ることができないということですが、確知できないことについて弁済者に過失があるときには供託することができません（民494条2項但書き）。数次相続がなされた場合など、手を尽くしても土地の所有者が判明しないなどできる限りの調査を尽くすことが必要です。

## Q 8-2
### 受取証書の交付について争われた事案はありますか。

「弁済の提供」や「受取証書の交付」、「遅滞の責任」、「供託」が理解できる判決があります（大判昭16.3.1大民集20巻163頁）。

### 【大判昭16.3.1大民集20巻163頁】

農地を小作料9円、当年末に年払いの約定で賃借していた賃借人（原告、被控訴人、被上告人）が、昭和11年12月29日、妻に昭和11年分の小作料9円を持参させたところ、地主（被告、控訴人、上告人）が受取証書の交付を応諾せず、妻はやむなく弁済を完了しないまま持ち帰った。同月30日には賃借人の知人に小作料を持参させたが、やはり地主が受取証書の交付を応諾しなかったことから弁済を完了することができず、その後、地主から賃料の督促がないまま推移し、賃借人は、翌昭和12年4月15日に供託をした。ところが、地主は、昭和12年12月11日に賃借人所有の玄米1俵1斗5升を差し押さえ、かつ、小作地の引渡しを求めて強制執行をしたという事案です。

強制執行をするためには、執行力のある債務名義が必要ですが、この事案では、以前から地主と賃借人との間があまりうまくいっていなかったらし

く、「小作料の支払いを1年分でも期限に遅滞したときは契約は解除され土地の返還をなすべき」旨を定めた裁判所での執行力のある和解調書（千葉区裁判所昭和7年ハ第●●号事件）が作成されていたので、地主は、この和解調書をもとに強制執行に着手したようです。

強制執行を受けた賃借人は、地主を被告とする強制執行異議の訴えを提起しました。

〔争点と争点に対する判断〕

この事案は、地主が行った強制執行に対する賃借人からの異議申立てが認められるか否かが争われているので、賃借人の異議申立てに理由があるか、つまり、地主から受取証書を交付しないと言われて弁済を完了しなかったことに正当理由があるかが争点となります。

賃借人（原告）の妻の証言によれば、昭和11年12月29日に地主方に赴き、「小作料を持ってきた旨述べると（地主は）金を置いていくがよいが、受取証は出せないと申しました」という状態でした。賃借人の知人は、同日昼過ぎ、「被告方に右小作土地の同年分小作料9円を持って行きましたところ、被告本人がおりましたので私は同人の面前に金9円を並べましたら、被告は、金は置いていってくれ、受取証は出せぬと言いました」と証言しており、12月30日にも同様の状態で、29日と30日の両日数回にわたりいずれも弁済を完了できずにやむなく持ち帰ったと証言しています。

地主は、「絶対に受取証は出さぬと申したるはずはなく」賃借人が「ただ口頭をもって人に代え、小作料支払うべき旨の陳述をなさしめたるに過ぎざる」「（先ほどの）証人の証言は虚偽にして信用すべからざるもの」と述べたようですが、原判決（控訴審）は、地主の証言を「措信し難く」として排斥し、

・昭和11年分の小作料は昭和11年12月29日及び30日の両日数回にわたり、甲、乙、丙等をして地主方に持参させて地主の目の前に並べて現実に提供をした事実、

・現実の提供と同時にこれと引換えに受取証書の交付を請求したが地主はこ

れに応じなかったため、やむなく弁済を了せずしてそのまま持ち帰った事実

を認定しています。

　この事実を前提にして、大審院は、

・弁済者がその弁済に対し受取証書の交付を請求するのは、弁済の有無につき争いがある場合にその弁済事実の立証資料に供せんとするためである。
・弁済者から受取証書の請求があれば、弁済受領者は、弁済と引換えに受取証書の交付を要する。
・弁済者が弁済をなさんとするに当たり受取証書の交付を請求したにもかかわらず弁済受領者が応諾しないときは、弁済者は弁済のため現実になしたる提供物を保留し交付しないことについて正当の理由あるものとして遅滞の責めを負わない。

として上告を棄却しました。

## ■民法486条の意味■

　民法486条は、「弁済をする者は、弁済と引換えに、弁済を受領する者に対して受取証書の交付を請求することができる」と規定され、「弁済と引換えに」とされていますが、まずは、弁済者が、弁済の提供をしたうえで、受取証書の交付を請求しなければなりません[113]。

　大判昭和16年の事案のように、債権者の目前にお金を並べて債権者がいつでも受け取ろうと思えば受け取れる状態にすれば弁済の提供としての「現実の提供」を行ったことになり、この段階で、受取証書の交付を請求すると、「弁済と引換えに」受取証書を交付する、という流れになります。

　妻や知人が口頭で「昭和11年分の小作料をお持ちしました」と述べるだけで、懐からお金を出さなかったのであれば、「口頭の提供」に過ぎず、「現実の提供」をしていませんから、受取証書の交付請求はできません。しかし、

---

[113] 中田・債権総論409頁。

「昭和11年分の小作料のお支払いに参りました」と述べて地主の目の前に小作料9円を並べた行為は、昭和11年分の小作料の弁済（何のための弁済か）を特定したうえで、その債務の弁済に必要な金員を現実に提供したと認定されました。債務者が「現実の提供」をした以上、債権者である地主は、債務者からの受取証書の交付請求に応じなければならないにもかかわらずこれを拒んだことで、債務者の妻や知人が小作料を持ち帰ったことは正当理由があるとされました。

### ■「現実の提供」の意味■

「現実に」とは、「債権者が直ちに給付を受領できるようにすること」[114]です。「現実の提供」とは、債権者の協力がなければ履行を完了することができない債務の場合に、債務者が債権者の協力がないために履行を完了することができないという程度にまでなしうる限りのことを行うことです。上記の裁判例であれば、債権者である地主が小作料を受け取ってくれなければ履行は完了しませんから、小作料9円を受け取る行為が「債権者の協力」です。上記の裁判例の場合では、債権者の目の前に昭和11年分の小作料9円を並べて置き、債権者が受け取ろうと思えば受け取れる状態にしたことによって「現実の提供」がなされたことになります。

「現実の提供」がなされると、債務者とすれば、できうる限りのことをしているわけですから、債権者がこれを受領しなかったとしても、履行の提供の効力が生じ、その時から債務者は不履行により生ずる一切の責任を免れることができます。履行遅滞の責任も免れます。

大審院昭和16年判決では、賃借人は、現実の提供をしたと認められたことから、昭和11年分の小作料の支払い義務は履行遅滞という債務不履行に陥っていないので、債権者である地主は、そもそも強制執行できないということになり、賃借人の請求異議が認められたのです。

---

[114] 大判大10.7.8民録27輯1449頁、中田・債権総論359頁。

## ■債権者が協力しないとき■

　債務の履行を完了しようとすれば、債権者がこれを受領するという協力が必要です。債権者の協力がないために履行を完了できないときに、債務者は、債権者が受け取ってくれるまでは手をつかねて待っているよりほかないのであれば、引き渡すべき目的物の保管のために費用が掛かる場合などでは非常に困ります。そこで、「債権者があらかじめその受領を拒んでいる」ような場合や、上記の裁判例のように、債権者である地主が小作料9円を受領するという「債務の履行について債権者の行為を要するとき」には、「弁済の準備をしたことを通知して」「受領の催告」をすれば足ります。

## ■供託■

　大判昭和16年の事案では、債務者である賃借人は、念のため、弁済供託もしていましたが、判決では、供託の有効性については判断していません。弁済供託は、債権者が受領拒絶をするなどの場合に、債務者が遅滞の責任を免れるために行いますが、昭和11年12月29日、30日に「現実の提供」がなされたと認定した以上、賃借人は、債務不履行に陥らず、供託の効力を判断する必要がなくなったのです。

> 【豆知識】　**供託の目的物**
>
> 　弁済供託の目的物は金銭であることが普通ですが、金銭以外の供託もできます。供託法に規定されていないものについては、裁判所は、弁済者の請求により、供託所の指定および供託物の保管者を選任しなければなりません（民495条2項）。
>
> 　供託法には、有価証券は供託所に供託すること（供託法1条）、金銭・有価証券以外のものは法務大臣の指定する倉庫営業者または銀行に供託すること（供託法5条）が規定されています。供託に適しない物については裁判所の許可を得て、弁済の目的物を競売に付し、その代金を供託することができます（民497条）。鮮魚や精肉などは「その物が供託に適しないとき」（民497条1号）に該当するので、

> 法律上は、裁判所の許可を得て、競売に付してその代金を供託できますが、そのような場面に遭遇したという話はあまり聞いたことはありません。

## Q 8-3

### 弁済はいつ、どこですればよいですか。

当事者間の取り決め（契約）に従い、取り決めがなければ民法484条1項の規定にしたがいます。

### ■弁済の場所や時間■

弁済の場所や時間については、「弁済をすべき場所について別段の意思表示がないときは、特定物の引渡しは債権発生の時にその物が存在した場所において、その他の弁済は債権者の現在の住所において、それぞれしなければならない」（民484条1項）と規定されています。

「別段の意思表示がないときは」と規定していることからもわかるように、①場所や時間について合意があればその合意によります。②合意がなければ、民法484条の出番となり、特定物の引渡しはその物がある場所で弁済し、その他の弁済は債権者の現住所に持参して弁済する（持参債務の原則）ことになります。

不動産の売買では、高額なお金が動きますから、取引実務では、当事者間で、場所と時間を合意しあらかじめ買主の取引先の金融機関などに連絡を入れて部屋を予約します。●●銀行△△支店で12月1日午前10時というように場所と時間を決めて、売主と買主の双方が決められた時間に間に合うように参集し、売主の引渡し義務（具体的には所有権移転登記手続書類の引渡し、建物であれば鍵や関係書類の引渡し）と買主の代金支払い義務とを同時に履行します。

❽ 債務の履行と債権の消滅　109

【豆知識】 振込み先の記載

　地代や建物の賃料については、契約書で「賃貸人の指定する下記口座に振込送金して行う（振込手数料は賃借人負担）」との条項がよく見受けられます。振込先の指定は、債務者である賃借人が債権者である賃貸人の自宅に賃料を持参して支払うのではなく賃貸人の口座に振り込むという方法で支払うことを契約書で定めているのです。
　債務を履行するには費用が発生します。たとえば、債権者の住所地に持参する場合の交通費などです。これについては、「弁済の費用について別段の意思表示がないときは、その費用は、債務者の負担とする」（民485条）と定められています。地代を賃貸人の住所地に持参して支払う場合の交通費は、「弁済の費用」にあたりますから、債務者である賃借人が支払います。
　振込手数料は、「弁済の費用」ですから、何も定めがなければ、当然に債務者の負担です。しかし、当事者間で円滑な人間関係が取り結べていないときには、どんな細かいことでも揉めますから、契約書には、あらかじめ「（振込手数料は賃借人負担）」と明記しているのです。

## Q 8-4
### 弁済は、債務者本人でないとできませんか。

債務者以外の者も弁済が可能です。

■第三者による弁済（第三者弁済）■

　弁済は、必ずしも債務者本人がしなければならないわけではありません。第三者が債務者の代わりに弁済することもできます。民法474条1項は、「債務の弁済は、第三者もすることができる。」と規定しています。
　民法は、第三者による弁済を原則として有効としながら、以下の3つの例

外を設けました[115]。
① 債務の性質が第三者の弁済を許さないとき（民474条4項）。
② 当事者の意思表示（民474条4項）。
③ 弁済をするについて正当な利益を有する者でない第三者（民474条2項）。

【豆知識】　第三者による弁済の「第三者」

　第三者による弁済における「第三者」というのは、主たる債務者ではない者という意味ではありません。間違いやすいのは、保証人が弁済した場合です。
　AがXから100万円を借り、Yが保証債務を負担した場合、XA間で100万円の金銭消費貸借契約が締結されるとともに、XY間で保証契約の締結をします。このときの保証契約の内容は、主たる債務者Aが債務を履行しない場合には、Aに代わってその債務を履行する責任を負うというものです（民446条1項）。
　そのため、保証人YがXに代わって100万円を弁済したとしても、これは、主たる債務者Aの債務を第三者として弁済しているのではなく、自己の保証債務を履行しているので、第三者による弁済には当たりません。

## ■債務の性質が第三者弁済を許さないとき■

　①「債務の性質がこれ（第三者による弁済）を許さないとき」としてよく例に挙げられるのは、人間国宝のような高名な画家による襖絵の制作の場合です。このような画家が襖絵を制作するという債務は、別の画家が代わって行えるものではありませんから、第三者がなすことを許さない性質のものと言えます。
　用地取得において、売主の土地の引渡し義務を所有者以外の第三者が行うことはできませんから、第三者による弁済ということは生じないと考えられます。

---

[115] 中田・債権総論377頁、潮見・民法（全）303頁、道垣内・リーガルベイシス245頁以下。

### ■当事者の意思表示があるとき■

　民法474条4項では、「前三項の規定は、……当事者が第三者の弁済を禁止し、若しくは制限する旨の意思表示をしたときは、適用しない」と規定されています。当事者が第三者弁済を禁止したり、第三者弁済を制限する合意をしているときには、第三者が弁済をするについて正当な利益を有する場合であっても、第三者弁済はできません。

### ■「弁済をするについて正当な利益を有する者」でない第三者■

　お金の貸し借りを念頭に置くと、誰か他の人が代わって弁済してくれたら、これほどありがたいことはないように思いますが、ことはそう簡単ではありません。

　第三者弁済の効果は、求償権の取得です。つまり、債務者に代わって第三者が弁済をすれば、弁済をした第三者は、債権者に代位しますから（民499条）、債務者にとっては、債権者が交替したのと同じことになります。代わりに払ってくれた第三者が、苛烈な取り立てをする者であった場合には、債務者はたまったものではありません。

　債権者にとって、誰が債務者かは、債務の履行がなされるか否かに影響するので重要ですが、債務者にとっても、誰が債権者かということは、取り立ての厳しさに影響するという点で、重要な意味を有します。民法は、債権者の交替を望まない債務者の意思を尊重するために、このような規定を設けました[116]。

　正当な利益を有しない第三者は債務者の意思に反して弁済をすることができません。ただし、債務者が当然了解しているものと思って弁済を受けた債権者が、債権証書を破棄したりすると債権者は自己に債権があることを立証する手段を失ってしまい、債権者の保護に欠けます。民法474条2項但書き

---

[116] 中田・債権総論378頁。

では、「ただし、債務者の意思に反することを債権者が知らなかったときは、この限りでない」との規定を設け、バランスを図っています。

## ■債務者の意思に反して第三者弁済ができる場合■

民法474条2項は、「弁済をするについて正当な利益を有する者でない第三者は、債務者の意思に反して弁済をすることができない。」と規定しています。

逆に言えば、「弁済をするについて正当な利益を有する者である第三者」は、債務者が反対の意思を表示した（民474条2項但書き）場合であっても第三者弁済をすることができるのです。以下の2類型があります。

(1) 弁済をしないと債権者から執行を受ける地位にある者

物上保証人や担保不動産の第三取得者がこれにあたります。物上保証人とは、例えば、他人の債務の担保として自己所有の不動産に抵当権等の設定をした者をいいます。物上保証人は、担保として自己の不動産を提供しているだけで、債務は負担していません。

債務者が債務を弁済しなければ、物上保証人は、自己所有の不動産への強制執行を受けることになりますから、これを避けるために、いったん物上保証人が弁済をし、後日、債務者から回収することは「正当な利益」と認められ[117]、債務者の意思に反しても第三者弁済をすることができます。物上保証人が弁済をしたときには、債務者に求償することができます。

(2) 弁済をしないと債務者に対する自分の権利が価値を失う地位にある者[118]

判例では、借地上の建物の賃借人は、その敷地の地代債務について利害関係を有する第三者とされています[119]。

土地の賃借人が借地上に建物を建築して建物を賃貸している場合、土地賃

---

[117] 中田・債権総論381頁。
[118] 中田・債権総論382頁。
[119] 最判昭63.7.1判時1287号63頁、判タ680号118頁。

貸借契約が借地人の地代の不払いによって解除されると、土地賃借人は、建物を収去して土地を明け渡さざるを得ず、建物の賃借人は、自分が滞納せずに家賃を支払っていたとしても建物の退去を求められます。したがって、建物の賃借人が借地人（＝建物賃貸人）に代わって土地所有者（＝土地賃貸人）に滞納地代を支払って、土地賃貸借契約が解除されることを防ぎ、結果として、建物から退去を求められることを防ぐことは「正当な利益」として、借地人（建物賃貸人）の意思に反しても第三者弁済をすることができます。

 **8-5**

友人に借りた10万円を返せる目途がつかないままずるずると3ヵ月がたってしまい、顔を合わせて嫌味を言われたくないので、親から譲り受けた九谷焼の壺（20万円相当）を貸主である友人の家の玄関に「これで返す」と貼り紙をつけて置いてきたら、債務を免れることができますか。

 代物弁済は、債権者との間で、合意が成立することが必要です。

### ■代物弁済■

債務者が、債権者との間で、債務者の負担している給付に代えて他の給付をすることによって、債務を消滅させるという契約をし、「他の給付」をしたときには、その給付は、弁済と同一の効力を有し[120]（民482条）、債権は消滅します。

代物弁済によって債務が消滅するためには、以下の要件を満たす必要があ

---

[120] 中田・債権総論448頁以下、道垣内・リーガルベイシス356頁以下。

ります。
① 弁済者と債権者との合意があること、
② この合意に基づき弁済者が本来の給付に代えて他の給付をすること[121]。

債務者が「損はさせないから大丈夫」と一方的に別の給付をしたからといって代物弁済になるわけではありません。

代物弁済は、本来の給付と同価値である必要はありません。通常は、代物弁済として給付される物が本来の給付と同価値か、それよりも価値が高くなければ合意ができないでしょうが、あまりに乖離が激しく著しい不均衡が生じる場合には、暴利行為に当たり、公序良俗に反して無効になる可能性があります[122]。

用地取得では、まさに、「この土地」が必要なのであって、別の土地を給付されても仕方がないので、代物弁済の合意がなされることは考えられませんが、私人間での物の給付を目的とする債権債務関係では日常的に見られる債権の消滅事由です。

---

[121] 中田・債権総論449頁。
[122] 中田・債権総論450頁、潮見・新債権総論Ⅱ87頁。

# 債務不履行

　売買代金を支払ったのに売主が目的物を引き渡さないとか、売買目的物を引き渡したのに買主が売買代金を支払わないなど、契約当事者が契約内容に従った履行を行わないことを債務不履行といいます。公共用地の取得においても、既に売買代金の7割を支払い、約束した明渡し期日も経過しているのに売主が土地を明け渡さないなど債務不履行の場面は数々生じます。このような場合に、民法は、どのような方策を用意しているのでしょうか。

## Q 9-1

**契約が成立すると、債権者は債務者に対し、契約に従った履行をするよう請求できるはずですが、債権者が債務の履行を請求できない場合はありますか。**

　履行が不可能な場合には、債務の履行を請求することができません。つまり、履行請求ができるのは履行が可能な場合です。まるで禅問答のようだと思われるかもしれません。しかし、民法412条の2第1項は、「債務の履行が……不能であるときは」債権者は履行請求ができないと明記しています。

---
（履行不能）
第412条の2　債務の履行が契約その他の債務の発生原因及び取引上の社会通念に照らして不能であるときは、債権者はその債務の履行を請求することができない。
2　契約に基づく債務の履行がその契約の成立の時に不能であったことは、第415条の規定によりその履行の不能によって生じた損害の賠償を請求すること

> を妨げない。

　これは、よく考えれば当たり前のことです。例えば、建築後100年が経過した古民家が火災で焼失したり、地震で倒壊したりすれば、契約した建物を引き渡すという債務の履行は不可能です。債務の履行が不可能な場合に、履行の請求をすることは無駄ですから、債権者はもはや履行の請求をすることができません[123]。

　気を付けないといけないのは、「履行が不可能」というのは、物理的に不可能な場合を指すのではなく、法律的な判断だということです。火災による焼失では、部材自体が失われてしまっていますが、地震で建物が全壊しても同じ部材を使いながら一つ一つ組み立て直して元の建物に復元することは、莫大な費用をかければ可能かもしれません[124]。しかし、建物価格よりも復元費用の方が高額に上る場合には、法律的には履行不能と判断されます。民法が「債務の履行が契約その他の債務の発生原因及び取引上の社会通念に照らして不能であるときは」（民412条の2第1項）と規定しているように履行が不可能とは「社会通念上不能」であることを指します。

　顧客からの注文を受けて新品の自転車や、新刊書を取り寄せて販売する場合のように、メーカーや版元で品切れにならない限りいくらでも代わりの物を調達できる場合は、履行不能にはなりません。

### 【豆知識】 特定物と種類物

　特定物とは、当事者がその物の個性に着目して取引の対象と定めた物です。特定物ではない物は不特定物とか種類物と言われます。物の個性を重要視することなく、一定の種類と数量とによって取引の対象と定められた物のことです[125]。

---

[123] 道垣内・リーガルベイシス281頁。

[124] ドレスデンのフラウエン教会は第二次世界大戦中のドレスデン爆撃で壊滅状態となり、長い間瓦礫の山としておかれていましたが東西ドイツの統一後、瓦礫を最大限に活用し、182億円もの寄付をもとにして再建されました。「世界最大のジグソーパズル」と言われています。

[125] 奥田＝佐々木・債権総論上巻44頁。

特定物の例としてよく挙げられるのは土地や建物といった不動産です。動産であってもアンティーク家具や骨董品、古書や中古のLPやCD、クラッシックカーなども特定物です。

　特定物だからといって、不代替物であるわけではありません。特定物か不特定物かは当事者の主観によって決まります。当事者がそのものの個性に着目して取引した場合は特定物になります。代替物か不代替物かは、ほかに代わりがあるかどうかで客観的に決まります。「特定物ではあるが代替物でもある（代替的特定物）という場合もありうる」[126]とされています。例えば、古書店を訪れて、古書を手に取って確認したうえで買うときには、売買目的物の個性に着目していますから、特定物の売買であり、不代替物でもあります。しかし、ネット書店から古書を購入する場合のように、同じネット書店に数冊ある在庫のうち、同じ程度のコンディションで同額であれば、どれでもいいというつもりで注文するときには、そのものの個性に着目しているのではなく、同程度のコンディションで同額という種類と価格に意味がある代替物でもあります。

## Q 9-2

### 債務不履行には履行不能のほかにどんな類型がありますか。

債務不履行には、①履行不能、②履行遅滞、③その他の債務不履行があります。

### ■履行不能■

　履行不能とは、履行が不可能な場合です。「債務の履行が契約その他の債務の発生原因及び取引上の社会通念に照らして不能」（民412条の2第1項）であることを指し、法律的な判断として契約どおりの履行ができないことを

---

[126] 潮見・新債権総論Ⅰ188頁。

指します。弁済期到来の有無を問いません[127]。

■**履行遅滞**■

　履行遅滞とは、履行期に履行が可能であるにもかかわらず、履行がなされないことです[128]。履行が可能であることが大前提です。

　公共用地の取得においては、買主は国や地方公共団体等ですから、履行期日に金銭を支払わないということはまず考えられず、用地取得において一番多い債務不履行の類型は、売主が契約期限までに土地を明け渡すことが可能であるにもかかわらず明け渡さないという履行遅滞ではないかと思われます。

■**その他の債務不履行**[129]■

　履行不能、履行遅滞以外の債務不履行には様々な類型があります。

　一つは、不完全な履行として把握されるもので、一応履行らしいものがなされたが、債務の本旨に従った履行とはいえないときです。契約不適合（民562条、565条）が代表的です。そのほかに、債務の履行はしたけれど、履行の仕方がまずくて、他の損害を発生させてしまった場合も不完全な履行です。例えば、家電量販店で大型冷蔵庫を購入し、自宅に搬入してもらった際に、古い冷蔵庫を引き取ってもらうことも併せて依頼したときには、売主である家電量販店は、売買契約に基づき大型冷蔵庫を買主に引渡す義務だけではなく、大型冷蔵庫を買主宅に運び入れて設置し、古い冷蔵庫を引き取って引き上げる義務までを負います。冷蔵庫を引渡すという主たる給付義務に付随するという意味で信義則上の付随義務と言われたりします[130]。冷蔵庫の搬入が無事終わっても古い冷蔵庫を搬出する際に誤って廊下の壁の石膏ボー

---

[127] 中田・債権総論124頁。
[128] 潮見・新債権総論Ⅰ468頁、中田・債権総論119頁。
[129] 中田・債権総論113頁、131頁。
[130] 道垣内・リーガルベイシス282頁。

ドをへこませてしまうと、「建物や調度品を傷つけずに搬入・搬出する」という付随義務の履行不能と整理されます。

# Q 9-3
## 履行遅滞に陥るのはいつですか。

　履行遅滞は履行期限を徒過することですから、履行遅滞に陥るのがいつであるかは、確定期限付き債務、不確定期限付き債務、期限の定めのない債務によって異なります。

■確定期限付き債務■

　確定期限付き債務とは、履行期限が定まっている債務です。例えば、令和6年8月8日に土地の売買契約を締結し、9月30日を残債務支払い期限および引渡期限と定めた場合は残金支払い債務と目的物引渡し債務は、いずれも確定期限付き債務となります。確定期限付き債務は、「期限の到来した時」に遅滞に陥り、遅滞の責任を負います（民412条1項）。遅滞の責任とは、遅延損害金の支払義務など債務の履行を遅滞したことによって発生する責任です。

　ただし、民法412条1項の読み方は注意が必要で、条文の文言は、「その期限の到来した時から遅滞の責任を負う」と規定されていますが、遅延損害金が発生するのは、「期限が経過した時」からです。

　具体的な事例で考えると、土地の売買代金の残債務支払い期限および土地の引渡期限が令和6年9月30日とする取引では、通常、期限の前に、決済時間と決済場所を取り決めます。買主は、事前に金融機関に連絡をして、金融機関内に部屋を用意してもらうとともに、売買残代金等の支払いの準備をします。9月30日になると、売主は移転登記手続を完了することができる登記関係書類を持参して決められた時間に決済場所に赴きます。買主は、現金で

支払うのであれば、現金を持参して同時刻に決済場所に行きます。このとき、売主の乗った新幹線が落雷による停電で動かなくなり、約束の日の午前10時に間に合いそうになくなっても、買主に連絡を入れて決済日時を変更することで合意が調えば、変更した日時に決済場所に到着し、待っていた買主との間で代金支払と目的物の引渡しができると、遅滞には当たりません。しかし、売買契約後にその土地を買う気がなくなった買主が、「契約をやめたい」とか「白紙解除に応じてほしい」と言い始め、売主は、白紙解除には応じないと言っている間に当初取り決めていた残代金支払期限である9月30日が到来してしまい、売主は、所有権移転登記手続を完了することができる登記関係書類を持参して決められた時間に決済場所に赴き待っていたが、買主が来なかった場合には、9月30日の経過とともに買主は、履行遅滞に陥ります。

履行遅滞により、遅延損害金が発生します。遅滞に陥るのは、支払期限である9月30日が経過した時からですから、遅延損害金の起算日は、10月1日です。

【豆知識】 **利息と遅延損害金**

　利息も遅延損害金も、期間に応じて一定の率で発生しますが、その性質は異なります。
　利息は、元本を利用した対価として、元本の額と経過期間に比例して支払われる金銭その他の代替物です。「消費貸借における利息は、元本利用の対価であり、借主は元本を受け取った日からこれを利用しうるのであるから、特約のないかぎり、消費貸借成立の日から利息を支払うべき義務がある」(最判昭33.6.6民集12巻9号1373頁)とされています。したがって、利息付消費貸借契約を締結して、5月1日に弁済期を5月31日として100万円を貸し付けた場合には、5月1日から5月31日まで利息が発生します。
　遅延損害金は、履行期に弁済しないという債務不履行(履行遅滞)による損害賠償金です。期限が到来した時(民412条1項)に遅滞に陥り、「期限が経過したとき」から遅延損害金が発生します。5月31日を弁済期とする金銭消費貸借で

は、借主は5月31日に返済しなければ遅滞に陥ります。実際に弁済をしたのが6月25日であれば、弁済期である5月31日を経過した日である6月1日から6月25日までの遅延損害金が発生します[131]。

### 【豆知識】 履行の提供

　不動産は高額な財産ですから、残代金の支払いと目的物の引渡しは、金融機関で行われるのが通常です。

　例えば、決済場所が令和6年9月30日午前10時●●銀行銀座支店と決まれば、この日時に売主も買主も自己の債務を履行できる準備を整えて決済場所に赴きます。売主は、司法書士を同行して、登記関係書類一式を持参します。買主は、事前に金融機関に連絡をし、売買残代金、司法書士に支払う登記手数料や登記事務費用、固定資産税精算金等を誰にいくら支払うことになるのかについて指示をし、いつでも決済できる用意をした上で、指定の時間に決済場所に赴きます。売主から委任を受けた司法書士、買主から委任を受けた司法書士がそれぞれ登記関係書類を確認し、何らの負担のない完全な所有権を移転できることが確認されると、売主の指定口座に振り込み送金がなされ、入金確認が完了次第、司法書士が法務局に移転登記の申請をします。

　何らかの事情で売主や買主が決済時間に来ないこともありますし、売買契約後残金支払期日までの間に売主・買主間で紛争が生じ、買主が「契約は解除するから決済場所には行かない」と伝えてきていることもあります。しかし、たとえ買主が「契約は解除するから」と口頭で述べていたとしても解除事由がなければ、売主は、予定の時間に指定された場所に司法書士とともに向かいます。そして、通常は、1時間程度待った上で、解散します。

　買主が来ないとわかっていても約束の時間にわざわざ司法書士を同行して金融機関まで出向くのは、売主として履行の提供をし、同時履行の抗弁権を喪失させるためです。必要書類を携えて金融機関に出向くことで、自己の債務は履行しようと思えばいつでも履行できる状態であったこと、つまり「弁済の提供」を行ったことになり、買主の同時履行の抗弁権を喪失させることにもなります。

　買主が同時履行の抗弁権を喪失すると売主は、売買代金支払義務の不履行を理

---

[131] 中田・債権総論62頁。

> 由に損害賠償請求や契約解除ができます。また、遅延損害金が発生し、違約金の定めがあれば違約金請求ができます。契約解除によって契約関係から離脱することもできるので売主の選択肢が広がります。

## ■不確定期限付き債務■

　不確定期限付き債務は、履行期限がいつ到来するのか確定していない債務です。不確定期限は、債務者が期限の到来した後に履行の請求を受けた時かまたはその期限の到来したことを知った時のいずれか早い時から遅滞の責任を負います（民412条2項）。

　例えば、10台の自動車の青空駐車場として賃貸している土地の売買で、売主が駐車場の10人の借主との間で契約を解除し、土地上の残置物を撤去したら買主は残代金を支払うという取り決めをした場合、「土地上の残置物を撤去したとき」はいつ到来するのかが確定していませんから、不確定期限です。売主が、駐車場の借主と契約解除の交渉をしようとしても、昼間は留守で夜もなかなか連絡が取れない借主や、「次の駐車場を探すまで待ってほしい」と言いながら次の駐車場を探そうとはしない借主がいたりして、思うように駐車場契約の解除が進まないことはよくあります。さらに、駐車場契約を解除したのに駐車場から立ち退かず、相変わらず駐車し続けるため残置物の撤去ができないということも珍しくありません。

　ようやくすべての駐車場契約を解除し、残置物を撤去して土地の明渡しが完了したとしても、買主は、売主から「全ての駐車場契約を解除して明渡しが完了しました」と連絡してもらわないと残代金の支払い期限が到来したことがわかりません。

　売主が駐車場の借主との間で契約を解除し、残置物の撤去を完了した後買主に通知することで、買主は期限の到来を知ります。売主がこの事実を知った時が履行期限の到来となります。明渡しが完了したという通知や残代金の請求によって直ちに買主が遅滞に陥るとすれば、買主は、いつ到来するかわ

からない期限のために、履行の準備をし続けておかなければならなくなり、非常に負担が大きくなります。そこで、買主への通知が到達した時（買主が知った時）から10日以内に残金決済を行うという旨が取り決められたりします。その場合には、期限が到来した旨の通知とともに、10日以内に履行期日となる日時を決め、売買残代金の支払いと引き換えに土地の引き渡しがなされます。

また、「売主は、●年●月●日までに本件土地上の駐車場契約をすべて解除し、残置物の撤去を完了する。」と売主の履行期限を確定期限とし、仮に、それより前に残置物の撤去が完了した場合には、売主が買主に対し、その旨の通知をし、通知が到達した後14日以内に残代金を支払うというような条項を設けて、極力不確定期限とすることを避けることがなされます。

## ■期限の定めのない債務■

期限の定めのない債務は、履行の請求を受けた時から遅滞の責任を負います（民412条3項）。不動産の売買では「期限の定めのない債務」というのはあまり見かけません。農地転用が必要な土地などで、農地転用の許可が出た場合に所有権が移転するという取り決めは、期限の定めがないのではなく、期限が不確定と整理する方が適切な場合が多いと考えられます。期限の定めのない債務とは、例えば、論文執筆のために必要な文献が、既に絶版になっていると言われ、たまたまその本を持っている人が、「今は使わないから、貸してあげるよ」と言って本を貸してくれた場合は、いつ返すかについての期限を定めていませんから、本の返還債務は期限の定めのない債務です。そこで「あの本を返して」と言われたときに、すぐさま返さないと「遅滞の責任」を負うことになります。具体的には本の使用料（いくらかは分かりませんが）相当額の損害金が発生することになります。

**9-4**
期限が到来しても、履行遅滞にならない場合はありますか。

 同時履行の抗弁がある場合には、履行遅滞にはならず、債務不履行責任は発生しません。

### ■同時履行の抗弁権■

同時履行の抗弁権とは、双務契約の当事者の一方は、相手方が履行の提供をするまでは、自己の債務の履行を拒むことができるという抗弁です。民法533条が規定しています。

例えば、売買は、売主が目的物の引渡し義務を負い、買主が売買代金の支払い義務を負います。当事者双方が義務を負い、その義務は相互に見合っていて、対価としての意義をもつ双務契約です[132]。売買代金を支払わないで目的物の引渡しを要求する買主に対して、売主は「あなたが支払ってくれるまでは、私も渡さない」と言えますし、買主も、目的物の引渡しをしないで売買代金の支払いを要求されると、「あなたが渡してくれない限り、私も支払わない」と言えます。

同時履行の抗弁権が民法上認められるのは、売主も買主も、通常は、目的物引き渡し義務と代金支払い義務との履行順序が同時であると考えていること(当事者の意思に合致)、それが公平だからです[133]。また、「あなたが履行してくれないと私も履行しません」という同時履行の抗弁が認められることによって、相手方の履行が確保され、結果として、双方の履行が促進されます。これは「同時履行の担保的機能」と呼ばれます[134]。債務を履行しな

---

[132] 中田・契約法69頁。
[133] 中田・契約法148頁。
[134] 中田・契約法148頁、道垣内・リーガルベイシス283頁、潮見・民法(全)382頁。

い相手方に対して強制執行することは、時間と手間を要するだけではなく、相手方が無資力だと債権回収はできません。同時履行の抗弁権は、無資力のリスクを回避する有効な手段として機能しているのです。同時履行の抗弁権が主張される場合には、履行の強制はできません。

一方の債務が先履行となる特約がある場合には、先履行を行う側は、同時履行の抗弁権を主張できません（民533条但書き）。土地の売買契約で、買主が売買代金の一部を前払いすれば、売主が土地を明け渡すという内容になっているときには、買主の一部前払いが先履行になっていますから、買主は、代金の一部の支払いと同時に土地を明け渡すべきだとの同時履行の抗弁権を主張することはできません。

> （同時履行の抗弁）
> 第533条　双務契約の当事者の一方は、相手方がその債務の履行（債務の履行に代わる損害賠償の債務の履行を含む。）を提供するまでは、自己の債務の履行を拒むことができる。ただし、相手方の債務が弁済期にないときは、この限りでない。

【豆知識】 双務契約

「双務契約」とは、当事者双方が債務を負い、両者の債務が相互に対価としての意義をもつものです[135]。双務契約の典型は売買契約です。売買契約の売主は、目的物を引き渡す義務を負っており、買主は代金を支払う義務を負っており（民555条）、売主の目的物引き渡し義務と買主の売買代金支払い義務とは相互に見合っていて、対価的な意義をもちます。

「双務契約」以外の契約は「片務契約」です[136]。片務契約の典型は、贈与契約です。贈与者は、目的物の引き渡し義務を負いますが、受贈者は義務を負いません。しかし、片務契約であるからといって、当事者間の合意なくして契約が成立するわけではありません。贈与は、ある財産を無償で相手方に与える意思表示

---

[135] 中田・契約法69頁。
[136] 中田・契約法71頁では「片務契約が『双務契約以外の契約』といういわば補集合であるにすぎず、そのなかには多様な性質のものが含まれている」とされています。

と、これを受諾する意思表示の合致によって効力を生じます（民549条）。

> （贈与）
> 第549条　贈与は、当事者の一方がある財産を無償で相手方に与える意思を表示し、相手方が受諾をすることによって、その効力を生ずる。

　日常生活において贈与が"契約"であるとはあまり考えないかもしれませんが、贈与もれっきとした契約です。ですから、相手方が受諾しなければ効力が生じません。例えば、「漱石全集を差し上げます。宅配便でお送りしますよ。送料もこちらで負担しますから」と言われても、「せっかくのご好意ですがいりません。28巻もの本を置く場所はありません。文庫で十分です」と拒否すれば、贈与契約は成立しません。

　もはや誰も住まなくなった生家を市町村に「寄付する」と申し出たのに受け取ってもらえない、という話もよく耳にします。しかし、贈与も契約である以上、贈与する意思と贈与を受ける意思とが合致しないと効力は生じず、「自分は必要ないから差し上げます」という一言だけで受け取ってもらえるものではないのです。

## ■同時履行の抗弁の要件■

　同時履行の抗弁には、最低限以下の３つの要件を満たす必要があります。
① 　同一の双務契約上の両債務が存在すること
② 　相手方の債務が弁済期にあること
③ 　相手方がその債務の履行の提供をしないこと

　例えば、国の用地取得は、地方整備局用地事務取扱細則準則55条によれば、「規則第24条の規定により土地等の権利者と契約を締結しようとするときは、同一人に対する土地の売買又は土地に関する所有権以外の権利の消滅に関する契約と当該土地の上にある建物その他の物件の移転その他通常生ずる損失の補償に関する契約と合わせて契約するものとする」とされています。さらに、売主の円滑な立ち退きのために、物件の移転料については全

額、土地代金等については7割を超えない範囲で前払いができることとなっています[137]）。

そこで、国土交通省の標準契約書では、土地所有者が以下の行為を先履行することが明記されています。

---
第4条　甲（土地所有者）は、次のすべての要件が満たされたときに、頭書の金額のうち￥　　　の支払を乙（支出官又は資金前渡官吏）に請求することができる。
① 担保物権の抹消
　　（土地に質権、抵当権又は先取特権が設定されていて当該権利が登記されているときは、当該登記が抹消され、又は当該登記の権利者の当該登記を抹消することを承諾する旨を証する書面が乙に提出されたとき）
② 事業者と用益物権等の権利者等との補償契約の成立
　　（土地に賃借権や用益物権等担保物件以外の権利が設定されている場合又は土地に借家人が居住する建物等が存する場合に、当該権利者、物件所有者、借家人等と乙との間に補償契約が成立したとき）
③ 土地の所有権移転登記手続に必要な書類の提出がなされたとき

---

土地の引き渡しと補償金や土地代金の支払いとは対価関係にはありますが（双務契約）、私人間の売買契約と異なり、目的物の所有権の移転と売買代金の支払とは同時履行関係にはありません。土地代金等の7割は土地の引渡しと同時履行ではなく、前払いできますが、前払いのためには土地所有者（売主）の側で、担保物権を抹消し、用益物権等の権利者等との補償契約を成立させ、土地の所有権移転登記手続に必要な書類の提出がなされることが先履行される必要があります。

---

[137] 予算決算及び会計令第57条第1項第5号・第13号、各年度の財務大臣協議。藤川・公共用地取得・補償の実務48頁。

# ⑩ 履行の強制

　土地の売買において、売主が引渡し期限までに土地を引渡さずに占有を続け、催告しても履行をしない場合、買主がとりうる手段はいくつかあります。一つは、もはや実現が難しそうな契約に執着することをあきらめて、契約を解除し、既に支払った手付金の返還を受け、発生した損害は、損害賠償請求で補填し、別の土地を探す方法です。

　しかし、公共用地の取得では、"その土地"が必要なのであって、契約を解除して別の土地を購入したとしても契約目的を達成することはできません。まさに、"その土地"の引渡しを受けないと意味がないのです。公共用地の取得に限らず、その契約が履行されないと意味がないという契約は、私人間においても多々あります。介護が必要になった両親のすぐ隣に住むために隣地を購入したい場合には、いくら数百メートル離れた物件がお買い得であったとしても、隣の土地を入手したいという事情に変わりはありません。このように、履行が可能であるにもかかわらず、債務者が履行をしない場合に、履行を強制する制度（民事執行）について取り上げます。

## Q 10-1

**債務者が債務を履行しない場合、強制的に履行させることはできますか。**

　履行が可能であるにもかかわらず、履行がなされない場合は、履行をしない者が同時履行の抗弁権を主張しているとか、債務者が弁済の提供をしたにもかかわらず債権者が受領を拒んでいるとか、債務の性質上強制ができないとかの事情がなければ、債権者は債務者に履行を強制する

⑩ 履行の強制　*131*

ことができます[138]。同時履行の抗弁権が主張される場合には、履行の強制はできません（同時履行の抗弁権は、❾ 債務不履行126頁参照）。

## 10-2
手続に則った国家機関による履行の強制には、どのような方法がありますか。

債権の種類によって、(1)直接強制、(2)代替執行、(3)間接強制があります。

　債権には、物の引渡し請求権や金銭債権、債務者の行為（作為・不作為）を求める債権など様々なものがあります。民事執行法には、それぞれの債権に応じた履行の強制方法が規定されています。

(1)　直接強制

　直接強制とは、国家の執行機関（執行官又は執行裁判所）が、直接に債権内容を実現させる強制執行の方法です[139]。直接強制ができるのは、物の引渡債務と金銭債務です[140]。

　土地建物の売買において、買主が売買代金を支払ったのに、売主が土地上の建物に住み続けていて土地を明け渡さないという場合は、売主の債務は、土地建物という「物の引渡し」を行う債務ですから、直接強制の対象となります。物の引渡債務は、動産においても問題になります。100万円もするレアモデルのスニーカーをネットで購入したのに商品が届かない場合は、売主の債務はスニーカーを引き渡すという「物の引渡し」を行う債務ですから、直接強制の対象となります。

---

[138] 道垣内・リーガルベイシス287頁、潮見・民法（全）264頁。
[139] 潮見・新債権総論Ⅰ342頁、道垣内・リーガルベイシス289頁、潮見・民法（全）265頁。
[140] 潮見・新債権総論Ⅰ342頁。

このように不動産の引渡しであっても動産の引渡しであっても直接強制は可能ですが、不動産執行の直接強制と動産執行の直接強制とでは民事執行法の条文が異なります。

不動産等の引渡しまたは明渡しの強制執行は、執行官が債務者の不動産等に対する占有を解いて債権者にその占有を取得させる方法により行います（民執168条1項）。

動産の引渡しの強制執行は、執行官が債務者から当該動産を取り上げて債権者に引き渡す方法により行います（民執169条1項）。

【豆知識】 引渡しと明渡し[141]

「引渡し」は、目的不動産等に対する債務者の占有を排除し、債権者に対し直接支配を移転することをいいます。

「明渡し」は、「引渡し」のうち目的不動産等に債務者らが居住し、または物品を置いて占有している場合に、中の物品を取り除き、居住者を立ち退かせて、債権者に完全な直接的支配を移すことをいいます。

動産の場合には、債務者の占有を排除して直接支配を債権者に移転することで足りるので、「引渡し」（民執169条1項）になります。

「退去」とは、建物から占有者を退出させることをいいます。「明渡し」と「退去」の違いは、「明渡し」が目的物を債権者に引き渡してその支配を移すことであるのに対し、「退去」は、目的建物を債権者の支配に移すことを要せず、目的建物を空き家にすることで足りるところにあります。

更地で何も置かれていない土地の場合には、動産と同じく「引渡し」をもって執行が完了します。しかし、往々にして、土地上には物置小屋や自転車やゴミなどが置かれており、これらを取り除いて居住者や占有者を立ち退かせる必要が生じることもあります。このような場合には、「明渡し」により債権者に完全な直接的支配を移します。

---

[141] 司法研修所・民事執行85頁。

> 【豆知識】 **執行官**
>
> 　執行官とは、各地方裁判所に所属する裁判所職員（裁判所法62条）で、特別職の国家公務員です（国家公務員法2条3項13号）。執行官は、国から俸給が支給されず、事件の申立人である当事者から手数料を受け、1年間に受けた手数料の額が政令で定める額に達しないときに、国庫からその不足額が支給される（裁判所法62条4項、執行官法21条）という特殊な面をもっています[142]。
>
> 　執行官は、一人一人が独立した司法機関として、自己の判断と責任において権限を行使し、不動産明渡し執行や、動産執行などの裁判の執行のほか、裁判所の発する文書の送達や、競売に先立って不動産の形状や占有関係などについての調査（現況調査）を行います（裁判所法62条3項）。
>
> 　執行官になるには、一定の法律に関する実務経験を有する者が採用選考試験に合格することが必要です[143]。
>
> 　執行官は、職務を執行する場合には、その身分を証する文書（身分証明書）を携帯し、利害関係を有する者の請求があったときは、これを提示しなければなりません（民執9条、執行官規則11条）。
>
> 　執行官が行う執行は、主として事実行為を要する執行です。不動産の明渡しや動産の引渡し、建物退去、建物収去等は執行官が執行します。

■**作為・不作為債務の強制執行**■

　債務の内容が「物の引渡し」であれば、直接強制ができますが、「なす債務」と言われる作為義務、不作為義務の場合に、どのようにして債権を実現するかは法制度によって異なります。

　一つの方法は、給付内容を金銭支払いに変換して、代償的に金銭執行の方法で非金銭債権者に満足を与える方法です。もう一つの方法は、あくまで作為・不作為自体の実現を追及し、そのために債務者に対する人格的強制もい

---

[142] 執行官実務研究会・執行官実務の手引6頁、中野＝下村・民事執行法51頁以下。
[143] 執行官採用選考試験案内　https://www.courts.go.jp/saiyo/siken/shikkokan/index.html

とわない方法です。第一の方法を強調すれば、「なす債務」の実効性は甚だ希薄となります。第二の方法を貫くと、苛酷執行に至ります[144]。この両者をいかに調和させるかが近代法における制度設計のさじ加減と言えます。

(2) 代替執行

　代替執行とは、作為義務・不作為義務のうち、債務者以外の第三者による債権内容の実現が可能な場合の執行方法です。第三者による債権の実現を認めたうえで、執行に要した費用を債務者から取り立てます[145]。

　建物所有目的の土地賃貸借で、土地上に建物を建築して居住している土地賃借人が賃料の支払いを滞納し、催告を受けても支払わない場合、土地賃貸人は、債務不履行を理由に土地賃貸借契約を解除します。賃貸借契約が解除されれば、賃借人の占有権原がなくなり、土地を賃貸借契約締結当時の原状に復して賃貸人に返還しなければなりません（原状回復義務）。建物の取り壊しには相当な費用が掛かりますから、現実には、地代を滞納している賃借人が任意に土地上の建物を撤去して土地を明け渡すことは難しいといえます。そこで、民事執行を行う前提として、土地賃貸人は、土地賃借人に対し、建物を取り壊して土地を明け渡すよう求める建物収去土地明渡請求の訴えを提起します。勝訴判決の主文は、以下のようなものです。

　「被告は、原告に対し、別紙物件目録記載2の建物を収去して別紙物件目録記載1の土地を明け渡せ」

　主文は「被告は、原告に対し」から始まっています。つまり、判決は、被告に対して建物を収去して土地を明け渡すように命じているのであって、原告が自ら建物を取り壊して明け渡しをさせる権限を与えるものではありません。

　それなら、なぜ、裁判をしなければならないのかと言えば、土地賃貸人は土地賃借人に対し、建物を収去して土地を明渡すよう請求する権利が存在することを裁判で確定する必要があるからです。

---

[144] 中野＝下村・民事執行法853頁。
[145] 潮見・新債権総論Ⅰ342頁、中野＝下村・民事執行法8頁。

土地賃貸借契約において、賃借人が更地のまま借り受けた土地上に建物を建築するが、賃貸借契約終了時には、その建物を残置したまま土地賃貸人に引き渡すといった特約条項が設けられている場合は、土地賃借人は、賃貸借契約締結当時の原状である更地に復す義務はなく、建物収去義務を負いません。土地賃貸借契約が終了した時点で土地賃借人に建物収去義務があるかどうかは双方の言い分を聞き、証拠に基づいて審理しないとわからないのです。

　民事訴訟による慎重な手続を経て権利の存在が確定すると、権利を実現するために強制執行ができます。建物を取り壊して収去する義務は、「なす債務」であり、作為義務です。しかし、債務者である土地賃借人でなければできないわけではなく、解体業者などに依頼すれば可能という意味で代替性があります。このように、作為主体が誰かによって債権者の享受する作為結果に経済的・法律的差異を生じない[146]場合には、代替執行ができます。

　実は、民法にも代替執行を定めている条文があります。民法723条です。

　民法723条は、「他人の名誉を毀損した者に対しては、裁判所は、被害者の請求により、損害賠償に代えて、又は損害賠償とともに、名誉を回復するのに適当な処分を命ずることができる」と規定しています。「適当な処分」とは、謝罪広告とされています。

　謝罪広告については、自分は正しいと信じており、謝罪の必要がないと思っている債務者の費用をもって謝罪広告の掲載をするのは、憲法の定める思想・良心の自由に反するとして争われた事案があります。

**【最判昭31.7.4民集10巻7号785頁、判時80号3頁】**

〔事案の概要〕

　被告が、昭和27年の衆議院選挙における政見放送において、原告について虚偽の事実を述べ、虚偽の報道をしたために、原告は、「信用極度に失墜し、多数県民に対しても大いに信頼を失い、各方面において直接間接に蒙った損

---

[146] 中野＝下村・民事執行法854頁。

害は莫大なものがある。また原告及び家族らが精神上蒙った打撃も実に深刻なもので、これが為に原告一家は一般より白眼視され隣近所にも顔向けが出来ないような仕末である。このように原告は被告の為した前記虚偽の報道によって著しく名誉を毀損され信用を失墜せしめられ、精神上莫大な打撃を蒙っているから被告は之が名誉回復の責務を負うものと言うべく、よって原告は被告に対し請求の趣旨記載の如き謝罪状の掲載放送を求めるため本訴請求に及んだ」として訴えを提起。

徳島地裁は、原告の請求を認容し、その主文は、「被告は徳島市において発行する徳島新聞、徳島民報及び大阪市において発行する朝日新聞、毎日新聞の各徳島版に各一回見出しと氏名は三号活字を用い、本文は四号活字を以て別紙謝罪状を掲載せよ。」というものであった。被告は控訴したが控訴棄却。上告。「謝罪文を新聞紙に掲載せしめることは上告人の良心の自由の侵害として憲法19条（思想・良心の自由）の規定又はその趣旨に違反する。」と主張した。上告棄却。

〔判旨〕

民法723条は、「他人の名誉を毀損した者に対して被害者の名誉を回復するに適当な処分」として「謝罪広告を新聞紙等に掲載すべきことを加害者に命ずることは、従来学説判例の肯認するところであり、また謝罪広告を新聞紙等に掲載することは我国民生活の実際においても行われている。」

「単に事態の真相を告白し陳謝の意を表明するに止まる程度のものにあっては」その強制執行も代替作為として（改正前）民事訴訟法733条の手続によることができる。

原判決の是認した被上告人の本訴請求は、「上告人が判示日時に判示放送、又は新聞紙において公表した客観的事実につき上告人名義を以て被上告人に宛て『右放送及記事は真相に相違しており、貴下の名誉を傷つけ御迷惑をおかけいたしました。ここに陳謝の意を表します』なる内容のもので、結局上告人をして右公表事実が虚偽且つ不当であつたことを広報機関を通じて発表すべきことを求めるに帰する。」

「少くともこの種の謝罪広告を新聞紙に掲載すべきことを命ずる原判決は、上告人に屈辱的若くは苦役の労苦を科し、又は上告人の有する倫理的な意思、良心の自由を侵害することを要求するものとは解せられないし、また民法723条にいわゆる適当な処分というべきであるから所論は採用できない。」

## ■代替執行の手続■

代替執行をするには、債権者が、授権決定の申立てを行います。債権者は、債務者の費用で第三者に作為させることを裁判所に請求します。そして、執行裁判所から費用取立ての授権と代替履行の授権をもらい、これに基づいて債権者または第三者が債務内容を実現し、それに要した費用を債務者から取り立てます（民執171条1項1号）[147]。

(3) 間接強制

債務の履行がなされるまで、債務者に「相当と認める一定の額の金銭」（民執172条）の支払いを命じ、これにより債務者を威嚇して、心理的圧迫を加えることを通して債権内容を実現させる強制執行方法です（民執172条、173条）[148]。

債務者本人の特別の地位・技能・学識・経験等に基づいて依頼がなされている場合は、誰か代わりの者がなせば足りるという代替執行ができませんから、間接強制がなされます。ただし、代わりの者がなし得ない債務のうち、例えば、世界的に有名なオペラ歌手がリサイタルで歌うという債務や画家に画を描いてもらうという債務は、債務者（オペラ歌手や画家）の自由な想像力と創造力なくしては不可能ですから、間接強制はできません。もう少し身近な例では、夫婦の同居義務や雇用契約上の労働者の労働義務も自由な意思を圧迫することはできませんから、間接強制はできません[149]。

下記のマドンナコンサートの再演を求める裁判例は、間接強制の意味や間

---

[147] 中野＝下村・民事執行法855頁、潮見・新債権総論Ⅰ343頁。
[148] 潮見・新債権総論Ⅰ346頁、中野＝下村・民事執行法857頁。
[149] 潮見・新債権総論Ⅰ349頁、中野＝下村・民事執行法857頁。

接強制ができない場合とはどんな場合であるのかを示すものとして参考になります。余談ではありますが、「涙を飲んで」とか、「誠にやむを得ない措置であった」などという表現が用いられ、この判決を起案した裁判官は、マドンナのファンだったのかなという気持ちがふと湧いてきたので、カッコ書で判決原文を引用しておきます。

**【東京地判昭63.5.12判時1282号133頁】**

〔事案の概要〕

　雨天のため中止になったマドンナの野外コンサートについて、主催者に対し、8,888円の慰謝料とコンサートの再演を求めた訴えを提起した事案。

　原告が求めたのは、

「1　被告は、原告に対し、金8,888円を支払え。

　2　被告は、原告に対し、昭和62年6月20日中止となったマドンナコンサートを再演せよ。」

というものでしたが、裁判所は、マドンナコンサートの再演を求める部分については訴えを却下し、第1項の慰謝料請求も棄却した。

〔判旨〕

再演について

「被告にマドンナコンサートを改めて開催する義務なるものが仮にあるとしても、その義務は被告の意思のみで履行できるものではなく、アメリカの歌手であるマドンナ側の意思にかかりマドンナ側との契約又はその協力なしには実現できない不代替的なものであるから、その債務の性質上、直接強制の余地はなく、債務者の費用をもって第三者になさしめる代替執行にも親しまず、また間接強制も許されないものと解するのが相当である。したがって、原告の右請求部分は、その当否の判断に立ち入るまでもなく給付請求として不適法であり、却下を免れない。」

慰謝料支払い義務について

　コンサート当日の天気概況は大雨であり、気象庁から風雨波浪注意報（午後9時10分強風波浪注意報に切替）が発令され、午後3時45分には瞬間最大風

速毎秒16メートル（風力7に相当し、樹木全体が揺れ、風に向かっての歩行が困難となる程度）を観測する程の悪天候であった。

「コンサートの主催者としては、右公演中止により多大な損害を被る結果となったが、風雨の中で公演を強行して万が一にも人身事故を惹起したのでは大変なことになると判断し、涙を飲んで中止したものである。主催者側としては、このような公演中止の場合に備えて予備日を設けたかったが、マドンナ側の日程の都合及び会場である後楽園球場の都合もあって、予備日を設けることもできなかった。」として、このような事実を総合すれば、「本件コンサート当日の気象状況や時間的制約、人身事故防止の配慮等から、主催者側が本件コンサートの公演中止を決定したことは、誠にやむを得ない措置であったといわざるを得ず、本件債務が履行不能となったことについては、被告の責めに帰すべからざる事由があったと認めるのが相当である。」
として、請求棄却。

間接強制における「相当と認める一定の額の金銭」は、損害賠償ではありません。ですから、裁判所に命じられた金銭の支払額が債務不履行により生じた現実の損害額を上回る場合であっても債権者としては、差額を返還する必要はありません[150]。また、現実の損害額が支払額を超えるときは、債権者は、その額について損害賠償を請求できます（民執172条4項）。

---

[150] 潮見・新債権総論Ⅰ 347頁。

# Q 10-3

直接強制が可能な場合や代替執行が可能な場合には、間接強制はできますか。

　直接強制や代替執行が可能でも間接強制ができる場合があります。

　平成15年の担保・執行法制の改正までは、直接強制が許される債務については、間接強制は許されないとされていました。直接強制は、もともと債務者がなすべきであった債務を強制的に履行させるだけですから、債務者の人格・意思をもっとも拘束しない強制方法であり、しかも、もっとも効果的な強制方法です。そのため、その他の強制方法も許すことは訴訟経済的に不都合であるというのがその理由でした[151]。これを間接強制の補充性といいます。

　平成15年改正で、間接強制の補充性が緩和され、直接強制と間接強制のいずれかを債権者が自由に選択して申し立てることができるようになりました（民執173条）。現実的にも、直接強制は費用倒れになる場合もあり、間接強制で債務者に心理的圧迫を加える方が功を奏する場合もあるのです。債権者は、直接強制か間接強制かのいずれか一方を選ぶこともできますし、双方を並行的に申し立て、一方が不奏功の場合に他方の実施を求めることができるとも解されています[152]。

## ■金銭債務と間接強制■

　金銭債務は、原則として間接強制が認められません。金銭債務を間接強制すると、実質的には履行の強制をしていることになりますし、元利金を超えた間接強制金を債権者に保持させたのでは金銭債務の不履行の場合に実損害

---

[151] 潮見・新債権総論Ⅰ347頁、中野＝下村・民事執行法9頁。
[152] 中野＝下村・民事執行法833頁。

を超えた額を債権者に保持させる結果となり、妥当でないことによります[153]。

##  10-4
**金銭債権は、どのようにして回収しますか。**

　任意に支払ってくれなければ、支払いを求めて訴えを提起し、勝訴判決を債務名義として強制執行をします。

##  10-5
**強制的に履行させようとすれば、裁判をしなければならないのですか。**

　国家権力によって権利を強制的に実現するわけですから、権利の存在を公的に証明するものが必要となります。その一つが確定した判決です。執行証書があれば、裁判を要することなく強制執行することができます。

　履行の強制を債権者が自ら行う「自力救済」は、禁止されています。履行の強制は、国家機関によらねばなりません[154]。

　履行を強制するためには、債権者が国家機関に対し、自分が債権を有していることを公的に証明する必要があります。債権を公的に証明するものを債務名義といいます。

---

[153] 潮見・新債権総論Ⅰ348頁
[154] 道垣内・リーガルベイシス288頁

### ■債務名義■

　強制執行によって実現されるべき給付請求権(執行債権)の存在と範囲を公証し、それに基づいて強制執行をすることを法律が認めた(という意味で執行力のある)一定の格式を有する文書です[155]。

　民事執行は、これを受ける者の実態的な生活圏にふみこんで法益を侵害する実質をもつ以上、執行を正当化する法的根拠となるべき執行債権を確定しないまま民事執行権を発動することはできません[156]。

　我が国における履行の強制は、裁判で勝訴判決を得て、これを債務名義として強制執行をするというのが原則的なやり方です。

　民事執行を行う前提として、債権者が債務者に対して給付請求権を有するかどうかは、慎重な手続の下で確定されなければなりません。この給付請求権の存否を判定する手続が民事訴訟手続です。

　給付請求権の存在が確定すると、その権利を実現するための執行手続は、迅速になされる必要があります。

　このように、わが国においては、権利の判定機関と執行機関とは分離されています。民事執行は、当事者の申立てにより、裁判所または執行官が行います(民執2条)。執行機関としての裁判所と執行官とは、権利の存否の判定の負担を免除され、本当に権利が存するかどうかを一から確認しなくても、債務名義に基づき執行行為に専念するものとされました[157]。

　民事執行の申立ては、書面で行わなければならず、書面には、①債権者および債務者の氏名又は名称および住所(民執規16条1項1号)、②債務名義の表示(民執規16条1項2号)等を記載することになっています。

　債務名義になり得るものは民事執行法22条に挙げられています。債務名義

---

[155] 中野＝下村・民事執行法4頁、潮見・新債権総論Ⅰ340頁、司法研修所・民事執行3頁。
[156] 中野＝下村・民事執行法26頁。
[157] 司法研修所・民事執行3頁。

は、確定判決が代表的なものですが、「確定判決と同一の効力を有するもの」（民執22条7号）として、和解調書、調停調書、労働審判書、確定した支払督促等があります。
(1) 確定判決
　裁判所で判決の言渡しがなされ、控訴期間や上告期間（判決の送達を受けた日から2週間の不変期間。民訴285条、313条。）を経過するともはや不服申立てはできませんから判決は確定します。
(2) 仮執行宣言を付した判決
　仮執行の宣言を付した判決というのは、例えば、以下の判決主文のような判決です。
　「一　被告は原告に対し、金100万円を支払え。
　　二　訴訟費用は被告の負担とする。
　　三　この判決は、一項に限り、仮に執行することができる」
　判決主文第三項は、仮執行宣言（民訴259条）と言われ、これが付された判決は、確定していなくても債務名義となります。
(3) 執行証書
　執行証書とは、公証人が作成した公正証書で法定の要件を備え執行力が認められるものをいいます（民執22条5号）。執行証書は、その成立に訴訟その他の裁判手続を要せず、私人間の消費貸借契約の締結という行為の公証と債務者の執行受諾に基づいて簡易迅速に強制執行の基礎を与えます。通常は、「本件公正証書記載の金銭債務の支払いを怠ったときは直ちに強制執行に服する旨陳述した」といった条項が記されています。これを強制執行文言といいます。私人間で作成された消費貸借契約書があるだけでは強制執行の申立てはできません。確定判決や確定判決と同一の効力を有するものが必要です。しかし、執行証書は、裁判を経ずに"強制執行の申立て"ができます。この簡易性から、かつては貸金業者が公正証書で金銭消費貸借契約をすることが多くなされました。執行証書の対象となった権利関係ないし執行証書の作成をめぐって、後日、紛争が発生する事例は多く、請求異議訴訟の相当割

合は執行証書に関するといわれています[158]。強制執行文言が付されているからといって、私人が執行できるわけではありません。

(4) 認諾調書、和解調書

確定判決と同一の効力があるもの（民執22条7号）としては請求の認諾を調書に記載した認諾調書、裁判所で和解をした際の和解調書（民訴267条）などがあります。

## ■請求の認諾■

請求の認諾は、原告の請求について被告が認める陳述です。

被告が、「原告と被告との100万円の授受は、実は単純な貸し借りの問題ではありません。様々な経緯があり、原告の主張は誤りや思い違いにもとづくものですから、いろいろと言いたいことがないわけではありません。しかし、あれやこれやの過去の経緯に鑑みると、『被告は原告に対し金100万円を支払え』との原告の請求は認めます。」と陳述した場合は、事実を認めているわけではありませんが、原告の請求については認めていますから、請求の認諾として訴訟が終了します。

請求の認諾を調書に記載したものが認諾調書です。認諾調書は確定判決と同一の効力を有しますから、認諾調書を債務名義として強制執行を申立てることができます。

## ■裁判上の自白と立証責任■

請求の認諾と似ているのが裁判上の自白です。

請求の認諾も裁判上の自白も、いずれも「認める」陳述ではあるのですが、「認める」対象が異なります。

請求の認諾とは、弁論期日または弁論準備期日において、「原告の請求を認める」という被告の答弁です。「裁判上の自白」と似ていますが、請求の

---

[158] 中野＝下村・民事執行法207頁。

認諾は、被告が原告の「請求を認める」のに対し、「裁判上の自白」は、原告、被告のいずれかが、相手方の主張と一致する自己に不利益な「事実」を認めるものです。

　金銭消費貸借に基づく貸金返還請求の事案を例にとると、原告が令和3年4月1日に100万円を被告に貸し付けた事実を主張します。貸付の事実は原告が立証責任を負いますから、被告が、確かに「令和3年4月1日に100万円を借りた」と陳述すると、原告が立証責任を負う被告に不利益な事実を被告がわざわざ認めてあげていることになり、"相手方の主張する自己に不利益な事実の陳述"として令和3年4月1日に100万円を貸し付けたとの原告主張事実について自白が成立します。しかし、次に、被告が、「借りたことは借りたけれど5月1日に返した」との抗弁を出し、原告が被告の抗弁を否認すると、争点は、100万円の返済の有無に移ります。100万円の返済については、被告が立証責任を負います。そこで5月1日の返済の事実についてさらに審理が進められ、領収証の存否やその記載、同日に100万円を預金から引き出しがなされている通帳の記載や当事者尋問等によって、最終的に裁判所が判断をします。被告が返済の事実を立証すれば、原告の被告に対する100万円の支払請求は棄却されます。被告から原告に対する100万円の返済が立証できなければ、原告の請求が認容されて被告が敗訴します。

　神ならぬ身が判断する以上、請求を基礎づける事実が立証できなかった場合の訴訟の帰趨についてルールを定めておかなければいつまでたっても訴訟を終了することができません。そこで、当事者に立証責任を割り振っています。事実が立証できなかった場合には、その事実について立証責任を負担する側の請求が認められないとしているのです。これが「立証責任あるところ敗訴あり」と言われるゆえんです。

■確定判決■

　言渡しによって判決が成立しても、当事者が上訴すると、上訴審によって取り消される可能性がありますから、判決は未確定の状態です。しかし、当

事者が上訴によって争うことができない状態になると、判決は、当該訴訟手続内では取り消される可能性がなくなります。このような取消不可能な状態を判決の確定といいます[159]。

### ■執行文の付与された債務名義■

執行文は、債務名義の執行力の存在および範囲を保証する文書です。債務名義の正本末尾に、債権者が債務者に対しその債務名義により強制執行をすることができる旨を付記する方法で付与されます。強制執行は、執行文の付された債務名義の正本（通常は、執行文の付された判決正本）に基づいて実施されるのが原則です（民執25条、26条）[160]。

## Q 10-6

土地上の建物を撤去して、土地の明渡しをするための強制執行の流れはどうなりますか。

建物収去土地明渡しを認容する確定判決を取得した後、目的不動産の所在地を管轄する地方裁判所の執行官に対し、所定の事項を記載した申立書を執行力のある債務名義（通常は確定判決）の正本、送達証明書等の書類とともに提出することから始まります（民執2条、29条、執行官法4条、民執規1条、21条）[161]。

### ■確定判決の取得■

民事執行法では、強制執行の申立てをする者を「債権者」といいます。
債権者は、まず、債務名義として建物収去土地明渡しを認容する確定判決

---
[159] 民事訴訟法講義案265頁。
[160] 中野＝下村・民事執行法264頁。
[161] 司法研修所・民事執行85頁。

を取得する必要があります。建物収去土地明渡しの執行は、建物収去執行と土地明渡執行との複合的構成をもっています[162]。

土地と建物は別の不動産ですから、債務者が建物を所有してその敷地を占有している場合には、土地の引渡しだけを命ずる判決や、建物の明渡しだけを命ずる判決だけでは土地上の建物を収去する強制執行はできません。この場合には、建物収去土地明渡しの債務名義が必要です。

引渡命令を債務名義として建物収去ができないことを示したものとして以下の裁判例があります。

### 【名古屋高決平13.2.28判タ1113号278頁】

〔事案の概要〕

Xは、競売により土地を買い受けたうえ、Yを相手にその土地の不動産引渡命令の申立てをし、岐阜地方裁判所は、平成12年9月25日、「YはXに対し本件土地を引き渡せ」との不動産引渡命令を発した。Xは、この引渡命令を債務名義として、Yが本件土地上に存在する物置を収去して本件土地を明け渡す義務を任意に履行しないことを理由として「Xの申立てを受けた執行官は、本件物件をYの費用をもって収去することができる」との代替執行申立てをするとともに、「Yは、Xに対し、本件物件を収去する費用としてあらかじめ22万5750円を支払え」との代替執行費用支払い申立てをし、裁判所は本件各申立てを認容する決定をした。Yが抗告。

〔判旨〕

民事執行法83条に基づく不動産引渡命令は、当該不動産の引渡しを命ずる内容の債務名義であるので、これを債務名義として行う当該不動産の引渡しの強制執行の方法は、同法168条に基づき、執行官が執行債務者の当該不動産に対する占有を解いて執行債権者にその占有を取得させる方法により行う（同条1項）。

この執行において、当該不動産上に執行の目的物でない動産がある場合に

---

[162] 中野＝下村・民事執行法837頁。

は、執行官は、これを取り除いて、執行債務者又はその代理人等に引き渡す等の措置を講じて、当該不動産を執行債権者に引き渡すものとされている（同条5項）。

不動産引渡命令の目的とされた不動産上にその目的でない動産が存在する場合には、執行官がこれを取り除いた上、当該不動産を執行債権者に引き渡すことによって、その強制執行は完了するのであり、不動産引渡命令のほかに、上記動産の収去を命ずる債務名義を必要としない。

同法83条に基づく「不動産引渡命令は、その目的である不動産の引渡しを命ずるのみであり、それ以外の作為を命ずることはできないから、不動産引渡命令には、これを債務名義として同法168条に基づいて行われる引渡しの強制執行の一環として、執行官が上記のとおり当該不動産上に存在する動産を除去することが認められているにすぎず、これとは別に、その相手方に対し、当該不動産上に存在する物件の除去又は収去をなすべき義務を当然に内包されているものということはできない」

本件不動産引渡命令も、抗告人に対し、単に、本件土地の引渡しを命ずることを内容とするものである。

不動産の引渡し又は明渡しの強制執行については、民事執行法168条がその執行機関及び執行方法を定めているのであるから、これに（改正前）民法414条2項本文（改正前は作為義務の代替執行の規定）又は3項（改正前は不作為義務の代替執行の規定）に規定する請求に係る強制執行の執行機関及び執行方法を定める（改正前）民事執行法171条（改正前は、作為又は不作為の強制執行の規定）を適用する余地はない。

本件不動産引渡命令を債務名義とする本件土地の引渡しの強制執行については、仮に本件土地上に存在する本件物件が動産である場合には、本件不動産引渡命令を債務名義として直ちに本件土地の引渡しの強制執行をすれば足りるのであり、これが不動産である場合には、本件不動産引渡命令を債務名義とする強制執行によってはその収去をなさしめることができず、いずれの場合であっても、執行裁判所が（改正前）民事執行法171条1項により代替

執行決定をすることは許されず、したがって、同条4項によりその費用についての支払決定をすることも許されないものというべきである。

原決定取消し、本件各申立てを却下。

### ■授権決定■

建物収去執行は、作為義務の強制執行ですから、債務者以外の第三者による債権内容の実現が可能です。そこで、代替執行（民執171条）の方法によります。

土地引渡執行は、物の引渡し義務の強制執行ですから、直接強制（民執168条）の方法によります。

建物収去土地明渡しの債務名義を取得すると、建物収去命令の申立てをして授権決定を得たうえで、建物を収去して土地の明渡しの執行をします[163]。平成15年の民事執行法の改正により、直接強制や代替執行が可能な場合でも債権者の申立てがあれば、間接強制も可能になりました。

授権決定というもののイメージが比較的湧きやすい裁判例を引用しておきます。

【最判昭41．9．22民集20巻7号1367頁、判時463号30頁】

〔事案の概要〕

債務者は、岐阜簡易裁判所において、債権者に対し、土地上に存する生立木を収去して土地を明渡すべき旨の判決を受けて、この判決は、昭和35年6月12日に確定した。しかし、被上告人は履行をしなかったので、債権者は、昭和36年3月16日、生立木の収去の強制執行につき「債権者の委任する岐阜地方裁判所執行吏は、債務者の費用をもって生立木を収去することができる」旨の授権決定ならびに代替執行費用1万3000円の前払い決定を得て、同月28日執行吏に対し、右収去・明渡し・費用前払いの強制執行を委任した。執行吏は、この委任に基づき、同年4月1日午前、人夫6、7名をつかって

---

[163] 司法研修所・民事執行86頁。

執行をし、債務者所有の生立木144本をごぼう抜きにし、これを差押さえ、水をやらずに本件土地の一隅に積み重ねて置いたため、同月3日、債務者が差押の解除を得て移植したが及ばず、右生立木のうち、サンゴ樹8本（時価1本1000円）、梅1本（時価2000円）柳7本（時価1本1000円）貝塚伊吹100本（時価1本1000円）が枯死し、債務者は11万7000円の損害を受けたとして、国家賠償請求をした事案。

〔判旨〕

原判決及び1審判決は、執行吏は、移植の適期である雨期まで執行を延期すべきであり、また立木収去の方法としては適当な個所に仮植する等立木保護のため特段の注意義務があるのに、これを尽くさなかった執行は違法であるとした。破棄、取消し、請求棄却。

上告審は、判決が確定した昭和35年6月12日から債務者が強制執行を受けた翌36年4月1日まで約10ヵ月の期間が存したのであるから、「債務者は任意に適期を選び、自己の望む方法で移植することが可能であったのに、判決で命じられた義務を履行しなかったため、本件損害を招いた」。のみならず「債権者は、確定判決にもとづき直ちに強制執行をすることができるし、したがって委任を受けた執行吏もすみやかに執行をなすべきであって、債権者にも執行吏にも移植適期まで執行を延期すべき義務は存しない」として生立木収去、差押の方法として執行吏が適当な土地を選んで仮植する等の手段をとることが好ましいにしても、そうしなかった本件執行行為を違法であるとはいえない。

## ■建物所有者以外の第三者が建物の全部又は一部を占有している場合■

債務者を被告とする建物収去土地明渡請求の認容判決では、建物所有者以外の第三者を建物から退去させることはできません。そこで、事前の調査で建物所有者以外の第三者が建物を占有していることが判明すれば、建物占有

者に対する建物退去土地明渡しの債務名義を得ておく必要があります[164]。

なお、収去すべき債務者所有建物に居住する債権者・家族等を退去させるには、別に退去の債務名義を取得する必要はなく、債務者に対する建物収去土地明渡しの債務名義で退去させることができます[165]。

したがって、履行の強制を検討しなければならない事案においては、権利関係や占有状態について丁寧に調査をしておく必要があります。わざわざ調査のために出向いて聞き取りをしようとしても、不信を招いて警戒を解くことができず、なかなか本当のことを言ってもらえません。明渡しの予定や今後の方針を説明するなど足を運ぶ機会をとらえて、具体的に聞き取りをし、記録に残しておくことが有用です。

### ■明渡しの催告■

不動産等の引渡しまたは明渡しの強制執行の申立てがあった場合、債務名義となる判決正本が債務者に送達されている等の執行開始要件を満たしていれば執行官は、強制執行を開始することができます。債務者がその不動産を占有していることがわかれば、引渡し期限を定めて引渡しまたは明渡しの催告をします（民執168条の2第1項）。これを明渡しの催告といいます。不動産の引渡しの強制執行の場合でも「明渡しの催告」と呼びます（民執168条の2）。明渡しの催告は、やむを得ない事由がある場合を除き、強制執行の申立てがあった日から2週間以内の日に実施します（民執規154条の3第1項）。

任意に履行しない債務者には落ち度があるとはいえ、いきなり、明渡しを断行しようとしても、債務者は生活している（もしくは事業活動を行っている）ことから、その急変に伴って摩擦や妨害が生じてしまうことを防止するためです。

いつまでに明渡しをしなければならないということが執行官から告げられたり、公示されたりして、いよいよ明渡しが現実化すると、さすがに、債務

---

[164] 司法研修所・民事執行86頁。
[165] 中野＝下村・民事執行法837頁。

者も次の行き先を探したり、大切な物を移転させたりする準備をします。債権者も、残置動産が生じた場合の保管場所の確保などの事前準備が必要になります。明渡し催告は、当事者双方にこのような準備をさせるという意味合いもあります[166]。

催告の際には、執行官は、引渡し期限を定めなければなりません（民執168条の2第1項本文）。引渡し期限は、原則として明渡しの催告があった日から1か月を経過する日です（民執168条の2第2項本文）。

催告後、この期間内に占有を移転された場合であっても、その占有者に対しては、承継執行文を要せずに執行できます（民執168条の2第2項カッコ書）。

明渡しの催告をしたときは、執行官は、その不動産の所在する場所において、引渡し期限および占有移転が禁止されている旨を公示しなければなりません（民執168条の2第3項、民執規154条の3第2項）。催告後に不動産を占有した占有者は、催告があったことを知って占有したものと推定されます（民執168条の2第8項）。

## ■建物収去土地明渡しの執行■

不動産等の引渡しまたは明渡しの強制執行は、執行官が債務者の不動産等に対する占有を解いて債権者にその占有を取得させる方法により行います（民執168条1項）。そのため、債権者またはその代理人が執行の場所に出頭した場合に限ってすることができます（民執168条3項）。

執行官は、執行をするために占有者の特定をする必要があるときは、当該不動産等に在る者に対し、当該不動産等またはこれに近接する場所において、質問をし、または文書の提示を求めることができます（民執168条2項）。

執行官が執行するに際し、債務者の占有する不動産等に立ち入り、必要があるときは、閉鎖した戸を開くために必要な処分をすることができます（民

---

[166] 中野＝下村・民事執行法835頁。

執168条4項）。

　執行官は、職務の執行に際し抵抗を受けるときは、その抵抗を排除するために、威力を用い、または警察上の援助を求めることができます（民執6条1項本文）。

## ■目的物でない動産（目的外動産）があるとき■

　建物収去土地明渡しにおいて、建物の中が空っぽで何にもないという状態であることは、まずありません。通常は、何かしら動産は置いてあるものです。このような動産は、強制執行の対象物ではありません。

　執行官は、執行に際し、目的物でない動産を取り除いて、債務者、その代理人または同居の親族若しくは使用人その他の従業者で相当のわきまえのあるものに引き渡さなければなりません（民執168条5項前段）。

　相当のわきまえのあるものがいないとか、無人であるとかによって、その動産を引き渡すことができないときは、執行官が保管するか（民執168条6項）、売却（民執168条5項後段）するかをします。執行官が保管する場合には、保管費用は執行費用となります（民執168条7項）。

　売却は、執行官が即時に、またはいったん保管した後に行います。売却の手続は、原則として金銭執行における動産執行の例によります（民執168条5項後段、民執規154条の2第1項）。

　売却は、即日または断行の日から1週間未満の日に行うことができます（民執168条5項後段、民執規154条の2第3項前段・第4項）。

　民事執行法168条5項に規定する動産の引渡しまたは売却をしなかった場合には、執行官が保管しなければなりません（民執168条6項前段）。

　動産を売却したときは、執行官は、その売得金から売却及び保管に要した費用を控除し、その残額を供託しなければなりません（民執168条8項）。

　筆者の経験では、建物賃借人が木造2階建て共同住宅の2階にあった3戸の住戸を順にゴミの山にしながら（勝手に）使用した挙句、居所不明になった事案において、3戸の住戸全部がゴミしかなく、執行官が「目的外動産な

し！」と宣言したことはありました。建物の中にゴミしかない場合、ゴミは強制執行の対象物でもなければ、目的外動産でもないのです。

■**動産執行の実際**■

「動産執行は、金銭支払い請求権についての強制執行の原点である。債務者の資産の大部分がその身辺の家財であった時代、簡易迅速と実効性に最も優れ、しばしば唯一の金銭執行方法であった」[167]とされています。今や消費財の大量生産と技術革新により、中古の家財道具に買受希望者が登場することは、ほとんど期待はできません。しかし、賃料不払いを理由として賃貸借契約を解除し、建物収去土地明渡しとともに未払い賃料という金銭債権の支払い請求を認容する判決を得ておくと、この判決正本を債務名義として建物収去土地明渡執行の申立てと金銭債権の履行の強制としての動産執行の申立てを行うことができます。動産執行により建物内の差押禁止動産を除く差押動産について売却をし、配当が実施されます。

売却方法は、入札、競り売り（民執134条）のほか、特別売却（民執規121条）、委託売却（民執規122条）という換価処分の手続を経て、実質的には建物内に残された残置物の処分ができるのです。

【豆知識】　**差押禁止財産**

民事執行法（131条～132条、152条～153条）および各種法令の定める差押禁止財産は、多くは債務者の最低生活保障を主眼としていますが、社会政策や経済政策、文化政策的等の考慮を織り込み、多様化する傾向にあると言われています[168]。

最低生活保障という意味では、土地や建物といった不動産がなければ生活できないと債務者が主張しそうです。しかし、「一般的な差押禁止が不動産に及ばないのは、不動産所有が経済的余裕の表現と見られ、債務者の居住の保護は家屋明渡し執行が過酷執行となる限りにおいて個別的救済を図れば足りるからであろ

---

[167] 中野＝下村・民事執行法653頁。
[168] 中野＝下村・民事執行法288頁。

う」[169]とされています。

## Q 10-7

建物賃借人が賃料を滞納しているので、早く明け渡して欲しいと思っています。裁判をして強制執行をするのは、非常に時間と手間がかかります。契約書には、1か月の滞納で建物を明け渡すと明記しているので、契約条項に基づいて明け渡してもらうことはできますか。

　私人による履行の強制はできません。国家の執行機関によらない履行の強制は、「自力救済」といわれ、違法行為です。履行を強制するには、国家の執行機関による必要があり、自力救済はできません。

■自力救済の禁止■

　債権を有していることと、その債権を借主の意思に反しても自ら回収できることとは別です。

　友人に100万円を貸すと、その友人に対して100万円の金銭債権を有することになりますが、任意に返してくれなければ、何らかの形で取り立てをしなければなりません。お金を借りて返さない人というのは、初めから「返しません」と言ったりはしないものです。「気になっているんですよ。このご時世だから給料が遅配になってねぇ。もう少しだけ待ってほしい」、「返そうと思っていたのに、緊急の用ができてしまった」、「今、親父に話をしているのでまた連絡する」など、様々な理由をつけて返却が延び延びになり、待てど

---

[169] 中野＝下村・民事執行法289頁。

暮らせど返してくれません。

　だからといって、業を煮やして、借主の友人の家に行って、高価な腕時計を無理やり取り上げてしまうことはできません。このような行為は、「自力救済」といって不法行為に当たり、損害賠償請求されることもあります。

　自力救済とは、私人が司法手続によらずに自己の権利を実現することをいいます。

　民法には、「正当防衛及び緊急避難」という項目で、「他人の不法行為に対し、自己又は第三者の権利又は法律上保護される利益を防衛するため、やむを得ず加害行為をした者は、損害賠償の責任を負わない。」(民720条1項本文) との規定があります。民法に規定があるから正当防衛や緊急避難として認められる場合もあるのだと軽々に考えるのは間違いです。民法720条1項本文にある「やむを得ず加害行為をした者は、損害賠償の責任を負わない」とは、主観的に「やむを得ず」ではありません。

　例えば、賃貸マンションの賃借人が数カ月にわたり賃料を払わないので賃貸人が建物の外から確認すると、ベランダには冬物の洗濯物がとり入れられないまま揺れており人が住んでいる形跡がない。既に6月に入って、家の中では食料品が腐敗したりして部屋が汚れて大変なことになっているのではないかと心配した賃貸人は、建物の中の状態を確認するために家の中に入ることができるでしょうか。賃貸人は、建物の汚損等の損耗を拡大させないためには入室して室内を確認してみる以外に方法がなかったと言いそうですが、それはあくまで賃貸人の主観的な言い分です。賃貸借契約が継続していますから、その部屋を使用収益する権原を有しているのは賃借人であり、賃貸人ではありません。賃貸人が無断で部屋の中に入る行為は、住居侵入という違法行為です。賃貸借契約が解除されていた場合であっても、その住戸の占有を解いて賃貸人に対する建物の引渡しがなされていない以上、賃貸人がその住戸を占有することはできません。勝手に家の中に入られて自分の所有物を廃棄された賃借人は、賃貸人を被告として不法行為に基づく損害賠償請求ができます。訴訟において、被告である賃貸人が抗弁として民法720条1項本

文の「やむを得ず」に該当するとの主張を行っても、「やむを得ず」という要件に当てはまるかどうかは、裁判所が判断します。そして、我が国では、賃貸借契約を解除して建物明渡しの強制執行をする途が用意されている以上、裁判所がなるほど、「やむを得ず」に当たりますね、と認定してくれることはまずありません。このように、原則として、自力救済は不法行為なのです。緊急の、法的平和が失われた状態の下でのみ、例外的に許されるにとどまります[170]。

## ■自力救済の禁止に関する裁判例■

「正当防衛」や「緊急避難」というと、いきなり殴りかかられたので、怖さのあまりとっさに手に当たった棒を振り回したら、相手は素手だったので、けがを負わせてしまったというような刑事事件を思い浮かべるかもしれません。刑事事件であっても、「とっさに手に当たった棒」なんて言うけれど、「いきなり殴りかかられた」のに、なぜ、そんな「棒」が都合よく手に当たるところにあったのですか、ということが問題になるわけで、正当防衛や緊急避難が認められることはなかなか困難です。民事紛争でも自力救済の禁止に関する事案はあり、不動産取引の分野では、建物賃貸借契約に関する裁判例が多くあります。比較的身近な事案からいくつか挙げてみましょう。

【浦和地判平6.4.22判タ874号231頁】

〔事案の概要〕

建物賃貸借契約書の特約条項には、以下の記載があった。

「賃借人が本契約の各条項に違反し賃料を1か月以上滞納したときまたは無断で1か月以上不在のときは、敷金保証金の有無にかかわらず本契約は何らの催告を要せずして解除され、賃借人は即刻室を明渡すものとする。明渡しできないときは室内の遺留品は放棄されたものとし、賃貸人は、保証人または取引業者立会いのうえ随意遺留品を売却処分のうえ債務に充当しても異

---

[170] 和田・民事訴訟法2〜3頁。

議なきこと」

　賃借人は、1週間の予定でフィリピンの知人のもとに行ったが、知人との間でトラブルが生じてその知人を告訴したところ、逆に拳銃密売、麻薬密輸入の疑いで告訴されてしまい、平成元年1月末頃に逮捕され、平成2年10月4日まで日本に帰国することができなかった。

　賃借人は、内妻を通じて平成元年12月までは賃料を払っていたが、その後は滞納になった。

　平成2年6月1日、賃貸人、賃貸人の顧問弁護士、賃借人の保証人が一堂に会して貸室の中を見た後、保証人は、賃貸人の顧問弁護士から「本件賃貸借契約は、本件条項により本日解除され、明渡しが完了したことを確認する。本件貸室内の遺留品は、本日、同建物において廃棄処分した」旨記載されている明渡し確認書に署名するよう求められた。保証人は、賃借人の荷物は少なくとも賃貸人が倉庫に保管すべきであると抗議したが、顧問弁護士が契約条項を示して「法的に問題がない、保証人には迷惑がかからない」と言ったのでやむを得ず立会人、保証人として署名押印した。

　同日中に貸室内にあった賃借人の物品は全て、建物の管理人が依頼した者によって運び出されて廃棄された。賃貸人は、遺留品の目録を作ることや貸室内の写真を撮ることを指示していなかった。

　帰国した賃借人は、賃貸人および賃貸人の顧問弁護士を被告として不法行為に基づく損害として精神的損害500万円を含め、合計1930万円余りの損害賠償請求をした。請求認容。

〔判旨〕

　「特約条項は、賃借人が予め賃貸人による自力救済を認める内容であると考えられるところ、自力救済は、原則として法の禁止するところであり、ただ、法律に定める手続によったのでは権利に対する違法な侵害に対して現状を維持することが不可能又は著しく困難であると認められる緊急やむを得ない特別の事情が存する場合において、その必要の限度を超えない範囲内でのみ例外的に許されるに過ぎない。したがって、被告らが主張するように本件

廃棄処分が本件条項にしたがってなされたからといって直ちに適法であるとはいえない。」

「賃貸人は、顧問弁護士に任せていたといっても、本件廃棄処分当日本件貸室に入って中の状況を確認しているなど……本件廃棄処分に至るまでの賃貸人の関与の程度に鑑みれば、顧問弁護士が適法であると判断したことを信じたということのみで、同人に過失がなかったということはできない。」

単身生活者（成人男子）の家財が廃棄された場合の財産的損害を概ね250万円と算定し、慰謝料60万円を認容した。

### 【豆知識】契約自由の原則と自力救済

私人間の売買においては、「契約自由の原則」が働きます。「契約自由の原則」とは、人は、国家の介入を受けることなく、自由に契約することができるという原則です[171]。①契約の成立に関する自由、②内容決定の自由、③方式の自由の３つの原則から成ります[172]。

本事例で問題になっている自力救済条項は、廃棄処分という「執行」を私人の手で自由に行うことができるとの合意が契約書に記載されています。しかし、執行について合意しても、私人が"執行"することはできません。民事執行は「申立てにより、裁判所又は執行官が行う」（民執2条）ことになっているからです。

契約自由の原則が妥当するのは、契約内容を自由に決定できることまでです。契約通りに履行しなかった場合に、契約内容の実現をどのように図るかを自由に

---

[171] 原田慶吉「ローマ法の原理」（弘文堂、昭和25年３月）174頁では、契約の自由について、「國家の無干渉主義、當事者の自治主義は、ローマ法の根本的基調を爲すものであった。キケローは云ふ。『（古人は）賣主に自己の意思で賣却することが許されない場合には、賣却に非ずして剥奪（ereptio）であると考えた』と。」としています。自由かつ真意に基づく契約自由の原則はローマ時代から現代にいたるまで変わらぬ法理ということができるでしょう。ちなみに、この「ローマ法の原理」という書籍は、箱に「定價　弐百五拾圓」「地方賣價　弐百六拾参圓」と明記され、奥付には、原田先生の検印とともに同様の定価の記載があります。昭和25年当時は、都心の書店に出向いて購入するのと、地方の書店に取り寄せてもらって購入するのとでは、価格が異なっていたのは驚きですが、二重価格制を設けて明記し、地方在住者はこれを納得して購入していたのであれば、これもまた「契約自由の原則」の発現です。

[172] 中田・契約法23頁。

合意できる原則ではないのです。

### 【豆知識】 民事訴訟法248条（損害額の認定）

　不法行為に基づく損害賠償請求訴訟においては、被害者である原告は、①加害者の故意または過失、②損害の発生、③加害者の行為と損害の発生との間の因果関係の存在について主張立証責任を負います。

　②の損害の発生とは、損害額（金銭的評価額）の証明まで含みます。そうすると、損害の発生自体は認められても、損害額について証明したと言えるまでの立証に達しなかった場合には、原告の請求を棄却せざるを得なくなります。

　しかし、損害額の立証は大変難しいものです。損害が発生していることは明らかでも損害額の立証が客観的に困難である場合には、原告に立証上の困難を強いることになり、当事者の公平を害するおそれがあります。そこで、裁判所が損害額を明確に認定することができないときでも、口頭弁論の全趣旨および証拠調べの結果に基づき、相当な損害額を認定することができるとする規定が設けられています（民訴248条）。

　ただし、民事訴訟法248条が発動されるのは、証拠調べの結果、判決段階に至って、損害の発生が認められる場合だけです。訴え提起段階における損害額を明示しない訴えや、審理途中における損害額の主張の不明確までも許容するものではありません[173]。

　浦和地裁の事案では、原告は、訴え提起の段階で損害額を明示しており（1930万円余り）、これに見合う主張立証もしたのでしょうが、原告が廃棄されたと主張する指輪等の貴金属があったかどうかについてまで立証できず、他方で被告は、廃棄目録も写真も残していなかったことから、原告が主張する動産が廃棄した動産に含まれていなかったという反証はできていません。

　さらに、建物内にあったとされる家財道具一式をいくらと判断するかも実は非常に難しいのです。進学や就職によって一人暮らしを始めた者でも、揃えた家財道具が新品ばかりであるとは限りません。ましてや、何年間か生活をしていた者は家財道具が増えているでしょうから、何があったのかをリストアップするだけでも大変です。加えてリストアップした家財道具（動産類）はいずれもいわゆる

---

[173] 民事訴訟法講義案226頁。

「中古品」ですから、これをいくらと評価するかについても、当事者双方の主張は異なります。

そうはいってもこの事案では、賃借人であった原告の所有動産が被告の指示で廃棄された事実は認定できることから、原告に損害が発生していることは明らかです。

そこで、裁判所は、平成2年6月当時単身の成人が、平均的レベルの生活をしていた場合、通常保有する家財の標準的価額（時価）は、概ね200万円程度であったと考えられる（例えば、日本火災海上保険株式会社平成2年10月発行の「住宅、家財等の簡易評価基準」には、独身世帯の家財の時価評価額を180万円としたうえ、実態に即してプラス・マイナス20パーセント以内で調整する旨の記載がある。）とし、原告の職業、生活状況、特に、原告は昭和62年5月頃栃木県の自宅からほとんど身一つで引っ越してきたこと、②昭和63年12月頃から内妻と生活するようになってからは同人のアパートと本件貸室を往復する生活であり、平成元年10月はほとんど本件貸室で生活をしていなかったこと等を総合勘案して、廃棄処分によって原告の被った財産的損害は250万円を超えないものと認定しました。

浦和地裁の事案は、損害額についての証明度を軽減している規定として民事訴訟法248条があるとしても、原告がどこまで主張立証を尽くさねばならないかということを具体的に示すものとして興味深い事案と言えます。

さらに、実務上の教訓としては、このような自力救済事案に限らず、適法に手続を進める場合であっても、後日の紛争を避けるためには、要所要所で記録を残し、せめて写真を撮影しておくことの大切さを示していると言えます。

フィルム写真と異なり、最近は写真を撮影しても保存のための場所は取らず簡便になり、しかも、有体物のフィルムと異なり、データとしてほとんど無制限に撮影することが可能です。撮影年月日、撮影者を特定し、全景と近景をあわせて撮影しておくことが望まれます。

【大阪高判平23.6.10判時2145号32頁】

管理会社の従業員が室内にあった賃借人の家具等を搬出して玄関の鍵を交換して退去を余儀なくさせたことに対し、従業員と管理会社とに不法行為に基づく損害賠償責任が認められた事案。

【大阪簡判平21.5.22判時2053号70頁】

建物の賃貸人が、賃借人が賃料の支払いを怠ったことを理由に建物の玄関の鍵を取り換えて賃借人の立入を禁止した行為は賃借人の居住権を侵害するとして、賃借人の賃貸人に対する不法行為に基づく損害賠償請求が認容された事案。

　賃貸人が勝手に建物内に侵入した事案ではありませんが、裁判所は、玄関の鍵を勝手に取り換える行為自体が、「被告（賃貸人）は、鍵を交換し原告（賃借人）を本件建物から閉め出すことによって、間接的に未払い賃料の支払いを促そうとしたものと推認されるが、被告のこうした行為は通常許される権利行使の範囲を著しく超えるもので、原告の平穏に生活する権利を侵害する行為であり、原告に対する不法行為を構成することは明らかである」と明確に述べ、「本件の場合は、そのような自力救済として許される場合であるかどうかを検討するまでもなく、違法な行為である」と違法性を真正面から認め、賃借人の賃貸人に対する不法行為に基づく損害賠償請求を認容しました。

**【東京地判平24.9.7判時2171号72頁】**
　家賃保証会社が賃貸物件の鍵を付け替えるなどして、実力で賃借人の占有を排除して賃貸物件内の動産を撤去処分した行為につき、不法行為に基づき損害賠償責任が認められた事案。

# ⑪ 債務不履行の効果
## ―損害賠償請求

> 買主が売買代金を支払わないとか、売主が約定の引渡し期日を過ぎても土地を明け渡さないとか登記を移転しないなどの契約違反は、債務不履行です。債務不履行の場合に債権者としてとりうる手段は3つあります。①履行の強制、②損害賠償請求、③解除です。
> この項では、債務不履行に基づく損害賠償請求について取り上げます。

### Q 11-1

**債務不履行があれば、常に損害賠償請求ができるのですか。**

債務不履行があるからといって常に損害賠償請求ができるわけではありません。債務不履行に基づく損害賠償請求の要件は、①債務の存在、②債務不履行の事実、③損害の発生、④債務不履行の事実と損害との間に因果関係が存在すること、⑤債務者に免責事由が無いことです[174]。

民法415条は、「債務者がその債務の本旨に従った履行をしないとき」と「債務の履行が不能であるとき」に損害賠償請求をすることができるとしています。「債務者がその債務の本旨に従った履行をしないとき」の一例は履行遅滞です。「債務の履行が不能であるとき」とは履行不能を指します。

**（債務不履行による損害賠償）**
第415条　債務者がその債務の本旨に従った履行をしないとき又は債務の履行が

---
[174] 中田・債権総論118頁。

> 不能であるときは、債権者は、これによって生じた損害の賠償を請求することができる。ただし、その債務の不履行が契約その他の債務の発生原因及び取引上の社会通念に照らして債務者の責めに帰することができない事由によるものであるときは、この限りでない。
> 2 前項の規定により損害賠償の請求をすることができる場合において、債権者は、次に掲げるときは、債務の履行に代わる損害賠償の請求をすることができる。
> 　一　債務の履行が不能であるとき。
> 　二　債務者がその債務の履行を拒絶する意思を明確に表示したとき。
> 　三　債務が契約によって生じたものである場合において、その契約が解除され、又は債務の不履行による契約の解除権が発生したとき。

　自宅として居住するために土地建物の売買契約を締結したが、売主が約定の期日に引渡しをしなかったために、買主は、引渡しを受けるまでの期間賃貸住宅を借りなければならなくなり、当初予定していなかった賃料を支払わねばならなくなったという場合は、売主の引渡しの遅延という売主の債務（①）の不履行（②）によって（④）、約定どおり履行されれば支払う必要のなかった賃料の支払いという損害（③）が生じたといえます。同じく土地建物の売買でも、買主は別の場所にある自宅に居住していてもともと転居の予定はなく、購入した土地建物は当面そのままにしておく予定であった場合は、引渡しが遅延しても少なくとも賃料に相当する損害は発生していませんから、賃料相当損害金についての賠償請求はできません。

### ■慰謝料請求■

　債務不履行や不法行為の結果、債権者または被害者に生じる損害には、財産的損害と精神的損害があります。財産的損害は、財産上の不利益です。非財産的な不利益または精神的苦痛を精神的損害といいます。債権者が自然人である場合に、精神的損害を賠償する金銭を慰謝料といいます[175]。したがって、法人には「慰謝料」は発生しません。

---

[175] 中田・債権総論179頁、潮見・新債権総論Ⅰ446頁。

不動産の売買における債務不履行によって生じる損害は、財産的損害であることが通常です。現実の紛争では、「慰謝料」請求がなされる場合も多々ありますが、極めてドライに考えれば財産の取引において生じた財産的損害が賠償されれば、精神的苦痛も回復されるといえます。

　以下の裁判例は、不法行為に基づく損害賠償請求の事案ですが、自力救済という違法行為によって建物（仮にバラックであったとしても）の取り壊しという極端な行為に及んだことから、財産的損害の賠償だけでは慰謝されない程度の精神的苦痛をこうむったとして慰謝料請求が認められました。

## 【大阪高判昭38.1.30判時330号38頁】

〔事案の概要〕

　Xは昭和29年11月頃、A所有の土地に存するY所有の木造瓦葺家屋を買受け、手付金を交付した。当時、Aは自己所有地上の木造瓦葺家屋の所有者にその敷地を賃貸すべく予定していた関係上、Xは土地の賃借を予期して直ちに同地上の空地部分にP建物を建築した。ところが、その後、XとYとの間で建物の売買代金の残額の支払いを巡って紛争が生じ、YはXとの売買契約の解除を主張し、AY間で土地の賃貸借契約を締結した。

　そこで、YはXに対しP建物の撤去を要求し、Xがこれに応じなかったため、昭和30年2月10日付内容証明郵便で適宜の処置に出ることを通告したうえ、P建物を取り壊すにいたった。Xは、Yに対し、不法行為に基づく損害賠償請求をした。

〔判旨〕

　裁判所は、「P建物は昭和29年12月頃新築されたもので、坪数は約4坪であり、右建物の滅損当時における時価は、建築に要する大工の手間賃ならびに材料費金20,000円、板塀の大工の手間賃、材料費金10,000円、以上合計金30,000円と認めるのが相当である」とし、財産的損害として30,000円を認めた。

　さらに、「YはXとの間で本件建物敷地の賃借権の帰属についての紛争中において、その解決のため法的手段に訴えることなく自力救済に出でた点

で、その加害方法は相当の非難に値いするものと認められるから、これによってＸに少なからざる忿懣を感ぜしめたことは想像に難くない。したがって、本件において、Ｘは前記建物滅損による財産的損害の賠償によって慰藉されえない程度の精神的苦痛を蒙ったものとみるべきであるから、ＹはＸに対し右苦痛を慰藉するため相当の賠償をなすべき義務があり、右慰藉料額は前認定の諸般の事情を勘案して原審認容どおり金5,000円を相当と認める」。

　財産的損害が回復すれば、精神的な苦痛も回復されるはずですが、この案件は、自力救済で建物を取り壊した行為と、建物を取り壊されたことについての「忿懣」とに配慮したものと考えられます。

　なお、事案の争点からは少し外れますが、この案件では、裁判所は、「本件建物はＸがパチンコ機械の置場に使用する目的で建築した粗末なバラック建であったことが認められ、Ｘの供述中右認定に反する部分は信用できない」とのくだりがありますから、Ｘは、取り壊されたＰ建物がいかに価値の高いものであったのかを縷々主張したようです。しかし、実際には、Ｘが勝手に建てたＰ建物は、「バラック建」であったようです。

　Ｘは、取り壊された建物の価値を立証しようとして、建物の火災共済契約において、建物の共済金額が金10万円と評価されている書類を提出していますが、この書類の作成者が証人として呼ばれ、火災共済契約締結のために形式的に定めたものにすぎず、なんら客観的合理的資料に基づくものではないと証言したようです。また、Ｘは、建物の建築を12万円で請負ったとする建築業者作成の書面も提出していますが、これもＸの求めるままに作成したもので、その内容は真実に合致しないとする証言が得られたりと、法廷では虚々実々のやり取りがなされたようです。

## 11-2
債務不履行により損害が発生したら、どのような場合でも賠償請求ができるのですか。

債務者に「帰責事由があること」が必要です。

### ■免責事由■

債務不履行とは、「債務の本旨に従った履行をしない」ことや「債務の履行が不能」であることです。単にそのような事実があれば足ります。債務不履行にいたったことについて債務者に帰責事由がある必要はありません。例えば、売買の目的物である建物が全焼して履行不能になった場合、火事の原因が鍋を掛けたままガスをつけっぱなしにした失火によるものであっても、隣家からの延焼によるものであっても、売主が買主に建物を引き渡すことはできませんから債務不履行にあたります。しかし、債務者の責に帰すことができない事由があれば債務不履行に基づく損害賠償請求はできません。

「債務者の責に帰することができない事由」があるか否かは、「その債務の不履行が契約その他の債務の発生原因及び取引上の社会通念に照らして」判断されます（民415条1項但書き）。

## 11-3

「債務者の責めに帰することができない事由によるもの」があるかどうかは、どのように判断されるのですか。

「契約その他の債務の発生原因及び取引上の社会通念に照らして」判断されます。

### ■「契約その他の債務の発生原因及び取引上の社会通念に照らして債務者の責めに帰することができない事由によるもの」■

「債務者の責めに帰することができない事由によるもの」かどうかは、抽象的に判断されるものではありません。

中古住宅の売買では、売主は、目的物の引渡しをするまで、善良な管理者の注意をもって、その物を保存しなければなりません（民400条）。例えば、引渡し前に建物が火災で焼失したため履行不能となったとしても、隣家からの延焼による焼失の場合と建物所有者のストーブの消し忘れによる焼失の場合とでは、債務者の責に帰することのできる事由の有無に違いがあります。

売主は、社会通念上、隣家の失火に気を付けて住宅を保存することまでは求められません。隣家からの延焼については予見可能性もなければ結果回避義務もないと言えます。そのため、隣家の失火による延焼で建物が焼失し、引渡し義務が履行不能になっても、これは、「債務者の責めに帰することができない事由によるもの」です。

しかし、売主は、売買の対象である自己所有の建物を引き渡しまで契約締結当時の状態のまま傷をつけずに保管しておく義務はあります。したがって、石油ストーブをつけたまま給油していてストーブの火が灯油に引火した結果、建物が焼失した場合には、売主は、建物の保存義務に違反したと言

え、売主の帰責事由による債務不履行として損害賠償義務があります。建物の焼失という結果は同じでも、債務者の帰責事由の有無は社会通念に照らして判断されます。

新型コロナウイルスの感染拡大期間中に決済引渡期日が到来してしまったような場合、感染拡大第一波の頃には、「外出できないから決済場所に行けない」ことは、「債務者の責めに帰することができない事由によるもの」と判断されたかもしれませんが、新型コロナウイルスの感染症法上の分類が5類に引き下げられた状況では、約定期日に「外に出られない」と言って引渡しをしない行為は、「債務者の責めに帰することができない事由」にはあたらないと判断されるでしょう。同じ行為なのに判断の結果が異なりますが、「契約その他の債務の発生原因及び取引上の社会通念に照らして」判断されるというのはそういうことです。

## ■債務者の帰責事由についての立証責任■

民法415条1項は、本文で、債務不履行があった場合には、損害賠償請求ができるという原則を規定し、ここで文章はいったん切れています。そして、但書きで、債務者に帰責事由がない場合には、「この限りでない」という規定の仕方をしています。債務不履行があれば損害賠償請求ができますが、債務者に帰責事由がなければ「この限りでない」、つまり、損害賠償請求はできない、ということです。

いささかわかりにくい規定の仕方で、素直に
「債務者の責めに帰する事由により、債務者がその債務の本旨に従った履行をしないとき又は債務の履行が不能であるときは、債権者は、これによって生じた損害の賠償を請求することができる」
と規定すればよいではないかと思われるかもしれません。

しかし、これでは、債務不履行の事実と免責の事実の立証責任が誰にあるのかがわかりにくいのです。

民法415条1項のような規定の仕方をしておけば、債務不履行に基づく損

害賠償請求訴訟においては、本文と但書きとでいったん切れているので、
① 債権者は、債務不履行の事実とこれによって損害が発生した事実を主張・立証して損害賠償請求をする。
② 債務者は、自己に帰責事由がないことを主張立証することによって損害賠償責任を免れる。
ということがよくわかります。

### ■金銭賠償の原則■

「損害賠償は、別段の意思表示がないときは、金銭をもってその額を定める」（民417条、722条1項）と規定されていますから、債務不履行による損害を金銭に見積もって支払います。損害賠償債権は、金銭の支払いを目的とする債権ですから、金銭債権です[176]。金銭債権は、物の引渡しではなく、価値を通貨によって移転することを目的とすることから、いくつかの特徴をもちます。

① 金銭債権は履行不能となることがありません。世の中から通貨がなくなることは、考えられないからです[177]。
② 履行不能にはならないので、金銭債権についての債務不履行は、履行遅滞ということになります。通常の債務不履行であれば、履行遅滞によっていくらの損害が発生したのかは、債権者が主張・立証しなければなりません。しかし、金銭債権については、「損害賠償の額は、債務者が遅滞の責任を負った最初の時点における法定利率によって定める」（民419条1項）ことから、債権者は損害の証明をする必要がありません（民419条2項）。利率は、債務者が遅滞の責任を負った最初の時点における法定利率ですが、約定利率が法定利率を超えるときには、約定利率によります（民419条1項但書き）。金融機関からお金を借りる消費貸借契約の場合には、遅延損害金の利率が定められていますから、この利率によって遅延損害金の額

---

[176] 中田・債権総論56頁。
[177] 中田・債権総論59頁。

が算定されます。

③　金銭債権は、不可抗力を抗弁とすることができません（民419条3項）。支払期限当日に台風による土砂崩れが発生して金融機関までたどり着けなかったことから、遅滞が発生したとしても「天災地変にあたる不可抗力によって履行できなかった」という抗弁を主張することができないので、このような場合も債務不履行になり、遅延損害金が発生します。

---
**（金銭債務の特則）**
第419条　金銭の給付を目的とする債務の不履行については、その損害賠償の額は、債務者が遅滞の責任を負った最初の時点における法定利率によって定める。ただし、約定利率が法定利率を超えるときは、約定利率による。
2　前項の損害賠償については、債権者は、損害の証明をすることを要しない。
3　第1項の損害賠償については、債務者は、不可抗力をもって抗弁とすることができない。

---

債務者が過失なく真の債権者を確知することができない場合でも、債務者は、供託（民494条2項）をしなかった以上、損害賠償責任を免れないとした判例があります。

### 【最判平11.6.15金融法務事情1566号56頁】

〔事案の概要〕

相続人らが平成5年6月15日付けで貯金債権の払い戻しを請求した当時、既に、貯金債権の名義人である被相続人の内縁の妻と相続人らとの間で貯金債権の帰属が争われており、金融機関としては、過失なくいずれの者が真の債権者であるかを確知することができなかったため、払戻請求を拒絶し、その後、平成6年6月21日、貯金債権の債権者を確知することができないとして、その元利金の全額であると主張する合計1億8,000万円あまりを弁済のために千葉地方法務局に供託した。内縁の妻が、相続人らに対し、預金債権の帰属の確認を求めるとともに、金融機関に対しては、元利金の支払い請求をした。

〔判旨〕

裁判所は、貯金債権の帰属が争われている事案で払戻請求を受ければ、払戻請求の時点で既に弁済供託をすることができたはずであり、「その時点で弁済供託をしておけば履行遅滞の責めを免れたことは論をまたない」。しかし、「そのとき直ちに弁済供託をすることなく、ただ前記参加人らの払戻請求を拒絶していたとするならば、一審被告（金融機関）としては、右払戻請求について履行遅滞の責めを免れず、右払戻請求を受けた日の翌日から本件弁済供託をした日までの期間、本件各貯金債権につき遅延損害金の支払い義務が発生するというべきである」とした。

　金融機関とすれば、誰に払い戻しをしたらよいかわからず、しばらく様子を見ていたが、払戻請求から１年を経過して、さすがにこのまま棚上げにして放置することもできないとして、債権者不確知（民494条2項）を理由に供託したものと思われます。
　しかし、払戻請求時と供託時とでは債権者が誰であるのかがわからないという事情はまったく変わっていないことに照らすと、払戻請求時に供託できたであろうということになります。金融機関は払戻義務を負っていますから、払い戻しを遅延していた期間の遅延損害金の支払い義務が発生するとしたのです。
　債権者不確知という事態は、相続が発生すると往々にして起こります。建物賃貸借において、賃貸人である建物所有者が死亡し、相続人が何人もいて、しかも、相続人間で争いがあるときは、賃借人は、誰に賃料を支払っていいのかがわかりません。賃借人は支払期日に賃料を支払わなければ滞納（つまり債務不履行）になってしまいます。賃借人の滞納は、債務不履行ですから、債務不履行に基づく損害として、遅延損害金の請求を受けるだけではなく、滞納が数カ月に及ぶと賃料不払いを理由として賃貸借契約を解除される危険もあります。そこで賃借人は、債権者不確知（民494条2項）を理由に供託すると、債務不履行による責任を免れることができます。

## Q 11-4

債務不履行によっては様々な損害が生じますが、債務者が賠償する義務を負うのは、どの範囲ですか。

**A**　「通常生ずべき損害」が賠償の対象です。「特別の事情によって生じた損害」は、「当事者がその事情を予見すべきであったとき」に賠償の対象となります。

### ■損害賠償の範囲■

損害賠償の範囲は民法416条が定めています。

> （損害賠償の範囲）
> 第416条　債務の不履行に対する損害賠償の請求は、これによって通常生ずべき損害の賠償をさせることをその目的とする。
> 2　特別の事情によって生じた損害であっても、当事者がその事情を予見すべきであったときは、債権者は、その賠償を請求することができる。

損害賠償請求をするには、まず、債務不履行と損害との間に「あれなければこれなし」という条件関係（事実的因果関係）があることが必要です。しかし、条件関係がある損害はすべて賠償の対象となるとすると、損害賠償の範囲は、「風が吹けば桶屋が儲かる」式に広がってしまいます。そこで、条件関係のある損害のうち、その債務不履行があったときに一般的に生じる損害は「通常生ずべき損害」として損害賠償の対象となります。債務者としては、自らの債務不履行によって、債権者にそのような損害を生じさせることが予見できるから、それは賠償させるべきであるということです[178]。

「特別の事情によって生じた損害」は、当事者がその事情を予見すべきであったときは、債権者は、その賠償を請求することができます（民416条2

---

[178] 道垣内・リーガルベイシス324頁。

項)。

## ■「予見すべきであったとき」■

　債務者が特別事情を「予見したとき」ではなく、「予見すべきであったとき」と規定されているのは、不注意や配慮が不足しているがために予見しなかったことで特別事情に含まれないということがないようにするためです。特別事情による損害に当たるか否かは、個別具体的な債務者の認識ではなく、契約その他の債務の発生原因および取引上の社会通念に従って、最終的には裁判所が判断することになります。

　例えば、学生用の賃貸マンションを建設する目的で土地の売買契約を締結し、引渡しまでに売主が土壌調査をしたところ、地中埋設物が発見された場合を考えます。発見された地中埋設物を除去して約定期日に引き渡そうと努力をしたが、撤去に時間がかかり、引渡しが遅れたならば、これは、履行遅滞として債務不履行にあたります。

　では、どの範囲で損害賠償請求するか。土地の買主は、引渡しが遅れたために着工が遅れ、当初は1月末に予定されていた竣工が、6月中旬にずれ込んで、入居募集をしても10月初めまで空室が埋まらず、4月分から9月分までの空室について得られたであろう賃料が得られなかった。しかも、着工が遅れている間に工事費用や材料費が高騰して請負代金額が当初の予想を大きく上回ったという場合、買主は約定期日に引渡されていれば得られたであろう4月分から9月分までの賃料相当額と支払わずに済んだはずの工事費用上昇分について、売主に対し損害賠償請求をしたいと考えるでしょう。

　売買契約の対象は土地なのに、引渡し後、買主が土地上に建物を建築し、その建物を賃貸して得られるはずであった賃料額が通常生じる損害と言えるかは、争点の一つです。買主が土地の購入動機を一切開示せずに土地の売買契約を締結した場合には、買主が購入した土地を何に使おうと自由であって、売主が関知することではありません。しかし、もともと売主は自社で学生用の賃貸マンションを建設する計画を有していたものの、資金的に行き詰

まって早期に土地を売却する必要が生じ、学生向けの賃貸マンション用地として土地を売り出したような場合には、売主も買主も、学生向けの賃貸マンションの建設用地として売買契約を締結しています。学生向けの賃貸マンションの建設を目的にしていたからこそ、土壌調査のうえ、地中埋設物を除去した上で約定期日までに引き渡すことが契約条項に入っていたとも言えます。売買契約に至るこのような経緯を考えると、売主も学生向けの賃貸マンション建設という買主の契約目的を認識し、賃借人の募集開始時期によっては建設したマンションの入居率に大きく影響することは十分認識しており、引渡し期日の遅滞によって得べかりし利益（得られたであろう賃料）を得られなかったことは、賃貸マンションの建設用地としての土地の売買契約においては、通常生ずべき損害にあたるとして、損害賠償請求するのが買主側の主張です。引き渡しを遅滞している間に資材の価格が値上がりして請負代金が増加したことについても、買主は、物価が上昇することはあっても下落することはない契約当時の経済情勢に鑑み、当初の約定どおり履行されていれば発生しなかった損害として、賠償請求をします。

　これに対し、債務者である売主は、得られなかった賃料相当分や増加した工事代金は「通常損害」には当たらないこと、仮に「特別事情による損害」であったとしても予見すべきとまでは言えないと反論することになります。

　「通常損害」には当たらないとの売主の反論としては、賃貸マンションの借り手がなかなかつかなかったことは、物件の仕様や賃料の問題であり、土地の引渡しが遅れたことによって通常生じる損害ではないと主張することが考えられます。

　さらに、仮に、「特別事情による損害」であったとしても、着工時期、竣工時期、借主募集時期については、売買契約締結までの経緯で話題になったことはなく、買い受けた土地上に賃貸マンションを建設するとしても買主が具体的にどのような事業計画を立てているかは売主が認識できることではなかったのだから、予見可能性はないとか、引渡しを遅滞している間に、世界的な新型コロナウイルス感染拡大により、資材が輸入できなく成り、資材価

格が大幅に値上がりするとは、売買契約当時誰も予想できなかったと反論することも考えられます。

当事者のこのような主張、立証を経て、最終的には、具体的な売買契約の経緯や契約内容に照らし裁判所によって判断されることになります。

【豆知識】 損害賠償額算定の基準時

土地の売買契約では、売主は、買主に対し、土地を引き渡す債務を負っています。用地取得の場合には、まさに、「その土地」が必要なのであって、代替性がありませんから、本来の給付の埋め合わせという性質をもつ塡補賠償[179]（てんぽばいしょう）の請求がなされることはあまり考えられません。しかし、物を引き渡す債務について、履行不能があれば通常は、塡補賠償として損害賠償請求がなされます。

このとき、物の価格が変動していると、果たしてどの時点の価格を基準として賠償すべきかという問題が生じます[180]。これについては、不法行為に関する事案ですが、有名な「富喜丸」事件（大判大15.5.22大民集5巻386頁）があります。

船の衝突のために沈没した船の所有者が、相手の船主に対して損害賠償請求をしたのですが、その際、沈没した船の価格を沈没後2年経過した時点の価格で請求したのです。同種船舶の価格は、第一次世界大戦をはさみ、船舶需要がひっ迫していたためにいったん上昇し、戦後に急落しました[181]。この事案では、判例は、以下の①、②、④を示しました[182]。

① 損害賠償額の算定の基準時は、履行不能時の時価を原則とする。
② 目的物の価格が騰貴しつつあるという特別の事情があり、債務者が履行不能時において、その事情について予見可能であった場合には、債権者は騰貴した価格で請求できる。
④ 価格がいったん騰貴した後に下落した場合、その騰貴した価格（中間最高価格）を基準にし得るためには、債権者が転売等により騰貴した価格による利益を確実に取得したと予想されたことが必要である。

---

[179] 中田・債権総論181頁。
[180] 中田・債権総論205頁。
[181] 潮見・新債権総論Ⅰ486頁。
[182] 中田・債権総論205頁。

この判決の後、土地の売主が土地を二重譲渡したために、買主への引渡しが履行不能になった事案において（最判昭37.11.16民集16巻11号2280頁）、②をさらに発展させて、この２つの判例で、最高裁は、以下の５つの基準を示しました[183]。
① 　損害賠償額の算定の基準時は、履行不能時の時価を原則とする。
② 　目的物の価格が騰貴しつつあるという特別の事情があり、債務者が履行不能時において、その事情について予見可能であった場合には、債権者は騰貴した価格で請求できる。
③ 　ただし、債権者がその騰貴した価格まで目的物を持ち続けてはおらず、騰貴前に目的物を他に処分したであろうと予想された場合は除かれる。
④ 　価格がいったん騰貴した後に下落した場合、その騰貴した価格（中間最高価格）を基準にし得るためには、債権者が転売等により騰貴した価格による利益を確実に取得したと予想されたことが必要である。
⑤ 　しかし、価格が現在なお騰貴している場合は、債権者が現在においてこれを他に処分するであろうと予想されたことは必要ない。

## ■損害賠償額の減額事由■

　債務不履行において債権者に過失があったときは、賠償額の有無および賠償額の決定にあたって、債権者の過失が考慮されます（民418条）。したがって、債務不履行による損害賠償が認められる場合でも、債権者の過失によって賠償額が減額されることがあります[184]。

　過失相殺は、債務者の主張がなくても裁判所が職権ですることができますが、これは、当事者が何もしなくていいことを意味するわけではありません。債権者の過失となるべき事実については、債務者が立証責任を負います（最判昭43.12.24民集22巻13号3454頁、判時547号37頁）。

---

[183] 中田・債権総論205頁。
[184] 中田・債権総論214頁。

# Q 11-5

裁判所の判断を待たずに当事者間で損害の額を決めることはできますか。

**A** 損害賠償額の予定や違約金の定めをすることは可能です。

債務不履行に基づく損害賠償請求をするには、損害の発生とその額について主張、立証しなければなりません。しかし、現実的な問題として、損害額の立証は非常に困難です。特に、紛争がこじれて訴訟にまでなっているときには、当事者間では損害の額に争いがあり、立証するには時間も手間もかかります。しかも、損害の範囲や額は最終的には裁判所の判断ですから、どのような判断がなされるかは判決の言い渡しがなされるまでは分かりません。

そこで、債務不履行があった場合の損害賠償額を当事者があらかじめ合意しておくことがあります[185]。損害賠償額の予定といいます。

> **(賠償額の予定)**
> 第420条　当事者は、債務の不履行について損害賠償の額を予定することができる。
> 2　賠償額の予定は、履行の請求又は解除権の行使を妨げない。
> 3　違約金は、賠償額の予定と推定する。

損害賠償額の予定の機能は、①債権者の損害の立証の困難の除去、②債務者の履行の促進、③債務者にとってリスクの算定が容易になること[186]です。

不動産の売買契約においては、「損害賠償額の予定として●●円とする」というような条項が設けられることはそれほど多くありませんが、債務不履行に関する条項として、以下のような条項を設けることはよく見られます。

---

[185) 中田・債権総論221頁。
[186) 中田・債権総論221頁。

> 第X条
> 1　売主又は買主は、相手方がこの契約に定める債務を履行しないとき、自己の債務の履行を提供し、かつ、相当の期間を定めて催告したうえ、この契約を解除することができる。
> 2　前項の契約解除がなされた場合、売主又は買主は、相手方に対し金●●円の違約金を請求することができる。ただし、債務の不履行がこの契約及び取引上の社会通念に照らして相手方の責めに帰することができない事由によるものであるときは、違約金の請求はできないものとする。
> 3　前項の違約金に関しては、現に生じた損害額の多寡を問わず、相手方に増減を請求することはできないものとする。

損害賠償額の予定や違約金について合意をしたとしても、履行の請求や解除権の行使はできます（民420条2項）。

### ■違約金■

違約金についての定めがある場合、損害賠償額の予定と違約金はどう違うのか、という疑問が生じるかもしれません。

違約金には次の2種類があります[187]。

① 損害賠償額の予定である場合
② 違約罰である場合

①の損害賠償額の予定としての違約金は、債務不履行があった場合の損害賠償額を巡って紛争が生じることは面倒であるため、損害賠償額の予定をもって現実に発生した損害に代えるものです。したがって、仮に、損害額が予定額を超えても、また、予定額に満たなくても、これをもって債務不履行の損害賠償額とするのです。上記のX条3項は、「現に生じた損害額の多寡を問わず、相手方に増減を請求することはできないものとする」と規定していますから、このような「違約金」の定めは、①の損害賠償額の予定と言えます。

---

[187] 中田・債権総論224頁。

これに対し、②の違約罰は、債務不履行に対する制裁です。したがって、違約金とは別に実損害の賠償を請求することができますし、違約金を超える実損害の賠償を請求することもできます[188]。

　違約金が損害賠償額の予定なのか、それとも違約罰であるのか、明確でない場合には、これを巡って争いにならないように、民法は、「違約金は、賠償額の予定と推定する」(民420条3項) と推定規定を置いています。「推定する」ですから、推定を破る事実を立証することができれば、違約罰として実損害を請求することは可能です。

　新築分譲マンションの売買契約では、売買代金の2割に相当する違約金が定められているのが通常です。これは違約罰ではなく、損害賠償額の予定です[189]。

　買主が、何らかの事情で売買代金の支払いをすることができずに売主が売買契約を解除すると、売主は、買主に対し違約金請求ができます。新築分譲マンションで、しかも非常に人気がある物件の場合には、買主Aとの売買契約が解除されたとしても、すぐさま別の買主Bに売却することは可能です。したがって、買主Aがオプション工事として真っ赤な壁紙を貼ったような、そのままでは別の買主への売却が困難で、原状回復の必要がある場合は別として、売主には売買代金の2割に相当する損害が発生しないことも多々あります。しかし、実損害がいくらかということをめぐって紛争が生じることを避け、債務不履行による解除の場合の損害を売買代金額の2割相当額を損害額として予定することにしたのです。

---

[188] 中田・債権総論224頁。
[189] 新築分譲マンションの売主は、宅地建物取引業者（宅建業法2条3号）であり、宅地建物取引業法の規制を受けます。宅地建物取引業者が自ら売主となる宅地や建物の売買契約においては、損害賠償額の予定や違約金を定めるときは、これらを合算した額が代金の額の2割を超える定めをしてはなりません（宅建業法38条1項）。これを超える定めをしたときも、超える部分について無効となります（宅建業法38条2項）。

【豆知識】 予定損害賠償額の増減

　改正前民法420条1項は、「裁判所は、その額を増減することができない」という規定を置いていました。
　損害賠償額の予定を尊重することは、契約自由の原則の現れです。しかし、実際には、裁判所は、予定損害賠償額が高すぎる場合や低すぎる場合に、公序良俗に反し無効（民90条）という判断をしていました[190]。
　日東航空つばめ号墜落事故では、国内航空運送約款において乗客の死傷事故による損害賠償責任を100万円に限定することは公序良俗に反するとし[191]、雫石全日空機・自衛隊機衝突事故では、航空運送契約における責任制限条項（600万円）を公序良俗に違反するとして無効としています[192]。
　現行民法420条は、「裁判所は、その額を増減することができない」との改正前民法420条1項後段を削除しました。

## ■解除と損害賠償■

　民法は「解除権の行使は、損害賠償の請求を妨げない」（民545条4項）と規定しており、契約解除がなされた場合には、解除とともに損害賠償請求がなされることが多く、契約解除と損害賠償請求とは必ずセットで請求できると思っている人も少なくないようです。
　しかし、解除と損害賠償請求とは別です。解除が可能な場合でも損害がなければ損害賠償請求はできません。解除とともに損害賠償請求ができるのは、あくまでも損害が発生している場合です。

---

[190] 中田・債権総論222頁。
[191] 大阪地判昭42.6.12判時484号21頁。
[192] 東京地判昭53.9.20判時911号14頁。

# ⑫ 解除

「合意は守られねばならない」という法諺は、既に、グレゴリウス9世教皇令集（1234年公布）にはみられるそうです[193]。なぜ、合意は守られねばならないのかといえば、人が自らそれを欲したからであり、これが「意思自治の原理」といわれるものです。

しかしながら、現実には、契約締結後に何らかの事情で契約を解除したいという事態が生じることは、珍しくありません。契約の解除とは、「合意は守られねばならない」という契約の拘束関係から離脱することです。解除には、合意解除、手付解除、債務不履行解除、契約不適合に基づく解除などがあります。この項では解除の一般的な整理をし、その効果について考えます。

## Q 12-1

土地の売買契約を締結しましたが、事情があって売買契約を解除したいのです。どうすればよいですか。

解除権は、「契約又は法律の規定」（民540条）により発生します。売買契約書の解除事由に該当するか、それとも法律の規定に該当すれば、その条項に基づいて契約を解除することができます。

### ■法定解除と約定解除■

民法には契約解除の規定があります（民540条〜548条）。このような法律の規定による解除権を法定解除権といいます。

---

[193] 中田・契約法30頁。

契約解除に関する民法の規定は、任意規定です。したがって、信義誠実（民1条2項）、公序良俗（民90条）に違反しない限り、当事者間の合意により解除の内容を自由に定めることができます。契約による解除権を約定解除権といいます。

　約定解除権は2種類あります。1つは、当事者が契約において一定の事由がある場合には、解除できると定めることです。この定めの中には、法定解除ができない場合であっても解除を可能にする合意と、法定解除ができる場合の要件や効果を法律よりも具体化し、または修正してする合意とがあります。

　もう1つの種類は、解除権を定める契約条項がなくても、一定の合意をするとそれに解除権が伴うとされる場合です。手付契約（民557条1項）がその例です[194]。

### ■到達主義■

　解除は、相手方に対する意思表示によって行います（民540条1項）。意思表示は、相手方に到達した時からその効力を生じます（民97条1項、到達主義）。解除の意思表示も例外ではありません。売買契約を解除するときには、売主は買主に対し、買主は売主に対し、解除の意思表示をしなければなりません。不動産の売買や不動産の賃貸借では、媒介業者が関与することが多いですが、媒介業者は契約当事者ではありませんし、代理人でもありませんから、媒介業者に対して契約を「解除する」との意思表示をしても、相手方に対して解除の意思表示をしたことにはなりません。

　解除の意思表示が到達したか否かについて後日紛争にならないように、解除の意思表示は、配達証明付き内容証明郵便を送付する方法で行うことが通常です。

　ただし、後に説明するクーリング・オフは発信主義ですから、申し込みの

---

[194] 中田・契約法192頁。

撤回の意思表示を発したときに効力を生じます。いつ発信したかを明らかにするためには、郵便物を差し出した記録を残す特定記録でも足りそうですが、将来紛争になった際にはいかなる内容の文書を誰から誰宛に差し出したかを証明する必要があるため、クーリング・オフによる場合でも、配達証明付き内容証明郵便を発送するのが普通です。

「論より証拠」ということわざにもあるように、相手方が解除の意思表示の到達を否定するような場合には、いくら「解除通知が届いているはずだ」と言っても証拠がなければ、解除の効果が生じていることを主張することは難しくなります。いざ紛争になってから証拠を集めようとしても"時すでに遅し"で、立証手段が散逸してしまっています。「将来、使わずにすめば幸い」と考えて、立証手段を得られるときにきちんと確保しておくことは、将来の紛争に備えるという意味でも非常に重要です。

---
（解除権の行使）
第540条　契約又は法律の規定により当事者の一方が解除権を有するときは、その解除は、相手方に対する意思表示によってする。
2　前項の意思表示は、撤回することができない。

---
（意思表示の効力発生時期等）
第97条　意思表示は、その通知が相手方に到達した時からその効力を生ずる。
2　相手方が正当な理由なく意思表示の通知が到達することを妨げたときは、その通知は、通常到達すべきであった時に到達したものとみなす。
3　意思表示は、表意者が通知を発した後に死亡し、意思能力を喪失し、又は行為能力の制限を受けたときであっても、そのためにその効力を妨げられない。

---

### ■契約書の確認■

不動産の売買においては、通常、契約書が取り交わされます。売買契約書には、手付解除や融資が実行されなかった場合のローン特約解除のほか、契約不適合の場合や、当事者間で取り決めた条項に違反した場合の解除の条項が設けられています。これらは、いずれも、約定解除権についての条項で

す。

　契約書には、法定解除ができる場合を具体的に記載している条項も多くみられます。さらに、一定の行為がなされない限りは当該売買契約から離脱できるようにしたい、という要望を反映して、一定の期日までにこの行為がなされないことを解除事由としているものもあります。例えば、土地の買主が建売業者であれば、購入後の分譲販売を前提に売買契約を締結します。そのため、すみやかに分筆ができるように、売主の義務として、売主が決済・引渡し日までに確定測量図を作成して買主に交付することを定めるのが通常です。契約書には、売主が確定測量図を交付できない場合には、買主は契約を解除できるという条項が設けられます。

　弁護士は、「契約を解除したい」という相談を受けたら、まず、「契約書を見せてください」と言います。これは、相談者が述べている理由が売買契約書で取り決めている解除事由に当たるかどうかを検討しているのです。該当する条項があれば、その条項に基づいて契約解除の意思表示をします。

　契約書の解除事由には該当しないけれども、どうしても契約関係から離脱したいという場合には、手付金を放棄して手付解除をするか、それとも、売主と協議をして合意解除に応じてもらうしかありません。

### ■解除条項を設ける意味■

　契約を締結する際には、解除のことは考えないのが普通です。契約締結の際には、多かれ少なかれ気分は前のめりになっており、「自分はきちんと契約を履行する。問題は相手方が履行するかどうかだ」と自らは当然履行するとしか考えないことも要因の一つかもしれません。しかし、何事によらず、「後戻りのための橋」を用意しておくことは大事です。

　解除は、債務不履行を引き起こしたことに対する制裁ではありません。これは、契約解除の要件を定めている民法541条が債務者の帰責事由を要件としていないこと、民法543条は、債務の不履行が債権者の責めに帰すべき事由によるものであるときは、契約の解除ができないと規定して、わざわざ債権

者に帰責事由がある場合のみ解除ができないとしていることからもわかります。

　債務不履行に基づく解除の要件として、債務者の帰責事由が求められていないのは、債務が履行されず債権者が契約上の利益を手にすることができない場合には、債務者の帰責事由の有無にかかわりなく、契約を解除し、契約から離脱することを債権者に認めるべきだと考えられることによります[195]。当初の約定どおりに契約が履行されないなら、履行されない契約に縛られているよりは、さっさと契約関係を解消して別の道を考えることができるようにする、ということです。

---

（催告による解除）
第541条　当事者の一方がその債務を履行しない場合において、相手方が相当の期間を定めてその履行の催告をし、その期間内に履行がないときは、相手方は、契約の解除をすることができる。ただし、その期間を経過した時における債務の不履行がその契約及び取引上の社会通念に照らして軽微であるときは、この限りでない。

---

（催告によらない解除）
第542条　次に掲げる場合には、債権者は、前条の催告をすることなく、直ちに契約の解除をすることができる。
　一　債務の全部の履行が不能であるとき。
　二　債務者がその債務の全部の履行を拒絶する意思を明確に表示したとき。
　三　債務の一部の履行が不能である場合又は債務者がその債務の一部の履行を拒絶する意思を明確に表示した場合において、残存する部分のみでは契約をした目的を達することができないとき。
　四　契約の性質又は当事者の意思表示により、特定の日時又は一定の期間内に履行をしなければ契約をした目的を達することができない場合において、債務者が履行をしないでその時期を経過したとき。
　五　前各号に掲げる場合のほか、債務者がその債務の履行をせず、債権者が前条の催告をしても契約をした目的を達するのに足りる履行がされる見込みがないことが明らかであるとき。

---

[195] 大村＝道垣内・債権法改正のポイント140頁［吉政知広］。

2 次に掲げる場合には、債権者は、前条の催告をすることなく、直ちに契約の一部の解除をすることができる。
一 債務の一部の履行が不能であるとき。
二 債務者がその債務の一部の履行を拒絶する意思を明確に表示したとき。
（債権者の責めに帰すべき事由による場合）
第543条 債務の不履行が債権者の責めに帰すべき事由によるものであるときは、債権者は、前二条の規定による契約の解除をすることができない。

## 12-2

土地の売買契約が解除されました。引渡しを受けている土地はどうすればよいですか。

解除の効果として原状回復義務が生じます。売主は、買主に対し売買代金を返還し、買主は売主に対し引き渡された土地を返還します。

■解除の効果■

契約が解除されると、各当事者は、相手方を原状に復させる義務（原状回復義務）を負います（民545条1項）。原状とは、元の状態、つまり、契約締結時点の状態です。

（解除の効果）
第545条 当事者の一方がその解除権を行使したときは、各当事者は、その相手方を原状に復させる義務を負う。ただし、第三者の権利を害することはできない。
2 前項本文の場合において、金銭を返還するときは、その受領の時から利息を付さなければならない。
3 第1項本文の場合において、金銭以外の物を返還するときは、その受領の時以後に生じた果実をも返還しなければならない。
4 解除権の行使は、損害賠償の請求を妨げない。

売買契約が履行されると、売主は買主に対し土地建物を引渡し、買主は売主に対し売買代金を支払います。当事者双方の履行後に契約が解除された場合には、売主は買主に売買代金相当額を返還し、買主は売主に対して土地を返還します。買主に移転登記がなされているのであれば、これを除去します。

　売買契約が締結されて内金の授受がなされた後、残代金の支払い（決済）・引渡しの前に売主や買主の債務不履行を理由に契約が解除されると、買主の残代金支払い義務は未履行です。売主も目的物引渡義務、対抗要件具備義務は未履行です。未履行債務は解除によって消滅します。既履行債務は、原状回復義務の対象となりますから、売主は買主から交付を受けた内金の返還義務を負います。

　金銭については、受領の時からの利息を付して返還します（民545条2項）。

　金銭以外の物を返還するときは、その受領の時以後に生じた果実をも返還しなければなりません（民545条3項）。

## 12-3

買主が、代金支払い期日に売買代金を支払わなかったので、契約を解除しました。損害賠償請求はできますか。

買主の代金不払いという債務不履行によって損害が発生しているのであれば、損害賠償請求ができます。

### ■解除と損害賠償■

　解除とともに損害賠償請求をすることはできます（民545条4項）。民法は、「解除権の行使は、損害賠償の請求を妨げない」（民545条4項）と規定しています。

損害賠償請求の要件は、民法415条以下に従います（→⓫ 債務不履行の効果—損害賠償請求）。

# Q 12-4

土地がAからB、BからCに売却された後、Aが、Bの代金不払いを理由に売買契約を解除しました。CはAに所有権を主張することができますか。

解除によって第三者の権利を害することはできません。CがAに所有権を主張することができるかは、Cが所有権移転登記を経ているか否かによります。

## ■解除前の第三者■

土地がAからB、BからCに売却された後に、AB間の売買契約が解除された場合には、Cは、AB間の売買契約を前提にBとの間で売買契約を締結しています。Cは、売買契約締結時には所有者であったBから土地を買ったのに、その後、自己のあずかり知らないBのAに対する売買代金の不払いという債務不履行によって自己の権利を覆されるのであれば、著しく取引の安全を害します。そこで、民法は、解除によって第三者の権利を害することはできない（民545条1項但書き）としています。

Cは、AB間の売買契約の後、契約解除前に登場した第三者ですから、AB間で契約が解除されても第三者であるCの権利を害することはできない結果、AはBに対して、土地の価格相当額について原状回復請求権を行使することになります。

ここで注意が必要なのは、Bが売買代金を支払っていないことを知っていたかどうかでCが保護されるか否かが変わるわけではないことです。第三者であるCは、保護に値するだけの努力をして自己の権利を確定的にしておく

ことまでは求められ、Cへの移転登記を得ておく必要があることで判例上固まっています[196]。

解除権の行使は義務ではありません。Bの債務不履行があっても、Aは、解除しないで支払いを待つという選択をすることも可能です。

### ■解除後の第三者■

土地がAからBに売却された後に売買契約が解除されたものの、登記はBの下に残ったままであったことから、BがCにAB間の土地の売買契約が解除されたことを黙って転売した場合には、Cは、解除後に登場した第三者ということになります。

わが国の登記には、公信力はありませんから、Cは、登記を確認してBが所有者であると信頼したとしても、そのことだけで保護されません。AB間の契約解除後の権利関係は、BからAへの原状回復義務の履行と、BからCへの目的物引渡義務の履行という2つのベクトルが働くことになり、あたかもBを起点とした二重譲渡類似の関係に立ちます。

不動産に関する物権変動の対抗要件は、登記の先後に従いますから（民177条）、二重譲渡類似の関係に立つ解除後の第三者との関係では、AとCのうち、先に登記を備えた者が権利を主張することができます。

## Q 12-5
### 解除権が消滅することはないのですか。

　解除権の行使について期間の定めがないときには、相手方は、解除権を有する者に対し、相当期間を定めて解除するか否かを催告することができ、その期間内に解除の通知を受けないときには、解除権は消滅

---

[196] 道垣内・リーガルベイシス309頁。

します（民547条）。

> **（催告による解除権の消滅）**
> 第547条　解除権の行使について期間の定めがないときは、相手方は、解除権を有する者に対し、相当の期間を定めて、その期間内に解除をするかどうかを確答すべき旨の催告をすることができる。この場合において、その期間内に解除の通知を受けないときは、解除権は、消滅する。

　契約締結後いつまでも解除ができるということになると、契約の相手方は非常に不安定な状態に置かれることになるため、相手方保護のために設けられた規定です。

　解除権の行使期間が定められている場合には、民法547条の対象にはなりません。定められた行使期間内は、解除権を行使する可能性が保障されていますし、相手方の不安定な状態も限定されているので、これを甘受することを求めても不当ではないからです[197]。解除権は、行使期間の経過によって消滅します。

## Q 12-6

土地建物の売主は息子とその父の２名で、買主は私たち夫婦だったのですが、私たちは契約を解除したいと思っています。このような場合、契約解除の意思表示は誰から誰にすればよいですか。

　解除の意思表示は「全員から全員に対して」する必要があります。したがって、買主である夫婦両名から売主である息子とその父の両名に対して、解除の意思表示をします。

---

[197] 中田・契約法243頁。

## ■解除の不可分性■

　契約当事者の一方が数人である場合には、契約の解除は、その全員からまたはその全員に対してのみすることができます（民544条1項）。これを解除権の不可分性とか解除権不可分の原則といいます[198]。

> **（解除権の不可分性）**
> 第544条　当事者の一方が数人ある場合には、契約の解除は、その全員から又はその全員に対してのみ、することができる。
> 2　前項の場合において、解除権が当事者のうちの一人について消滅したときは、他の者についても消滅する。

　解除権不可分の原則には、
①各人が各人の分についてのみの一部解除ができないこと、
②一部の者のみが解除の意思表示をすることによって全部解除ができないこと、
の2つの意味があります。解除権の不可分性を認めないと、法律関係が複雑化するからです。

　民法544条1項は任意規定ですから、解除の不可分性を排除する取り決めを行うことは可能です。

　現実の取引においては、解除通知を受ける側が複数である場合の方が問題が多いといえます。解除の意思表示は相手方に到達しないと効力を生じませんから（民97条1項）、いざ解除しようとしたら、複数の相手方のうちの一人が行方不明になったり、複数人のうちの一人が解除通知を受け取ってくれなかったり、相続が発生して意思表示の相手方が増えたりすると、全員に解除の意思表示を到達させることができず解除の効力が発生しないという事態が生じてしまうのです。このような事態を避けるには、複数の当事者のうちの誰か1名を特定し、この者に対して解除の意思表示が到達すれば、解除がで

---

[198] 中田・契約法219頁。

きるという条項を契約書に設けることも一つの方法です。

## Q 12-7
### 解除の意思表示は、いつ効力が生じますか。

　解除の意思表示は相手方に到達した時点で効力が生じます。ただし、クーリング・オフによる解除などの場合には、意思表示を発した時点で効力が生じる発信主義がとられています。

### ■クーリング・オフによる解除■

用地取得においては、買主が国や地方公共団体等ですから消費者保護のための制度であるクーリング・オフは適用対象外です。宅地や建物に関する取引について業務規制を行う宅地建物取引業法（宅建業法）には、クーリング・オフの規定が設けられています。

クーリング・オフ制度は、訪問販売など一定の取引について、契約後に冷静に考え直す時間を与え、一定の期間内であれば、買主が一方的に無条件で契約を解除できる制度です。無条件で契約が解除できますから、いわゆる「白紙解約」として、買主には何らの出捐は生じません。

これは「契約は守られるべきである」という原則の大きな例外ですから、クーリング・オフによる解除ができるのは、法律や約款などに定めがある場合に限られます。

### ■宅地建物取引業法37条の２■

宅地や建物に関する取引においては、宅建業法がクーリング・オフの規定を設けています（宅建業法37条の２）。

以下の要件に該当する場合にクーリング・オフが適用されます。

① 宅地建物取引業者が売主となる宅地または建物の売買契約であること

② 買受けの申込みをした者または買主（以下「申込者等」といいます。）が下記の場所で宅地や建物の買受けの申込みまたは売買契約の締結をしたこと
　・宅地建物取引業者の事務所や事務所に準ずる場所（専任の宅地建物取引士を置く案内所等）以外の場所
　・申込者等が自ら申し出た自宅または勤務場所以外の場所
③ 書面で申込みの撤回等の意思表示をしたこと
④ クーリング・オフについて告知を受けた日から起算して8日を経過するまでに申込みの撤回等の意思表示をしたこと

　買主が宅地建物取引業者の事務所で契約を締結した場合や申込者等が申し出た自宅や勤務先で契約を締結した場合はクーリング・オフの適用が除外されているのは、このような場所であれば、買主は、安定した状況の下で冷静に判断できるであろうと考えられるからです。

　用地取得においては、クーリング・オフの条項が設けられることはないでしょうが、宅建業法が上記のような場合について、消費者保護の見地からクーリング・オフ制度を認めていることはどのような態勢で契約に臨めるようにすることが望ましいかについて示唆に富みます。

　売買契約の締結にあたっては、対象となる土地の所有者の自宅など、売主が冷静に判断できる場所を選定することは、用地取得においても求められると考えてよいでしょう。

# Q 12-8

金融機関から融資を受けて、土地建物を購入する予定で売買契約を締結したのですが、融資が実行されないことが確定したので、売買契約の白紙解除をしたいと思います。可能ですか。

　ローン特約条項に該当すれば、白紙解除ができます。
　用地取得においては、国や地方公共団体等が買主ですから、買主が融資を受けてこれを売買代金に充当するということは起きません。しかし、私人間の土地や建物の売買契約においては、買主が金融機関から融資を受けて売買代金に充てることは多く、資金的に現金で一括決済できる場合であっても、節税等の観点から融資を受けて契約を締結することも珍しくありません[199]。

## ■ローン特約■

　ローン特約とは、買主が金融機関から融資を受けることを前提にして不動産の売買契約を締結し、金融機関の審査の結果、融資を受けることができない場合に買主が無条件で契約解除ができる(または、売買契約が当然に失効する)特約を言います。買主は無条件に契約関係から離脱することができるので、売買契約締結に際して売主に交付した手付金の返還を受けることができます。

## ■ローン特約解除■

　ローン特約に基づく解除を「ローン特約解除」とか「ローン解約」と言います。

---

[199] 岡本＝宇仁・事案分析の手法第8章「ローン解約」265頁以下。

ローン特約を設けるのは、買主が安心して宅地や建物の取引に関与できるようにするためです。金融機関から融資を受けて宅地建物を購入する場合、買主は、売買契約締結後に売買契約書原本をはじめとする必要書類を整えて、金融機関に融資の申込みをします。

　売買契約を締結した後に、売買契約書の原本を提出して融資の申込みをしますから、金融機関での審査の結果、融資をしないという決定がなされると、融資を受けられない買主は、残金支払期限には売買代金を支払えません。その場合、もし、ローン特約がなければ、契約関係から離脱するには手付解除という方法しかありません。しかし、手付解除をするには、手付金を放棄しなければなりません。不動産の売買契約の場合、手付金は、概ね、売買代金額の１割ですから、買主にとっては結構大きな出費となります。しかし、手付を放棄するのが嫌だからといってそのままにしておくと、決済期日に売買代金を支払うことができず、売主から債務不履行を理由に契約を解除され、違約金請求をされます。不動産の売買契約においては、通常、売買代金額の２割に相当する金額の違約金が定められていますから、買主は、売買の目的物である不動産を手に入れられないだけでなく、売買代金額の２割にも相当する違約金を支払わなくてはならなくなります。

　融資承認がなされないときには、手付を放棄して手付解除をするか、違約金を支払うことを覚悟しなければ契約を締結できないとすれば、一般の消費者は、到底マイホームを買うことはできません。

　通常、買主は、売買契約締結前に金融機関に事前相談に行って、融資が付きそうだという見通しをもって売買契約に臨みます。しかし、コロナ禍で仕事を失った場合のように、事前相談をした時点とは社会情勢が変化し、審査の結果、融資実行されないこともあります。ローン特約条項がなければ困るのは、買主が無計画に売買契約を締結した場合ばかりではないのです。

　ローン特約の趣旨について述べた裁判例としては、不動産売買契約を締結した当事者間で、ローン特約に基づく買主の解除の有効性が問題となった事案があります。判決の中では、「一般に、ローン特約の趣旨は、一般人が不

動産を購入する場合に金融機関から融資を受けて売買代金の一部に充当するという通常の取引形態において、買主の責めに帰すべからざる事由によってローン融資を受けることができなかった場合にまで手付金の没収や損害賠償の義務を負わせると買主に酷であるため、かかる場合には無条件での解除を認めて買主を保護しようとする点にあるものと解するのが相当である」としています[200]。

## ■ローン特約の種類■

ローン特約には、大きく分けて2つの種類があります。
① 融資が実行されないことが決定されることを条件として契約が消滅するとするもの（解除条件付特約）
② 融資がなされないことが決定されると買主が契約を解除することができるとするもの（解除権留保型）

## ■解除条件と停止条件■

条件は、法律行為の効力の発生・消滅を成否未定の将来の一定事実の発生・不発生にかからしめる法律行為の付款である[201]とされています。「付款」とは、条件や期限のように、法律行為から生じる効果を制限するために、表意者が法律行為の際にその法律行為の一部として特に付加する制限です。

「条件」についてこのように難しい定義をするのは、「期限」と区別するためです。

条件も期限も、法律行為の効力に関わる付款です。契約も法律行為ですから、契約の効力に関わる付款の一つが条件や期限なのです。

契約条件と契約の期限の違いは、契約の効力が発生確実な事実にかかっているかどうかです。

---

[200] 東京地判平16.8.12 2004WLJPCA 08120001。
[201] 河上・民法総則505頁。

例えば、「中学校に進学すれば、スマートフォンを買ってあげる」というのは、義務教育である中学進学の事実は発生確実な事実と言えますから「期限」ですが、中学受験をして「●●中学に進学すれば」という意味であれば、合格するか否かは発生不確実な事実の成否にかかっていますから「条件」になります。

金融機関から融資を受けられるか否かは、金融機関の独自の判断にかかっていて融資申込者にとってはいかんともし難いものですから、発生不確実な事実として「条件」にあたります。

条件には、停止条件（民127条1項）と解除条件（民127条2項）の2種類があります。

---
（条件が成就した場合の効果）
第127条　停止条件付法律行為は、停止条件が成就した時からその効力を生ずる。
2　解除条件付法律行為は、解除条件が成就した時からその効力を失う。
3　当事者が条件が成就した場合の効果をその成就した時以前にさかのぼらせる意思を表示したときは、その意思に従う。

---

停止条件は、条件が成就することによって法律行為の効力が発生します（民127条1項）。解除条件は、条件が成就することによって、既に発生している法律行為の効力が消滅します（民127条2項）[202]。

融資の場面で考えると、「金融機関から融資実行の決定がなされたら、売買契約の効力が生じる」という合意は、停止条件です。したがって、停止条件としてのローン特約条項がある場合には、売買契約書に調印をしただけでは契約の効力は生じず、融資の実行がなされてはじめて契約の効力が生じるということになります。ただし、現実には、売買契約書に調印はしたが、融資が実行されるまでは契約の効力が生じないというような停止条件付ローン特約はまず見かけません。

金融機関が融資を実行しない決定をしたら、売買契約の効力が消滅すると

---
[202] 河上・民法総則506頁。

いう合意は解除条件です。解除条件型のローン特約条項がある場合には、売買契約は売主と買主とが売買契約書に調印した段階でいったん効力を生じます。そして、金融機関での審査の結果、融資をしないことが確定すると、解除条件が成就したものとして、売買契約は効力を失います。

## ■白紙解除のための要件■

解除条件は、「条件が成就した時からその効力を失う」（民127条2項）ことから、解除条件とするだけで何も取り決めをしていなければ、契約締結から融資をしないという決定がなされるまでの間になされた意思表示や行為は有効です。

当事者が条件が成就した場合の効果をその成就した時以前にさかのぼらせる意思を表示したときは、その意思に従います（民127条3項）。

現実の契約では、一般に、以下のような条項が設けられます。

> 第X条　買主は、この契約締結後すみやかに、融資のために必要な書類を揃え、その申込手続きを行うものとする。
> 2　前項の融資の全部又は一部について承認を得られないときは、本売買契約は自動的に解除となる。
> 3　前項によってこの契約が解除された場合、売主は、受領済の金員を無利息で遅滞なく買主に返還しなければならない。

第X条3項が、「当事者が条件が成就した場合の効果をその成就した時以前にさかのぼらせる意思を表示したとき」（民127条3項）にあたります。この特約によって、金融機関による融資不承認の決定までに授受した手付金等は、無利息で買主に返還され、買主は、ローン特約条項に基づき、何らの負担のない白紙解除ができるのです。

ローン特約条項に限らず、契約において、解除条件付特約を付す場合には、条件が成就したときに、それまでに授受した金員等の帰すうをどうするかについて取り決めておくことは、紛争予防の観点からは非常に大切です。解除条件成就の効果を条件成就以前に遡らせるのであれば、その旨の条項を

入れておく必要があります。

## ■「解除権留保」という意味■

　解除権留保型のローン特約は、金融機関による融資承認を得られないことが確定することにより、解除権は発生するけれど、解除するか否かについては買主が決定することができます。解除権留保型のローン特約が解除条件付ローン特約と異なるのは、解除権留保の場合には、ローン特約解除をするには買主の解除の意思表示が必要であることです。解除条件付き特約の場合には、融資不実行が確定すると、解除条件が成就し、買主の意思表示を待たずに売買契約は効力を失います。

　前述の第X条2項で
「2　前項の融資の全部又は一部について承認を得られないときは、本売買
　　契約は自動的に解除となる。」
と規定されているのは、解除条件付きローン特約であることを示すものです。

　解除権の行使は、義務ではないという考え方を背景にすると、契約関係から離脱するか否かは、当事者の決定にゆだねるという解除権留保型のローン特約を定めることになります。金融機関から融資実行がなされないことが確定した場合には、買主は、別の金融機関に融資の申込みを行うか、それとも契約を解除するかを選択することができます。

　前述の第X条2項が、
「2　前項の融資の全部又は一部について承認を得られないときは、買主
　　は、本売買契約を解除することができる。」
であれば、解除権留保型のローン特約条項です。

　買主にとっては、融資実行されないときに、解除の意思表示が必要かどうかという点は非常に重要で、これを見落として、解除権留保型であるにもかかわらず、漫然と放置していると、残代金支払期日が到来してしまい、債務不履行を理由に売主から契約を解除されて、違約金を支払わなくてはいけな

くなるので、決して見落としてはいけないポイントです。

 **12-9**

新築マンションの売買契約を締結し、手付金を支払いましたが、金融機関から融資を受けられなかったので、ローン特約解除をしようと思い、販売代理業者に伝えました。手付金は戻ってきますか。

 売買契約を解除するには、売主に対して解除の意思表示をしなければなりません。

■解除の意思表示の相手方■

　解除権留保型のローン特約条項においてローン特約解除をするには、解除の意思表示が必要です。解除の意思表示は契約の相手方に対して行わなければなりません。

　新築マンションでは、販売代理業者が売買契約に関与していることがほとんどです。中古物件の売買では、媒介業者が関与することが多いのですが、ローン解約をするということを販売代理業者や媒介業者に伝えても、契約の相手方ではありませんから解除の効力は生じません。

　日本の社会においては、ダイレクトに契約の相手方に意思表示をするというよりは、気心の知れた人にこちらの意向を伝えてもらう、ということが行われがちです。

　現実には、販売代理業者や媒介業者は、買主側の解除の意向を伝えてくれることがほとんどですが、媒介業者は、相手方本人でも相手方の代理人でもありません。

　販売代理業者は、売主の「代理人」として、「売却」についての代理権を授与されていますが、売買契約締結の権限に加えて解除の意思表示を受ける

権限まで授与されているかは不明です。

さらに、口頭で解除の意思を伝えるだけでは、意思表示が到達したか否かが明確にならないので、後日、「解除の意思表示をした」、「いや、そんな話は聞いていない」と争いになると意思表示の到達を立証することは非常に難しくなります。契約関係を解消するという重要な場面ですから、解除の意思表示は書面で行うべきです。誰が誰に対して、どのような内容の意思表示をし、これがいつ到達したかの証明は、やはり、公的機関に求める必要がありますから、配達証明付き内容証明で行うべきということになります。

## 12-10

中古の土地建物を売りたいのですが、ローン特約を設けると、融資承認されるかどうかが確定するまで、売主としては長期間にわたり不安定な立場に立たされます。何か方法はありますか。

ローン特約条項に期限を設けることができます。

### ■ローン特約条項における解除期限■

解除権留保型のローン特約において、金融機関が融資承認をしなかったにもかかわらず、買主がすみやかにローン解除をせず、融資が承認されるまで延々と金融機関に融資を申し込み続けると、売主は長期間不安定な立場に置かれ、他に売却する機会を逸してしまいます。

買主にとっても、当初の金融機関から融資を断られた以上、それよりも有利な条件で他から融資を受けられることはまずありませんから、返済条件が厳しくなるとか、貸付額が低くなるなどの問題は残りなかなか決断がつかず、さらに時間が経過することもあります。

そこで、「買主は所定の期限（令和●年●月●日）までにローン特約条項に基づく解除をすることができる」という条項を設けることがあります。

これは、必ず到来する付款ですから「確定期限」です。期限内に解除の意思表示をしなければ、買主は、ローン特約条項に基づく解除権を喪失します。

 **12-11**

婚約が調い、新居としてマンションを購入することになり融資承認も下りたのですが、いろいろあって、婚約を解消することになりました。ローン特約解除の期限も経過していますし、事前審査では融資承認される見込みですから、ローン特約解除の要件には当てはまりません。なんとか白紙解除をしてもらう方法はないですか。

 売主が合意解除に応じてくれるかどうかによります。

■ローン特約解除の要件■

ローン特約に基づく解除をするには、以下の要件が必要です。
① 金融機関から融資承認を得られなかったこと
② ローン解除期限が定められている場合には、その期限内にローン特約に基づく解除の意思表示をすること

融資承認を得られる見込みという場合には、①の金融機関から融資承認を得られなかったという要件を満たしませんから、ローン特約条項に基づく解除はできません。

しかし、現実には、契約解除に応じてもらいたい事由が生じることは多々

あります。結婚後の新居としてマンションを購入し融資承認を得たものの、当事者の一方は、壁紙やキッチンの仕様、バスルームのグレードなどがなかなか決まらず、何度も変更と注文を繰り返す相手の様子にびっくりし、他方は、相談を持ち掛けても真剣に話を聞かず、決めた後から批判ばかりする相手の様子にあきれ、双方がこれではともに暮らしていける相手ではないと婚約を解消し、新居のために購入したマンションは必要がなくなったというときなどでは、白紙解除に応じてもらえるか否かは切実です。

融資承認がなされている以上、ローン特約に基づく解除はできません。契約関係から離脱する手段として残るのは手付解除くらいです（→❸ 手付）。しかし、買主が手付解除をするには、既に交付した手付を放棄して手付解除の意思表示をする必要がありますから、既に支払った手付金は戻ってきません。

契約当事者間で契約解消に向けた合意をする合意解除であれば、合意内容は自由に取り決めることができます。しかし、合意である以上は、相手方が了解してくれることが大前提です。契約関係からの離脱はそう簡単にはできないということは十分認識しておく必要があります。

# ⑬ 手付

　売買においては、売買代金を分割せずに一括して支払い、これと引き換えに所有権の移転がなされる場合のほか、「前払い」や「分割払い」、「内金」、「手付金」、「残代金」など様々な名称の金員が授受されることがあります。
　用地取得においても、用地交渉の場面等で、地権者から「代替資産の購入の目途がついたので"手付を打つ"」といった話が出ることもあるのではないでしょうか。何となく、わかったつもりで通り過ぎがちな「手付」についての基本的な知識について、契約関係からの離脱という観点から取り上げてみます。

## 13-1

### 手付は、何のために授受するのですか。

　手付は、契約を締結した証（あかし）のために授受します。これ以外の目的については、手付の種類によります。

　手付は、「売買契約に付随して交付される金銭その他の有価物」をいいます。「金銭その他の有価物」ですから、金銭に限られません。しかし、定義上は金銭に限定されないとはいえ、現代の取引において、お金以外の手付が支払われることはまずありません。用地取得をはじめとする不動産の売買において、金銭以外の手付に遭遇することはまずないでしょうから、本稿でも、金銭の手付を取り上げます。
　「売買契約に付随して交付される金銭」ですから、手付の授受に関する契約（「手付契約」といいます。）は、売買契約とは別個の契約です。

「手付」として授受された金銭は、最終的には売買代金に充当されるという特約がつけられていますから、「内金」と似ているように思われます。しかし、「内金」は代金の一部払いで、それ以上の意味をもたないところが手付と異なります。

### ■手付は売買契約に付随する別個の契約■

　手付の授受は、売買契約の成立要件ではありません。コンビニでお茶を買う時のことを考えればわかるように、手付を授受しなくても売買契約は成立します。しかし、売買契約なしの手付は存在しません。「売買契約に付随して」とはこのような性質を指しています。不動産の売買契約書では、通常、手付に関する条項が設けられています。1つの契約書の中に手付に関する条項が設けられていることから、手付は売買契約の内容であるかのように思いがちですが、手付契約はあくまで売買契約とは別個の契約です。

### ■手付の授受の理由■

　不動産は、高額な財産ですから、売買代金を1回で（一括して）支払う場合だけでなく売買代金を分割して支払う場合も多くみられます。
　契約締結日に売買代金全額を支払い、これと引き換えに所有権を移転し、対抗要件の具備として移転登記手続が完了する場合は、売買代金全額の支払いと所有権の移転が同日に行われますから、「一括決済」と言われたりします。買主の義務である売買代金全額の支払いがなされることを「決済」、売主の義務である目的物の所有権を移転して移転登記を備えさせることを「引渡し」、売買代金の全額の支払いと引き換えに所有権移転と登記の具備がなされることから、これらをあわせて「決済・引渡し」と言ったりします。
　金融機関から融資を受けてこれを売買代金の支払いに充てる場合には、売買契約を締結した後に、買主が売買契約書原本を金融機関に提出して融資申し込みをし、金融機関の融資承認を経た後、残代金支払期日に金融機関から融資を受けた金員を支払いますから、売買契約締結の日と決済・引渡しの日

は異なります。新築分譲マンションの販売では、売買対象となるマンションの建築途上で売買契約を締結し、売買契約締結の約1年後に決済・引渡しがなされることも珍しくありません。

売買契約締結と決済・引渡しとが別の期日に行われる場合には、売買契約書を作成するだけではなく、少なくとも売買契約が締結された証（あかし）くらいは残しておきたいと考えるのが人情というものです。このように、契約の成立を明確にし、交付が契約締結の証拠となる性質を有する手付を証約手付といいます。

## ■手付の種類■

手付には、以下の3種類があります[203]。
① 証約手付
　手付の交付が売買契約を締結した証拠になるという手付です。この性質は、どの手付にも備わっています。
② 解約手付
　解除権を留保するという意味を有する手付です。この意味での手付が交付された時は、手付交付者は手付金を放棄して契約を解除し（「手付流し」と言われます。）、手付受領者は、手付金の倍額を償還して（「手付倍返し」と言われます。）契約を解除することができます[204]。解約手付に基づく解除を「手付解除」といいます。
③ 違約手付
　違約罰という意味を有する手付です。契約違反の場合に、損害賠償とは別に没収されるという意味での手付です[205]。

## ■解約手付のメリット■

---

[203] 潮見・民法（全）397頁、潮見・各論Ⅰ93頁。
[204] 潮見・各論Ⅰ93頁。
[205] 潮見・各論Ⅰ93頁。

手付解除が他の解除と大きく異なるのは、解除に理由を必要としないことです。「単に契約をするのがなんとなくいやになった」というような子供っぽいわがままな理由でも手付解除はできますし、結婚後の新居のためにマンションを購入したけれど、破談になって新居が不要になったので契約を解除したいといった他人にはあまり言いたくない事情を説明せずとも手付金相当額の損失を覚悟すれば手付解除はできるのです。「手付金は、無理由での契約解除権を取得する対価として位置づけられる[206]」とも言われています。

　手付解除の方法は、手付を交付したか受領したかによって異なります。買主は、既に手付を交付していますから、手付を放棄することによって契約を解除できます。売主は、手付を受領していますから、その倍額を償還することによって、契約解除をすることができます。

---

【豆知識】　「手付金０円」の落とし穴

　不動産の売買においては、「手付金０円！」と広告に記載されているのを見かけることがあります。売買契約締結時にお金を払わなくてもいいという意味では、非常に有利な取引のような気がします。しかし、手付金相当額の損失を覚悟すれば、契約関係から離脱できるというのは、実は本当にありがたい制度なのです。「手付金０円」で契約すれば、契約から離脱したい事情が生じたとしても、合意解除の途しかありません（そして、相手方にも都合がありますから通常は、おいそれと合意になど応じてくれません）。

　契約を締結する際には、当事者双方が前のめりで、つつがなく履行がなされるとしか考えていませんが、何事によらず、"後戻りの橋"を残しておくというのは大事なことです。契約条項には「別れ話」も盛り込んでおきたいものです。

---

## ■手付と内金■

　手付に関しては、通常は、以下のような条項を設けて、最終的には売買代金に充当される旨の特約がつけられています。

---

[206] 潮見・各論Ⅰ93頁。

> 第Ｘ条　買主は、売主に対し、表記手付金（以下「手付金」といいます。）を本契約締結と同時に支払う。
> 2　前項の手付金は、表記残代金（以下「残代金」といいます。）支払いのときに、売買代金の一部に無利息にて充当する。

　内金は、売買代金の一部払いです。したがって、内金の支払に関する条項は、売買契約の内容そのものであり、支払方法についての合意です。手付は、売買契約に付随し、最終的には売買代金に充当されるとしても、売買契約とは別個の契約である点において、内金とは異なります。

## ■解約手付としての推定■

　買主が手付を交付し、特に約定をしない場合には、その手付は解約手付としての性質を有します（民557条1項）。

> （手付）
> 第557条　買主が売主に手付を交付したときは、買主はその手付を放棄し、売主はその倍額を現実に提供して、契約の解除をすることができる。ただし、その相手方が契約の履行に着手した後は、この限りでない。
> 2　第545条第4項の規定は、前項の場合には、適用しない。

　解約手付の性質を付与しないという合意をしたり、解約手付ではなくて、違約手付としての性質を付与する、という合意をすることも可能です。手付に関する規定は任意規定なので、当事者間の合意が優先します。

　民法557条1項の推定規定がありますから、手付の性質についての合意に争いがあるときは、解約手付ではないという主張をする側が立証責任を負います。

　例えば、買主から手付解除を主張された売主が、「授受されたのは、証約手付にすぎないから、手付倍返しをしても手付解除はできない」と主張をするのであれば、売主が、その合意内容を立証しなければなりません。立証が成功しなければ、民法557条1項本文により、解約手付として手付解除が有効になります。

例外は、新築マンションの分譲販売や宅地の分譲販売といった宅地建物取引業者が売主となる宅地や建物の売買です。売主が宅地建物取引業者である場合は、手付についてどのような合意をしたとしても解約手付の性質は失われません。

宅地建物取引業法39条2項本文は、以下のような規定になっています。

> **宅地建物取引業法**
> **（手付の額の制限等）**
> 第39条　宅地建物取引業者は、自ら売主となる宅地又は建物の売買契約の締結に際して、代金の額の十分の二を超える額の手付を受領することができない。
> 2　宅地建物取引業者が、自ら売主となる宅地又は建物の売買契約の締結に際して手付を受領したときは、その手付がいかなる性質のものであつても、買主はその手付を放棄して、当該宅地建物取引業者はその倍額を現実に提供して、契約の解除をすることができる。ただし、その相手方が契約の履行に着手した後は、この限りでない。
> 3　前項の規定に反する特約で、買主に不利なものは、無効とする。

宅地や建物の売主が宅地建物取引業者である場合には、契約当事者間で手付の性質についての合意がなされたとしても、宅地建物取引業法39条2項本文により、手付解除ができます。

例えば、売主が宅地建物取引業者である場合に、買主との間で、「売買契約が成立した証として手付を授受するが、手付解除はできない。契約成立の証なので、手付金の額は、売買代金額の1パーセントとする」という合意をした場合でも、宅地建物取引業者ではない買主は、この合意は、宅地建物取引業法39条2項本文により手付金を放棄することによって手付解除ができます。宅地建物取引業者である売主が、宅地建物取引についての知識や経験が乏しい消費者等に対して、手付解除を封じるような不公正な取引をすることがないようにして買主等の保護を図っているのです。

■**手付解除の方法**■

民法は、手付解除の要件を規定していますが、実際にどのようにして手付

解除の意思表示をするのかについてまでは記載されていません。買主は、手付を交付している側ですから、交付した手付を放棄して手付解除をするとの意思表示だけで手付解除ができます。しかし、売主は、手付を受け取っていますから、手付解除に当たっては、手付解除の意思表示とともに受け取った手付の倍額を償還しなければなりません。そのため、現実の取引においては、売主による手付解除の方が難しいと言えます。

(1) 買主による手付解除

　買主が手付解除するには、売主に対し、手付解除をする旨の意思表示をし、この意思表示が売主に到達すれば（到達主義・民97条1項）、それで手付解除は完了します。このとき注意が必要なのは、手付解除の意思表示であることが一義的にわかるようにすることです。

① 売買契約の締結に際し、手付の授受がなされたこと、
② 買主は売主に対し、契約解除のためにすることを示して手付を放棄する旨の意思表示をすること

を明確にしておかなければなりません。さらに、意思表示である以上は、相手方に到達しないと効力を生じません。例えば、媒介業者を通じて「手付解除をすると伝えてくれ」といったやり取りだけでは、正確に手付解除と伝わっているのか、売主に到達したのかが立証できません。後日、手付解除がなされたか否かの紛争が生じないように、配達証明付きの内容証明郵便を用い、確実に、売主に対して意思表示を到達させることが必要です。

(2) 売主による手付解除

　難しいのは、売主による手付解除です。

　民法は、「売主はその倍額を現実に提供して、契約の解除をすることができる。」（民557条1項本文）としていますから、売主は、買主に対し、手付の倍額を「現実に提供」して手付解除の意思表示をしないと手付解除ができません。

　つまり、

①　手付倍額の現実の提供
②　手付解除の意思表示

の2つの行為が必要です。買主の手付解除と異なり、解除の意思表示の到達だけではなく、手付倍額の現実の提供が必要となるところが難しい点です。売主が提供した手付倍額を買主がすんなり受領してくれれば、問題はないのですが、当初から買主が契約解除を拒んでいる場合などでは、提供した金員の受領を拒否される可能性は十分にあります。買主が手付倍額を受け取ろうとしない場合、売主はどうすれば手付解除ができるのかというなかなか頭の痛い問題が生じます。

最判平6.3.22民集48巻3号859頁では、「現実の提供」とは、手付の倍額を買主に受領させることまでは必要ないが、売主が買主に対し、口頭により手付の倍額を提供する旨を告げたり、その準備をしたことを催告したり、その受領を求めるだけでは足りないとされています。

### 【最判平6.3.22民集48巻3号859頁】

〔事案の概要〕

①　昭和62年6月9日、同月19日、売主の代理人が、買主に対し、口頭の提供をし、
②　同月23日、ファクシミリで口頭の提供をし、
③　同月24日、売主、売主代理人、買主代理人の3者が会って口頭の提供をし、
④　昭和63年2月29日、同年3月3日、同年3月4日、売主から買主に対し口頭の提供をして、

手付解除の意思表示をしたが、買主は、①の意思表示の時点から、売主の手付倍返しによる解除の申入れをかたくなに拒絶していた。

「口頭の提供」とは、弁済の準備ができたことを通知して、受領するよう

に催告をすることです[207]（民493条但書き）。この事案に照らして言えば、売主は、買主に対し、手付解除をしたい、手付金の倍額の準備ができたから、いつでも返還するので受け取って欲しい、ということを①の時点から口頭で何度も何度も告げていたのですが、買主は、当初から手付解除の申入れをかたくなに拒否していたので、売主は、現実に金銭を提供することもしていなかった模様です。

〔判旨〕

裁判所は、仮に、相手方があらかじめ受領を拒絶していたとしても、売主の手付解除においては、「相手方の態度いかんにかかわらず、常に現実の提供を要する」とし、手付の倍額を「相手方の支配領域に置いたと同視できる状態にしなければならない」とした。

「相手方の支配領域に置いたと同視できる状態」がどのようなものかは、事案によって様々で具体的事案ごとに決するほかないと言われています。しかし、平成6年の最高裁判決によれば、買主がいかに受領を拒んでいようと、少なくとも、買主の住所地に現金を持参し、買主が受け取ろうと思えば受け取れる状態にしたうえで、手付解除の意思表示をすることが必要となります[208]。「どの道、受け取らないから行っても無駄」ということはないのです。買主が受け取ろうと思えば、いつでも受け取れるだけの準備をととのえて、買主のところまで行くという行為自体に意味があります。

現行民法557条1項は、「売主はその倍額を現実に提供して」契約の解除をすることができると規定し、最判平成6年の判例法理を明文化しました[209]。

---

[207] 中田・債権総論363頁。
[208] 岡本＝宇仁・事案分析の手法235頁。
[209] 潮見・各論Ⅰ94頁。

13-2

違約罰としての手付の合意をしている場合に、手付解除はできますか。

 違約手付と解約手付の両方の性質を兼ねることはできますから、手付解除は可能です。

## ■契約の拘束力の観点からの疑問■

　違約手付は、契約違反の場合に、損害賠償とは別に没収される金銭という意味での手付です。契約に従った履行をしなければ、手付金相当額を没収されてしまうので、契約当事者は、契約の履行に励むことになり、契約の拘束力を強める効力があると言われています。

　解約手付は、手付放棄若しくは手付倍返しによって契約解除ができるので、契約の拘束力を弱める方向で作用するとも言われています。

　そうだとすると、契約の拘束力を強める効果と拘束力を弱める作用を１つの手付が有するのは相矛盾して両立しないのではないかというのが問題の所在です。

　これについては、少し古いですが最高裁判決があります。

**【最判昭24．10．4民集３巻10号437頁】**

〔事案の概要〕

　売買契約では以下の条項が設けられていました。

- ・買主が本契約を不履行の時は手付金は売主にて没収し返却の義務なきものとする。
- ・売主が不履行の時は買主へ既収手付金を返還すると同時に手付金と同額を違約金として別に賠償しもって各損害補償に供するものとする。

　控訴審は、この条項があることをもって民法557条が排除されたとしましたが、最高裁は、原審の判断を破棄、差戻し。

〔判旨〕
- 売買において買主が売主に手付を交付したときは売主は手付の倍額を償還して契約の解除ができる（民557条）。
- この規定は任意規定であるから、当事者が反対の合意をしたときはその適用はない。
- しかし、その適用が排除されるためには反対の意思表示がなければならない。
- 先ほどの条項は、民法の規定とは相容れないものではなく十分両立し得るものである。
- 違約の場合に、手付の没収又は倍返しをするという約束は民法の規定による解除の留保を少しも妨げるものではない。解除権留保と併せて違約の場合の損害賠償額の予定をし、その額を手付の額によるものと定めることは少しも差支えなく、十分考え得ることができる。

として、上記のような条項があることをもって民法557条が排除されたとした原審の判断を破棄し、差戻した。

　最高裁は、契約条項の文言だけではなく、契約締結後、解除の意思表示にいたるまでの経過や、当事者が契約にいたるまでの経過も含めて判断をしています。その結果、手付放棄若しくは手付倍額の現実の提供によって手付解除をすることができるという解約手付の性質は維持したうえで、手付解除とは別に、債務不履行の場合に、損害額を立証するのはお互い面倒なので、手付金相当額を損害として没収若しくは倍額の支払いという形で損害ということにしよう、という合意は、契約自由の原則のもとで認められます。

　ただし、現実の取引において、この事案から学ぶべきことは、違約手付の性質と解約手付の性質は併存しうるという結論にとどまりません。あいまいな契約条項は、紛争を誘発し、最高裁まで争われることがあることから、時間と費用の負担を考えると、契約書の雛形を使いまわしたりせず、疑義のない契約条項を作成して、合意の内容を明確に取り決めることが大切です。

# Q 13-3

**手付解除をした場合、損害賠償請求はできますか。**

**A** 手付解除の場合には、損害賠償請求はできません。

---
（手付）
第557条　買主が売主に手付を交付したときは、買主はその手付を放棄し、売主はその倍額を現実に提供して、契約の解除をすることができる。ただし、その相手方が契約の履行に着手した後は、この限りでない。
2　第545条第4項の規定は、前項の場合には、適用しない。

---

民法557条2項が「適用しない」としている民法545条4項は、解除による損害賠償に関する規定です。

---
（解除の効果）
第545条　当時者の一方がその解除権を行使したときは、各当事者は、その相手方を原状に復させる義務を負う。ただし、第三者の権利を害することはできない。
2　前項本文の場合において、金銭を返還するときは、その受領の時から利息を付さなければならない。
3　第1項本文の場合において、金銭以外の物を返還するときは、その受領の時以後に生じた果実をも返還しなければならない。
4　解除権の行使は、損害賠償の請求を妨げない。

---

債務不履行解除の場合は、損害賠償請求が「妨げられない」（民545条4項）ので、解除とともに損害賠償請求ができます。しかし、手付解除は民法557条2項で民法545条4項を排除しているので、損害賠償請求はできません。

これは、手付解除が、手付相当額を放棄若しくは受領した手付の倍額を現実に提供することによって、契約関係から離脱することができるという意味で解除権を留保していた約定解除であるからです。手付放棄や手付倍返しによって損害は填補できるから、別途に損害賠償請求権を立てることを認める

べきではないという考え方によります[210]。

 **13-4**
手付解除は、いつまでもできるのですか。

 相手方が「履行に着手」した後は、手付解除ができなくなります。

■履行の着手によって手付解除ができなくなる理由■

民法は、相手方が契約の「履行に着手」した後は、手付解除ができないとしています（民557条1項但書き）。

「履行の着手」については、有名な最高裁判決があります。

【最判昭40.11.24民集19巻8号2019頁、判時428号23頁】
〔事案の概要〕
買主は、昭和34年12月22日、売主から土地建物を売買代金220万円、手付金40万円、手付金として交付した40万円を控除した残金180万円は昭和35年2月29日までに所有権移転登記と交換に支払うとの約定で買い受けた。

売主は、本件不動産を買主に譲渡する前提として、まず、売主名義に所有権移転登記を得たが、昭和35年2月19日、手付解除の意思表示をし、同月23日、手付金の倍額である80万円を買主のために供託した。

買主は、昭和35年2月29日に180万円を提供して本件不動産の登記手続及び引渡しを求めたが、売主は受領を拒んだので、買主は3月1日に供託をした。

買主は売主に対し、本件不動産の所有権移転登記手続、引渡しを求めて訴え提起した。

---

[210] 潮見・各論Ⅰ100頁。

〔判旨〕
- 解約手付の交付があった場合には、特別の規定がなければ、当事者双方は、履行のあるまでは自由に契約を解除する権利を有している。
- しかし、当事者の一方がすでに履行に着手したときは、その当事者は、履行の着手に必要な費用を支出しただけでなく、契約の履行に多くの期待を寄せていたから、このような段階で、相手方から契約が解除されたら、履行に着手した当事者は不測の損害をこうむることになる。
- そこで、履行に着手した当事者が不測の損害をこうむることを防止するため、特に民法557条1項の規定が設けられたものと解するのが相当である。
- 買主は、手付金40万円を支払っただけで何ら契約の履行に着手した形跡がない。本件においては、買主が契約の履行に着手しない間に、売主が手付倍戻しによる契約の解除をしているから、契約解除の効果を認めるのに妨げはない。

最高裁は、民法557条1項が設けられた理由は、「履行に着手した当事者が不測の損害をこうむることを防止する」ためであることから、履行に着手している者が自ら手付解除しても、「不測の損害」は生じないので、手付解除は可能であるとしたのです。

この判例を反映し、現行民法は、「ただし、その相手方が契約の履行に着手した後は、この限りでない」（民557条1項但書き）と明記して、疑義が生じないように改正されました。

■「履行の着手」の内容■

手付解除が可能かどうかは、相手方が「履行の着手」をしたかどうかによるとすれば、どのような行為をすれば「履行の着手」と評価されるのかが、非常に重要になってきます。

判例では、「履行の着手」とは、「契約の内容たる給付の実行に着手するこ

と」すなわち「客観的に外部から認識し得るような形での履行行為の一部をなし、又は履行の提供のために欠くことのできない前提行為をしたこと」[211]とすることで確立されています。

ただし、現実の取引においては、「客観的に外部から認識し得るような形での履行行為の一部をなし、又は履行の提供のために欠くことのできない前提行為」が何かは、事案によって異なります。

■「履行の着手」の具体例■

最高裁判決においては、以下のような事案があります。
① 農地の売買で、売主・買主連署の農地売買許可申請書を知事あて(注:当時の制度)に提出したことは、両当事者による「履行の着手」である[212]。
② 不動産売買で、買主が売主に対して借家人を立ち退かせて土地建物を引き渡すよう催告したうえで、土地建物の引渡しと所有権移転登記手続を求める訴えを提起し、代金を持参して売主方に赴いて受取りを求めたことは、買主による「履行の着手」である[213]。
③ 農地売買で、許可がされる前に買主が売買残代金額を売主に提供したことは、買主による「履行の着手」である[214]。

履行の着手の有無が争点となった裁判例に不動産の売買の事案が多いのは、契約締結から決済・引渡しまでの時間が長いことを反映していると考えられます。下級審レベルでも多数の裁判例があります[215]。以下に下級審での裁判例をもとに「履行の着手」について考えてみましょう。

ア 所有権移転登記手続、抵当権等抹消登記手続

売主は、買主に対して目的物の所有権を移転する義務(民555条)、対抗要

---
[211] 最判昭40.11.24民集19巻8号2019頁、判時428号23頁。
[212] 最判昭43.6.21民集22巻6号1311頁、判時528号32頁。
[213] 最判昭51.12.20判時843号46頁。
[214] 最判昭52.4.4金融・商事判例535号44頁。
[215] 岡本＝宇仁・事案分析の手法242頁以下。

件を具備させる義務（民560条）を負っています。したがって、売主が目的物の所有権を移転する行為や対抗要件を具備する行為に着手することは、「履行行為の一部をなし、又は履行の提供のために欠くことのできない前提行為」ということができます。裁判例としては、以下のようなものがあります。

① 東京地判平25.9.4 2013WLJPCA 09048015

　　売主が所有権移転及び根抵当権抹消登記手続を行うための準備をして、決済日当日に、土地の登記簿謄本、印鑑証明書、所有権移転登記手続等のための委任状、測量図面、国税の清算書、資格証明書、領収書等を準備し、売主から依頼された金融機関、売主から委任を受けた司法書士とともに決済現場に赴いたことは、「客観的に外部から認識し得る」売買契約の所有権移転及び根抵当権抹消各登記手続、並びに本件土地の引渡義務の履行の提供と認めることができる。

　　このような行為は、「履行行為の一部」であることに加えて、単にこれらの用意をしているというだけではなく、「客観的に外部から認識し得る」状態で「履行行為の一部」がなされたことから、「履行の着手」と認定されたのです。

② 東京地判平25.4.18 2013WLJPCA 04188001

　　建物新築後未登記のままの新築建物の売買において、売買契約を締結して買主名義で売主が建物表題登記をし、代金決済日に買主名義の所有権保存登記をすることを合意し、売主が買主名義で建物表題登記を行ったことは、売主が当該売買契約において定められた履行の一部ないしその前提行為を行ったものと認定しうる。

③ 東京地判平21.11.12 2009WLJPCA 11128010

　　売買契約書において売主が代金支払期日までに抵当権などを抹消して完全な所有権を買主に移転する義務を負う旨約定し、売主が履行期の16日前に金融機関に借入金を返済した行為は、不動産に設定した抵当権を消滅させて完全な所有権を移転させる義務の履行のために必要不可欠な行為で

あったといえるとして履行の着手に当たる。
④　東京地判平21.10.16判タ1350号199頁
　不動産の売買契約における「抵当権等の担保権や賃借権等の用益権その他買主の完全な所有権の行使を阻害する一切の負担を消除する」という合意に基づいて、売主が売買の目的物を占有する賃借人との賃貸借契約を解除して賃借権を消滅させ、建物の具体的な明渡時期及び立退料の金額について合意したことは、いずれも客観的に外部から認識し得るような形で履行行為の一部がなされたか若しくは履行の提供をするために欠くことのできない前提行為がなされた。
　売主が司法書士に所有権移転登記手続を依頼し、登記委任状を作成するだけでは、客観的に外部から認識し得るような形で履行行為の一部がなされたとまでは言えず、単なる準備行為に過ぎません。
イ　引渡しに関する行為（例：鍵の引渡し）
　売主は、所有権の移転義務を負います（民555条）。したがって、売買の目的物を買主に引渡すことは履行行為に当たります。建物の鍵を渡すことはその後、買主が自由に建物に出入りできる状態にしたとして、履行の着手に当たるとしました（さいたま地判平20.3.19判例地方自治321号85頁）。
　ただし、鍵の引渡しであっても、「お預かり証」が交付され、販売活動に際して顧客を案内するために鍵の交付を受けただけであることが明らかな場合には、債務の履行行為の一部であるとか履行をするために欠くことができない前提行為であるとかは言えないとしたものもあります（東京地判平20.6.20 2008WLJPCA 06208004）。
ウ　分筆・境界確定作業
　売主は、買主に対して対抗要件を具備させる義務を負います（民560条）。したがって、売主が売買契約の対象土地について分筆登記手続をした行為は、履行の着手に当たります（東京地判平21.7.10 2009WLJPCA 07108011）。
　また、売買契約に基づき、売主が買主による土地汚染調査（平成20年４月11日）及びアスベスト調査（同年５月16日）の実施に協力し、境界確定およ

び測量（同年6月10日、12日）に立ち会うなどした行為は、客観的に外部から認識し得るような形で売買契約に定められた債務の履行行為の一部をしたとして履行の着手を認めた事案（東京地判平21.9.25 2009WLJPCA 09258014）もあります。

エ　手付解除に期限を設ける特約[216]

　手付に関する民法557条は、任意規定ですから、当事者間の合意で特約を設けることができます。決済・引渡しまでの期間が長いときには、自分が「履行に着手」するまでは相手方が手付解除をする可能性が残るため、法律関係を早期に安定させる目的で、手付解除に期限を設けることがあります。

　手付解除に期限が設けられ、当該期限の到来と履行の着手のいずれかの事実が発生した時点で手付解除が認められなくなるという合意がなされた場合には、期限内に手付解除の意思表示を相手方に到達させなければなりませんから、期限の管理は非常に重要です。

　手付解除に限らず、期限徒過といった単純ミスで権利行使ができなくなることを防ぐには、契約締結段階で契約書をよく読み、どんな場合に契約関係から離脱することができるのか、期限はあるのか、といった解除に関わる事項をきちんと押さえておくことが大切であることは言うまでもありません。

---

[216] 岡本＝宇仁・事案分析の手法258頁以下。

**契約不適合**

　土地の売買で、引き渡された土地の地中に基礎杭が残っていたため予定していた形状や規模の建物を建築するためには基礎杭の撤去費用がかかるとか、土壌汚染対策法に定める基準を超える揮発性有機化合物が検出されて分譲住宅の敷地として使えなかったなど、引き渡された目的物の種類や品質等が契約内容と適合していなかった場合には、買主はどうすればよいかというのが契約不適合の問題です。

## Q 14-1

引き渡された目的物が、売買契約の締結時点で予定していた性状を有しなかった場合、買主にはどのような救済手段が用意されているのですか。

　「引き渡された目的物が種類、品質又は数量に関して契約の内容に適合しないものであるとき」(民562条) には、買主は「契約不適合」により、追完請求、代金減額請求、損害賠償請求、契約解除をすることができます。

### ■契約不適合■

　「引き渡された目的物が種類、品質又は数量に関して契約の内容に適合しないものであるとき」(民562条1項) を「契約不適合」と言います。

> **（買主の追完請求権）**
> 第562条　引き渡された目的物が種類、品質又は数量に関して契約の内容に適合しないものであるときは、買主は、売主に対し、目的物の修補、代替物の引渡し又は不足分の引渡しによる履行の追完を請求することができる。ただし、売

主は、買主に不相当な負担を課するものでないときは、買主が請求した方法と異なる方法による履行の追完をすることができる。
2　前項の不適合が買主の責めに帰すべき事由によるものであるときは、買主は、同項の規定による履行の追完の請求をすることができない。

「契約不適合」には、物の種類や品質、数量が契約の内容に適合しない場合と、権利が契約の内容に適合しない場合とがあります。

物の契約不適合は、居住のために購入した建物に雨漏りがあったとか、お風呂の基礎がシロアリによって腐っていたというような場合です。権利の契約不適合は、購入した土地に隣人が自由に通行できる地役権（通行地役権）が設定されていたというような場合です[217]。数量に関する契約不適合は、端的に言えば数量不足です。

## ■瑕疵担保責任から契約不適合責任へ■

民法は、明治31年に施行されて以来、100年以上抜本的な見直しがなされないままでしたが、平成29年に契約のルールを刷新するため、債権部分に関する大規模な法改正が行われました。

この改正によって、「瑕疵担保責任」（改正前民570条）に代わって「契約不適合責任」（民562条以下）が規定されました。

不動産のような特定物の売買では、ほかに代わりのものはありませんから、通常の注意を払っていても判明しないような隠れた瑕疵があったとしても売主はその目的物を引き渡さざるを得ません。しかし、売主は瑕疵ある目的物を引き渡すことで債務の履行を完了するのに、買主は約定どおり代金を支払わなければならないというのは不公平です。そこで、売主と買主の公平の観点から、民法が特に定めたのが瑕疵担保責任であると考えるのが通説でした[218]。

しかし、よく考えてみると、目的物がどのような性質の物であるのかを決

---

[217]　中田・契約法299頁。
[218]　中田・契約法328頁。

めずに売買契約が締結されることはまずありません。現実の売買を思い起こせば、抽象的な「土地」というだけで売買代金を決めたりはしません。賃貸マンション建設用地として土地を売買したときには、通常は、土壌汚染や産業廃棄物の埋設がないものとして売買代金が決められます。仮に、土壌汚染や産業廃棄物があることを前提にするのであれば、土壌改良や産業廃棄物の撤去費用等、それ相応の減額交渉を経て売買代金が決められます。このように、地中埋設物や土壌汚染があることを契約内容に織り込んでいるときには、売主はそのような土地を引き渡せば、売主としての義務を履行したことになります。

そこで、現行民法では、目的物が特定物かどうかに関わらず、「移転することを約束した財産権が予定された性質をもっていないとき」には、契約不適合として整理しました。つまり、「物の性質」もまた契約内容になるという考え方に従って契約不適合責任が規定されたのです[219]。

## ■施行日■

改正民法は、令和2年4月1日に施行されました。したがって、令和2年3月31日までに締結された契約には、改正前民法が適用され、瑕疵担保責任（改正前民570条）に基づく損害賠償請求や解除権の行使をすることになります。令和2年4月1日以降に締結された契約には、現行民法が適用され、契約不適合責任の問題になります。

不動産の売買では、住宅を購入後、長年にわたって居住し、建物の建替えを検討し始めた段階で建築基準法その他関係法令の規制により同じ規模の建物が建築できないことがわかるなど、紛争のスパンが非常に長いのが特徴です。したがって、まだしばらくは、改正前民法の瑕疵担保責任に基づく請求がなされる事案もあると考えられます。

---

[219] 中田・契約法329頁以下、潮見・各論Ⅰ113頁以下、道垣内・リーガルベイシス131頁。

■品質の不適合■

　品質の不適合とは、引き渡された物が「その契約において当事者が予定していた、備えるべき品質・性能を欠いていること」を言います[220]。

　「契約の内容に適合しないものであるとき」(民562条1項)に該当するかどうかは、契約書の記載だけではなく、契約締結までのやり取りや経過、取引上の社会通念に照らして判断されます。

　幼稚園の建築用地の売買では、売買契約書に「土壌汚染がなされていない土地であること」という条項がなくても、取引上の社会通念に照らすと、園児が安心して砂遊びができるなど土壌汚染が存在しない土地を引き渡すことが契約内容になっているのが通常です。

　高層マンションの建築用地の売買において、売買契約締結までの交渉で、土地に特別な工事や費用をかけずに高層マンションの建築用地として使える土地であることを前提に売買契約を締結していれば、売買契約書の記載に加えてこのような交渉経緯も含めて引き渡された土地の「品質」が「契約の内容に適合」(民562条1項)するか否かが判断されます。

## ■契約締結時点で、産業廃棄物などの地中埋設物が存在する可能性があったことから、かなり減価された価格で売買契約を締結しているとき■

　契約不適合が問題になるのは、引き渡された目的物の品質や性状を売買契約締結時点で当事者が予測していなかった場合です。

　売買契約を締結する時点で、もしかしたら基礎杭が残っているかもしれないとか、過去に、地中に産業廃棄物を埋めたかもしれない可能性が残る場合には、埋設されている可能性のあるものや範囲を示したうえでそのような地中埋設物がない土地よりも減額して売買代金を定めることがあります。この

---

[220] 中田・契約法303頁。

ような経緯を経て売買代金が決められたという事情の下では、売主の引渡し義務の内容は、合意した範囲に地中埋設物が存在する可能性がある土地を引き渡すことであって、何もない土地を引き渡す義務を負っているわけではありません。

したがって、抽象的に「地中埋設物の存在」が品質に関する契約不適合になるというわけではありません。

> 【豆知識】 地歴の調査
>
> 地中埋設物や土壌汚染の有無は、その土地の上に立って目視したからといって直ちに判明するわけではありません。動産の売買についての格言に、「買主注意せよ（Caveat emptor）」というものがあります。似た格言には「買主は好奇心に富んでいるべきである（Em(p)to curiosus esse debet）」、「眼を開けない者は財布を開ける（Wer die nichit auftut, tut den Bertel auf）」というものもあります[221]。
>
> 土地の売買においては、目を開けていても、"一見"しただけではわからないことはたくさんあります。そのための対策として、過去に、その土地が何に使われていたか土地の履歴（「地歴」とも言われます。）を調べることは後日の紛争を防ぐ有効な手段です。土地所有者から土地の過去の使用方法について聞き取りをすることはもちろん重要ですが、それだけではなく、客観的な資料として登記簿謄本、閉鎖登記簿謄本を閲覧する等して登記情報を確認する、国土地理院の地図・空中写真閲覧サービス[222]等を利用するなどの方法があります。

---

[221] 柴田光蔵「ことわざの法律学 現代日本の実相分析」（自由国民社、1997年7月）257頁。

[222] https://mapps.gsi.go.jp/maplibSearch.do#1

【豆知識】 売買代金取り決めの事情まで記載した契約書

　契約不適合に当たるか否かは、契約書の記載だけではなく、契約締結までのやり取りや経過、取引上の社会通念に照らして判断されます。現実の取引においては、買主が、「地中に産業廃棄物があったことは契約不適合なのだから損害を賠償せよ」と主張しても、売主が「地中に産業廃棄物があるかもしれないとはじめに伝えて売買代金額を大幅に減額している。産業廃棄物が埋まっている可能性があることは織り込み済みで、そのような土地として売却しているのだから、契約不適合に当たらない」と反論し、「そんなことは、契約書のどこにも書いてない」と紛争になることは珍しくありません。

　裁判になれば、時系列に従ってメールのやりとりを証拠として提出したりしながら、どのような内容の契約であったのかを立証していきますが、これには時間と手間がかかります。紛争になる事案というのは、些細な落ち度が重なっていることも多々あり、自由心象主義の下、裁判所がどのような判断をするかはわからないという危険性も残ります。

　紛争を予防するという観点からは、「契約締結までのやり取りや経過、取引上の社会通念」などという評価にわたる事後的な判断に委ねることなく、誰が読んでも合意した内容が一目瞭然にわかるように、契約書に「本件売買契約においては、地中埋設物が残されている可能性があることを踏まえ、●条の売買代金額とした」などと売買目的物の「物の性質」を明記し、売主の義務の内容を明らかにしておくことも一つの方法です。

　定型的な契約書と異なるこのような契約条項を入れることを嫌って、「確認書」とか「念書」を交わすこともあります。何もないよりはよいですが、契約書本体との整合性を検討しておかねばなりませんし、担当者の交代や、紛失のおそれもあります。このような危険を避けるためには、一つの契約書の中に記載しておくのが望ましいと言えます。

■ 「心理的瑕疵」 ■

　種類や品質に関する契約不適合には、地中埋設物の存在や土壌汚染の有無といった「物」に関するものだけではなく、それ以外の不適合（「心理的瑕

疵」とか「環境瑕疵」などと言われます。）も含まれます。

　契約目的物の隣に指定暴力団事務所があるとか、ごみ焼却施設が存在することなどは「環境瑕疵」とも言われます。気にしない人は気にしないという意味では土地の物的な性状ではありません。しかし、平穏な日常生活を目指して土地を購入する一般人にとっては、指定暴力団事務所の隣の土地はいつ喧嘩に巻き込まれたり流れ弾が飛んできたりするかもしれないとびくびくしながら暮らすことを余儀なくされ、平穏な生活や事業活動を営むには支障があるといえ、種類・品質に関する契約不適合に含まれます。

　また、過去に土地や土地上の居住用建物内で自死があった場合には、当該土地や建物に物理的には問題はなくても、住み心地のよさを欠き、居住の用に供さないとされる場合には、種類・品質に関する契約不適合とされることもあります[223]。

## ■土地についての「数量」に関する契約不適合■

　土地の売買においては、引き渡された土地を実際に測量してみると、契約書の末尾に「目的物の表示」として記載された面積よりも少ないことが判明し、これが「数量に関して契約の内容に適合しない」（民562条1項）に当たるのではないかと紛争になることがあります。

　しかし、「目的物の表示」欄の面積の記載と実測とが一致しないからといって、直ちに、数量不足として契約不適合に当たるわけではありません。

　「売買契約の当事者が当該契約のもとで「数量」に特別の意味を与え、それを基礎として売買がされたという場合（数量指示売買）にはじめて、数量に関する契約不適合があったと評価」[224]されます。

　民法改正前の裁判例には、不足坪数に坪単価を乗じた額を売買代金から減額せよとの請求を棄却したものがあります。

---

[223] 国土交通省不動産・建設経済局不動産業課「宅地建物取引業者による人の死の告知に関するガイドライン」（2021年10月）。
[224] 潮見・民法（全）401頁、中田・契約法311頁。

【最判昭43.8.20民集22巻8号1692号、判時531号27頁】
〔事案の概要〕
　昭和35年7月に土地建物を代金145万円で売却し、同年8月3日に所有権移転登記をしたところ、登記簿上の表示は86坪5合、実測の結果68坪6合8勺しかなく、差し引き17坪8合2勺不足するとして、買主が売主に対し、坪単価1万3331円を乗じた23万7558円の減額を求めた。
〔第一審〕
　長崎地裁では、「土地について坪数を表示したのは特にその坪数を指示し保証したものではなく……（土地）を特定したものにすぎない」として買主の請求を棄却しました。
〔控訴審〕
　福岡高裁では、「長崎市●●番の宅地86坪5合」というのは、「単に宅地を特定し、その同一性を示すために、登記簿上の地番、坪数をそのまま挙げたというにとどまらず」、「買主が一定の数量があるものと信じたにとどまらず、売主も、また、一定の数量があることを認め、当事者双方がこれを前提とし、その基礎の上に立って代金額を定めたような場合には、『数量を指示した』売買に当たる」として、代金額は実面積に基づいて減額されるべきとし、第一審と控訴審の判断が分かれました。
〔最高裁〕
　最高裁は、第一審判決を支持し、控訴審判決を破棄差戻しました。
　「数量を指示して売買」（改正前民565条）とは、「当事者において目的物の実際に有する数量を確保するため、その一定の面積、容積、重量、員数または尺度あることを売主が契約において表示し、かつ、この数量を基礎として代金額が定められた売買」を指す。「土地の売買において目的物を特定表示するのに、登記簿に記載してある字地番地目及び坪数をもってすることが通例であるが、登記簿記載の坪数は必ずしも実測の坪数と一致するものではないから、売買契約において目的物たる土地を登記簿記載の坪数をもって表示したとしても、これでもって直ちに売主がその坪数のあることを表示したも

のというべきではない」。

　最高裁は、「第一審裁判所のした検証の結果には、本件売買の目的である土地は周囲を石垣等で囲まれているとある」と検証結果を上げています。確かに、周囲を石垣で囲まれている土地の売買においては、売主も買主も「この土地」という認識で売買契約を締結するのが通常でしょうから、契約当事者がどのようなつもりで契約を締結したのか、当事者の意思が何であったかを社会通念に従って認定した極めて合理的な判断です。

　この判決は、契約書に「目的物の表示」として登記簿に従って、所在、地番、地目、地積が記載されている場合でも、ここでの面積の表示は、単に土地を特定するためだけのものである場合もある[225]というリーディングケースになりました。

　他方で、契約当事者が売買契約当時、土地が公簿面積どおりの実測面積を有することが表示され、実測面積を基礎として代金額が定められた（実際には実測面積が公簿面積より少なかった）として、代金減額請求を認めた裁判例もあります（最判平13.11.22判時1772号49頁。ただし、町田顯裁判官の反対意見あり。）。

　土地の売買契約書に「不動産の表示」として記載されている土地の面積の表示は、単に土地を特定するためだけなのか、それとも表示された面積が契約の内容になっているのかは、契約の解釈によって確定することになります。

【豆知識】　**公簿面積と実測面積**

　土地の登記簿には地積として面積が記載されています。登記簿上の面積は「公簿面積」と言われます。公簿面積は、測量当時の測量技術の問題もあり、実測面積とはしばしば不一致がおきます。そこで、土地売買では、①実測した上で契約する方法、②公簿面積で契約し、後日実測をして清算する方法、③公簿面積で契

---

[225] 中田・契約法306頁。

約し、実測の結果増減があっても互いに請求しないとする方法などがあります[226]。

取引実務では、②の方法による場合には、清算条項を明記し、③の方法による場合には、無清算条項を明記します。契約自由の原則の下、いずれの方法でも構いませんが、清算するのか、しないのかについてきちんと合意し、これを清算条項か無清算条項という形で契約書に明記しておくことが、後日の紛争回避のためには不可欠です。

## Q 14-2
**目的物が品質や性能を「欠いている」かどうかは、いつ判断されるのですか。**

判断される時点は、引渡し時です（民562条1項参照）。
民法562条1項には、「引き渡された目的物が種類、品質又は数量に関して契約の内容に適合しないものであるときは」と規定されています。条文に「引き渡された目的物が」と書いてあれば、「引き渡された」という時期が分かれ目で、「引き渡されない目的物」つまり引渡し前には契約不適合の問題にはならないと読みます。

### ■引渡し後に発生した不具合■

目的物の引渡し後に「種類、品質又は数量に関して契約の内容に適合しない」事態が生じたとしても、これは、買主が購入した目的物をきちんと保管、使用しなかっただけのことですから、売主に責任を問うことはできません。

---

[226] 中田・契約法306頁。

## ■引渡し前に判明した不具合■

　目的物の引渡し前に不具合があることが判明した場合も、契約不適合の問題ではありません。売主は、引き渡しまでの間に適宜の方法で契約不適合を解消したうえで引渡せば債務不履行にはなりません。問題を簡単に説明するために、新築マンションの売買を検討してみます。

　新築マンションの分譲販売では、建物が完成すると引渡し前に内覧会が催されます。内覧会では買主にチェックシートや住戸の平面図等が渡されます。買主が購入する住戸を確認して不具合と考える箇所を指摘すると、売主は、引渡し日までに指摘箇所を補修して目的物を引き渡します。引渡し時点で補修が完了し、契約内容に従ったものを引き渡せば、債務不履行にはなりません。

　中古物件の売買では、土地や建物の性状について、売主と買主の認識が異なっていると後日紛争になりますから、買主は契約締結までに内覧を受け、建物を確認し、売主も買主に対し、「告知書」や「物件状況報告書」などを作成・交付して売主としての認識を開示します。このやり取りの中で、買主が売買目的物の性状を認識したうえで契約を締結し、引渡しを受けることが望ましい取引です。しかし、それでも、引渡し日までの間に、契約に織り込まれていなかった不具合が判明することがあります。例えば、内覧時点では売主がまだ転居していなかったため、家具や家財道具が置かれた状態で内覧に供したが、契約後引渡しに備えて家具を搬出したら結露によって家具の後ろのクロスがめくれて黴だらけでそのままでは使えない状態であることがわかったという場合などです。売主と買主の間で、クロスや床は経年に伴う劣化で使えないこともあることを了承し、これが価格に折り込まれている場合には、そのような物件であるとして契約が締結されていますが、内覧時に確認できる以上の劣化はないとして契約していた場合には、家具撤去によって引渡し前に判明したクロスの黴は、売主が、クロスを貼り替えるなど適宜の方法で契約内容に従った品質に修繕して引き渡せば債務不履行を免れます。

現実の取引では、引渡しまでにこのような状態が判明すれば、売主が補修するよりは、代金を減額してそのまま引き渡し、買主が自分の好みにリフォームする方が実際的だとして、売主と買主との間で代金減額合意をはじめとして当初の売買契約の変更合意をすることもあります。しかし、これは、売買契約の変更合意、もしくは更改ともいうべきものです。契約不適合に基づく減額請求がなされているわけではありません。引渡しが完了していない以上、契約不適合責任ではありません。

> 【豆知識】 更改
>
> 　従前の債務に代えて、新たな債務を発生させる契約です（民513条）。
> 　民法が定めている「新たな債務を発生させる契約」には、次の①〜③が規定されています。
> ①　従前の給付の内容について重要な変更をするもの
> ②　従前の債務者が第三者と交替するもの
> ③　従前の債権者が第三者と交替するもの
> 　売買代金額を減額する合意は、①に当たります。
> 　従前の債務は更改によって消滅します。

（更改）
第513条　当事者が従前の債務に代えて、新たな債務であって次に掲げるものを発生させる契約をしたときは、従前の債務は、更改によって消滅する。
　一　従前の給付の内容について重要な変更をするもの
　二　従前の債務者が第三者と交替するもの
　三　従前の債権者が第三者と交替するもの

# Q 14-3

**契約不適合の場合に、買主がとることができる手段として民法はどのような方法を用意していますか。**

**A** 買主には4つの救済手段が用意されています。①追完請求（民562条）、②代金減額請求（民563条）、③損害賠償請求（民564条、415条）、④解除権の行使（民564条、541条、542条）です。

## ■追完請求（民562条）■

引き渡された目的物が種類、品質または数量に関して契約の内容に適合しないものであるときは、追完請求をすることができます。

「追完請求」とは聞きなれない言葉ですが、民法562条1項が「履行の追完」について具体的に規定しています。①目的物の修補、②代替物の引渡し、③不足分の引渡しです。

不動産は、同じものは一つとしてありませんから、一般的に②代替物の引渡しは不可能です。ただし、マンションの同じ間取りの隣の住戸など、当事者間でこれを代替物とする合意をすることは可能です[227]。土地の面積が足りないからといって、隣地の面積を足すわけにもいきませんから、③不足分の引渡しもあまり考えられません。したがって、不動産の売買において一般的に考えられる追完方法は、①目的物の修補ということになります。

> **（買主の追完請求権）**
> 第562条　引き渡された目的物が種類、品質又は数量に関して契約の内容に適合しないものであるときは、買主は、売主に対し、目的物の修補、代替物の引渡し又は不足分の引渡しによる履行の追完を請求することができる。ただし、売

---

[227] 潮見・新債権総論Ⅰ188頁では、特定物か不特定物かは当事者の主観によって定まるが、代替物か不代替物かは客観的に決まるため、特定物ではあるが代替物である（代替的特定物）という場合もありうるとしています。

主は、買主に不相当な負担を課するものでないときは、買主が請求した方法と異なる方法による履行の追完をすることができる。
２　前項の不適合が買主の責めに帰すべき事由によるものであるときは、買主は、同項の規定による履行の追完の請求をすることができない。

## 【豆知識】追完請求権としての修補

　民法改正前の瑕疵担保責任では、買主の追完請求権は認められておらず、現行民法において認められた買主の救済手段です。これが一番機能するのは、機械や部品の売買です。機械や部品の売買では売主はメーカーですから、修繕することはお手の物です。売主が目的物を修補して引き渡してくれれば、買主としても当初の目的を達することができ、合理的な解決方法と言えます。

　しかし、不動産売買は、土地や建物の売主が一般の消費者であれば、自ら雨漏りの修繕や埋設物の撤去はできませんし、事業者であっても売主が繊維メーカーや保険会社といった不動産取引とは全く関係のない事業を営んでいる場合は第三者に修繕工事を依頼せざるを得ません。

　特に、居住用の中古物件の売買では、修繕範囲や修繕のグレードについてなかなか合意に至れず紛争が長引くこともあります。建物に雨漏りがあることが判明し、売主が屋根と濡れた箇所の壁のクロスの貼り替えで十分だと主張しても、買主は、４面ある壁のうちの１面だけが違う色になったらおかしいからと４面全部の貼り替えを求めます。中古物件では、元のクロスと同じ品番・色番の商品はない場合が多いので、どのグレードの仕様にするかについても揉めます。感情的にこじれ始めると、買主は売主の手配した施工業者は信用できないから嫌だと言うし、売主は買主の手配した施工業者は過大な工事費用を請求しそうで嫌だと言うしで、なかなか合意ができません。さらに、補修工事後は、施工精度が悪いと言ってさらに紛争になり、いつまでたっても問題が解決しないだけでなく、買主はその家に住むこと自体が嫌になってしまって契約を解除したいと言い出し、問題は、契約不適合というよりは建築紛争の様相を呈していきます。

　このように、修補請求というのは、実は結構難しい問題を様々はらんでおり、追完請求としての修補請求よりは、損害賠償というお金での解決の方がドライで事案に即した抜本的解決に資するという場合もあるのです。

## ■損害賠償請求（民564条）■

履行の追完がなされても、なお、損害が発生していれば、買主は売主に損害賠償請求をすることができます。

上記の雨漏りの例であれば、雨漏りの修繕期間中は建物に住めず、ホテルで過ごしたというような場合であれば、雨漏りがなければ生じなかったホテル滞在費用については、雨漏りに起因する損害として売主に賠償請求をすることができます。ただし、超高級ホテルに不必要に連泊した費用は、雨漏りとの因果関係が証明できなければ賠償請求の対象にはなりません。

> （買主の損害賠償請求及び解除権の行使）
> 第564条　前二条の規定は、第415条の規定による損害賠償の請求並びに第541条及び第542条の規定による解除権の行使を妨げない。

## ■代金減額請求（民563条）■

買主が追完を求めているにもかかわらず、売主が追完をしないときには、買主は「催告」をし、相当期間の経過を待ってそれでも追完しないときには、代金減額請求をすることができます。

前述の雨漏りの例であれば、雨漏りの修繕をするように請求し、修繕してくれないときには再度、請求をし、相当期間が経過しても、売主が修繕をしないときに、買主は代金減額を請求することができます（民563条1項）。

> （買主の代金減額請求権）
> 第563条　前条第1項本文に規定する場合において、買主が相当の期間を定めて履行の追完の催告をし、その期間内に履行の追完がないときは、買主は、その不適合の程度に応じて代金の減額を請求することができる。
> 2　前項の規定にかかわらず、次に掲げる場合には、買主は、同項の催告をすることなく、直ちに代金の減額を請求することができる。
> 　一　履行の追完が不能であるとき。
> 　二　売主が履行の追完を拒絶する意思を明確に表示したとき。

> 三　契約の性質又は当事者の意思表示により、特定の日時又は一定の期間内に履行をしなければ契約をした目的を達することができない場合において、売主が履行の追完をしないでその時期を経過したとき。
> 四　前三号に掲げる場合のほか、買主が前項の催告をしても履行の追完を受ける見込みがないことが明らかであるとき。
> 3　第1項の不適合が買主の責めに帰すべき事由によるものであるときは、買主は、前二項の規定による代金の減額の請求をすることができない。

　代金減額請求は、代金減額の請求に先立って追完の催告をし、それでも追完されないことを要するのが原則です[228]。

　しかし、以下の場合には、催告しても無駄なので、催告をせずに直ちに代金減額請求をすることができます（民563条2項）[229]。

① 　履行の追完ができないとき（履行の追完不能）（民563条2項1号）
② 　売主が履行の追完を拒絶する意思を明確に表示したとき（民563条2項2号）
③ 　定期行為における時期の経過（民563条2項3号）

　これらは、いずれも「いまさら履行の追完をしてもらっても契約目的が達成できない場合」[230]を指します。

④ 　催告しても履行の追完を受ける見込みがないことが明らかであるとき（民563条2項4号）

## ■代金減額請求と損害賠償請求、解除■

　買主が売主に対し、代金減額の意思表示をしたときは、買主は、その後は追完に代わる損害賠償請求をしたり契約全部を解除したりすることはできません[231]。なぜなら、代金減額請求権は形成権であり、買主が代金減額の意思表示をすることによって、代金の当然減額が生じるからです。買主が売主

---

[228] 潮見・各論Ⅰ144頁、中田・契約法310頁。
[229] 潮見・各論Ⅰ144頁、中田・契約法310頁。
[230] 道垣内・リーガルベイシス133頁。
[231] 潮見・各論Ⅰ150頁。

に対し、代金減額請求をすると、引き渡された目的物はそのまま買主が保持し、代金は当然に減額されます。そのため、追完に代わる損害賠償をすれば二重取りになりますし、目的物を買主が引き受けている以上、解除もできません。

履行の追完とは関係のない損害については、賠償請求ができます。例えば、引き渡された土地に地中埋設物があり、その撤去費用相当額の代金減額請求をした場合、これに加えてさらに、撤去費用相当額の損害賠償請求はできません。しかし、埋設物撤去に時間がかかって賃貸マンションの建築着工が遅れ、当初計画していた4月からの入居に間に合わず、8月という妙な時期からの募集になったことから賃借人が集まらず、少なくとも、4月から8月までに得られたであろう賃料相当額は、買主が賃貸マンション建設用地としてその土地を購入することが、契約の内容になっていただけでなく、賃借人の募集時期の関係で遅くとも○月には着工する必要があるとして、着工時期を踏まえて契約締結日、引渡し日を決めたというような経緯がある等の債務者が予見すべきであった損害といえれば賠償請求は可能です。

 形成権
一方的意思表示により法律関係を形成することができる権利を形成権と言います[232]。取消権や、解除権、時効の援用などが形成権です。

## ■解除（民564条）■

契約不適合がある場合には、買主は売買契約を解除することもできます。

ア　催告解除

買主は、売主に対して追完の催告をし、催告後相当期間が経過したにもかかわらず、その間に追完がなされなかった場合には、契約解除ができます（民564条、541条）[233]。ただし、催告期間経過後の不適合が軽微である

---
[232] 潮見・民法（全）69頁。
[233] 潮見・各論Ⅰ169頁。

ときには解除はできません（民541条但書き）[234]。

イ　無催告解除（民542条1項）

催告解除が原則ですが、無催告解除も認められています。

① 追完が全部不能であること（民542条1項1号）
② 売主が追完を拒絶する意思を明確に表示したこと（民542条1項2号）
③ 一部不能の場合には、残存部分のみでは、買主が契約をした目的を達することができないこと（民542条1項3号）
④ 定期行為であるとき（民542条1項4号）
⑤ 催告しても契約をした目的を達するのに足りる履行がなされる見込みがないことが明らかであるとき（民542条1項5号）

瑕疵担保責任に基づく解除は、契約目的を達成できない場合にしか認められていませんでした。しかし、改正された現行民法では、売買契約の内容に適合しない目的物の引渡しを受けた買主は、催告をして相当期間が経過すれば、不適合の程度が軽微である場合以外は、解除することもできます[235]。

## Q 14-4
### 追完が不能であるかどうかの判断基準は何ですか。

A　追完が不能かどうかは締結された具体的な契約の趣旨に照らして判断されます。

履行の追完が不能（民563条2項1号）というのは、物理的に不能な場合に限定されません。当該契約や取引上の社会通念に従って、不能かどうかが判断されます。例えば、土壌汚染が判明し、4000万円を要する土壌改良工事が必要な場合、3000万円の土地の売買では、売買代金額を超えた額の土壌改良工事をすることは売主にとって意味がありませんから、社会通念上、追完が

---

[234] 中田・契約法312頁、潮見・各論Ⅰ170頁。
[235] 潮見・各論Ⅰ170頁。

不能である場合に該当します。しかし、3億円の土地の売買では、土壌改良費用に4000万円を要したとしても、追完は可能とされるかもしれません。

## Q 14-5

代金減額請求や解除において、催告を要しない場合として定期行為が挙げられています。定期行為とは具体的にどういう契約ですか。

　定期行為とは、「特定の日時又は一定の期間内に履行をしなければ契約をした目的を達することができない場合」（民563条2項3号、542条1項4号）です。契約目的不達成は、当該契約の趣旨に照らして判断されます。

年末にひしゃげた門松が届けられ、別の物を届けてほしい（追完請求としての代替物の引渡し請求）と求めたが、届けられないまま正月休みが明けてしまったとか、結婚式の朝に届いたブーケの花が萎れていて、取り換えを求めたが披露宴が終わり、ブーケトスも済ませてしまったなどの例があります。正月の後の門松とかブーケトスまで終わった後に届くブーケほど使い道のないものはありません。いまさら追完をしてもらっても契約目的が達成できないので、催告を要せず直ちに解除ができます。

しかし、土地や建物といった不動産の売買では、"いまさら追完してもらっても契約目的が達成できない"という定期行為に遭遇することはあまりありません。例えば、選挙事務所に使う予定で建物の売買契約を締結したけれど、建物に雨漏りがあって使えず、追完請求として修繕を求めたが、施工業者が相手方陣営を応援していたため、選挙が終わってからでないと対応してくれないというような場合は、契約の目的を達することはできないと判断される事案と考えられます。しかし、現実には、選挙事務所として使うために、建物を買うことは考えられません。建物を買うのではなく借りたのであ

れば、賃貸借契約においては、賃借物の一部が滅失等により使用および収益をすることができなくなった場合、それが賃借人の責めに帰することができない事由によるものであるときは賃料減額請求ができます（民611条1項）。残存部分のみでは賃借人が賃借した目的を達することができないときは、契約の解除ができます（民611条2項）。

## Q 14-6
### 契約不適合責任を負わないという約定を設けることはできますか。

 売主は、契約不適合責任を負わないという特約を設けることはできます。このような特約は、免責特約といわれ、有効です。しかし、免責特約について合意した場合であっても、契約不適合の事実について売主が「知りながら告げなかった事実」については免責されません。

### ■任意規定■

契約不適合責任に関する規定は任意規定ですから、当事者間でこれとは異なる約定を設けることは可能です。

現実の取引においては、

・売主が責任を負う範囲を限定するもの（建物の構造耐力上主要な部分以外は責任を負わないなど）
・売主が責任を負う期間を限定するもの（引渡しから1年間に限り、契約不適合責任を負うなど）
・売主の責任内容を限定するもの（解除は認めず、損害賠償だけで対応するなど）
・売主が全く責任を負わないとする契約不適合責任免除特約を設けるもの

などがあります。

## ■契約不適合責任を免除する特約■

　契約不適合責任に関する規定は任意規定ですから、当事者間の特約で、売主の契約不適合責任を排除することはできます。目的物の引渡し後に、売主も知らなかった事実が判明し、紛争になることを防ぐため、売主と買主との間で、契約目的物の品質や性状等について確認のうえ、売主は契約不適合責任を負わないことについて合意したのであれば、契約不適合の事実が判明しても、買主は契約不適合責任を追及できません。しかし、売買契約締結当時、売主が既に知っている事項で、買主に不利益な事項を敢えて伏せながら契約をし、後日、契約不適合責任は免除されているから責任を負わないというのは不公平ですし[236]、このような売主の行為は信義に反します。

　民法は、契約不適合責任を負わないという免除特約があっても、売主が知りながら告げなかった事実については、免責されないことを明記しています（民572条）。

## ■売主に事実を告知してもらう方法■

　用地取得の契約書では、契約不適合責任について特約を設ける場合と、何も条項がない場合とがあります。

　売主はできるだけ高く売りたいものです。契約不適合に該当する事項は、結局のところ、減額要素になるような事実ですから、売主には、このような不利な要素はなるべく黙って契約をしたいという心理が働きます。しかし、免責特約の有無にかかわらず、売買契約締結当時、売主が知りながら告げない事実については契約不適合責任は免責されません。

　用地取得において、仮に、売主は契約不適合責任を負わないという契約条項が設けられていたとしても、契約締結時に判明している契約不適合の事実は買主に告げておかないと、損害賠償請求の対象となるということを売主に

---

[236] 中田・契約法322頁では、「詐欺的なことでさえある」としています。

理解してもらう必要があります。ただし、売主に対し、自己に不利な事情を積極的に告知するよう求めても、それを正直に話してくれることを期待するのはなかなか難しいのが現実です。売主の人間性に期待するだけではなく、もっとドライに、「人は損得で動くものだし、それを責めるべきではない」という観点から、「買主注意せよ」の法格言にのっとり、目的不動産について、事前の調査などを踏まえて、考えられうる限りの売主にとっての不利な事項の有無、程度について地図や地歴、空中写真といった客観的資料に基づいて買主側から確認することは紛争回避につながります。

　私人間の売買では、一般的に、媒介業者が売主に対し、「告知書」や「物件状況等報告書」といった書面を手渡し、これに記載してもらって情報開示を求める方法がとられています。「告知書」等は、目的物の物理的欠陥に関する情報や、心理的・環境的な問題など、後日、買主との間で契約不適合に関して問題になりそうな事項について具体的に「有」「無」にチェックをつけてもらうようになっています。

　チェック欄は、できるだけ具体的に回答できるように工夫することも必要です。「有」「無」だけではなく、「知らない」というチェック欄があるものもありますが、居住していないから知らないのか、確認したことがないから知らないのか、興味がないから知らないのかがわからないのでは、せっかく「告知書」をもとに情報開示を求める意味が薄れます。

　定められたフォーマットに記載して、記載した年月日と住所・氏名を書くことは、口頭でのやりとりに比べて事実と異なる記載をすることに躊躇するのが通常ですから、書面の作成をお願いすることは比較的有効な手段です。「告知書」等を手渡す際に、「事実と異なる記載は、免責されないし、後日、紛争になりかねないので事実に即して記載してくださいね」と言い添えることも紛争回避の一つの方法です。

【豆知識】  破産財団に含まれる土地の売却

　破産財団に含まれている不動産を破産管財人が売却して換価するときには、市場で流通する価格よりも低額で取引されることがほとんどです。これは、破産財団に属する不動産の売買契約においては、担保責任免除特約が設けられていることに大きな要因があります。

　破産手続は、破産財団に属する財産を換価し、配当すれば終了します。破産管財人は、不動産を売却して換価していきますが、破産管財人を売主とする売買契約書には売主（破産管財人）は、契約不適合責任を負わない旨の特約条項が設けられています。破産管財人は、土地の所有者でも占有者でもありませんから、土地の品質や性能についてはわかりません。目的物の引渡し後、契約不適合が判明したときに破産管財人がこれに対応していると、いつまでたっても破産手続が終了しません。そのような危険をはらんだ契約では、売却に対する裁判所の許可も得られません。そこで、破産財団に含まれている土地の売買においては、売買契約締結時に予測していた品質や性能と異なる可能性があることをも契約内容とします。これが減額要素として働き、結果として、破産物件は、一般の市場価格よりも値段が低くなるのです。

## Q 14-7

契約不適合責任に基づく修補請求、損害賠償請求、解除をするには期間制限はありますか。売主に対し契約不適合責任を問うためには、買主は、いつまでに何をしなければならないのですか。

 　契約不適合責任を問うためには、買主は、目的物の引渡しを受けてから1年以内に売主に通知をしなければなりません。

### ■「通知」(民566条)■

　買主は、目的物の契約不適合を知った時点から1年以内に売主に通知をしないと、救済手段を使えなくなります。「失権効」と言われます。

　「通知」を要するとしたのは、契約に従った物を引き渡したと思っている売主の信頼もまた保護に値すること[237]、引き渡した物の種類や品質に関する欠陥等は、時間の経過とともにわからなくなることによります。

> **(目的物の種類又は品質に関する担保責任の期間の制限)**
> 第566条　売主が種類又は品質に関して契約の内容に適合しない目的物を買主に引き渡した場合において、買主がその不適合を知った時から1年以内にその旨を売主に通知しないときは、買主は、その不適合を理由として、履行の追完の請求、代金の減額の請求、損害賠償の請求及び契約の解除をすることができない。ただし、売主が引渡しの時にその不適合を知り、又は重大な過失によって知らなかったときは、この限りでない。

### ■種類、品質に関する不適合の通知■

　雨漏りを例にとれば、雨漏りが判明した段階では壁面の雨染みはそれほど大きくないものです。しかし、雨漏りが生じた状態を放置していると、雨が降るたびに壁の雨染みはどんどん広がり、天井から落ちてきた雨水で畳が腐ったり、フローリングが腐食したりし始めます。こうなると、もはや引渡し時の状態がどのようなものであったのかがわからなくなります。売主としても、もっと早く知らせてもらえれば、自分も確認できたのにということもあるでしょう。そこで、契約不適合を知った買主から、早い段階で契約不適合があることを売主に知らせて、売主もその存在を認識し、把握する機会を与えるために、買主からの通知を求めたのです。

　このような趣旨に照らせば、「通知」の内容は、単に「雨漏りがある」とか「シロアリが出た」などと契約との不適合がある旨を抽象的に伝えるだけ

---
[237] 道垣内・リーガルベイシス135頁。

では足りません。細目にわたるまで伝える必要はありませんが、「台所の東側の窓枠の上から雨漏りがして、窓の上の壁部分に雨染みができた」とか「お風呂と洗面所の取り合わせの部分からシロアリが発見されて、床をめくったら基礎がスカスカになっていた」など、売主が、不適合の内容を把握し、何が起きているのかを認識することが可能な程度に、不適合の種類や範囲を伝えることが求められます[238]。

■数量、権利に関する不適合■

数量や権利に関する不適合については、契約不適合責任に基づく権利を保存するための通知期間はありません。目的物の数量が不足していた場合には外見上明らかなことが多いでしょうし、少なくとも、検品の際に数えればわかるからです。

また、権利に関する不適合でも、土地や建物に担保物権や用益物権が付着していれば、登記等を確認すれば、対抗要件を有する権利か否かの判別は比較的容易です[239]。

## 14-8

契約不適合責任に基づく権利を行使するには期間制限はありますか。

通常の債権と同様に、時効にかかります。

■種類、品質に関する契約不適合における消滅時効■

種類、品質に契約不適合があることを知った時から1年以内に買主が売主

---

[238] 一問一答・債権関係285頁。
[239] 一問一答・債権関係285頁。

に通知をした場合には、失権効を免れ、契約不適合責任に基づく権利が保存されます。

　こうして売主に対する通知によって保存された権利は、通常の債権と同様の消滅時効の規律に服します。

　債権の消滅時効は、①債権者が権利を行使することができることを知った時から5年です。たとえば、公道に接していない土地に建物を建築することは建築基準法違反ですが、既に建物が建築されている場合は、ここにそのまま居住している限りは、取り壊しまで求められることはなく、いわゆる「既存不適格」として扱われます。しかし、このような物件は建築基準法上建替えができません。現在の建物を取り壊したら同じ規模の建物を建築できないことを知らずに売買契約をした場合には、契約不適合責任を問うことができますが、買主は、建替えの計画を立てるまで、契約不適合責任に基づく権利を行使できることを知りません。このような場合、新築計画を立てて工務店に相談に行き、建て替えができないことを知ったときが、①権利を行使することができる時であり、知った時から5年間は、契約不適合責任を問うことができます。しかし、引渡しから10年を経過すれば、既存不適格で建て替えができない土地であることを知らなかったとしても、②権利を行使することができる「引渡し」の時から10年間権利を行使しなかったとして、買主の権利は時効により消滅します。

> **（債権等の消滅時効）**
> 第166条　債権は、次に掲げる場合には、時効によって消滅する。
> 　一　債権者が権利を行使することができることを知った時から5年間行使しないとき。
> 　二　権利を行使することができる時から10年間行使しないとき。

## ■数量に関する契約不適合■

　数量に関する不適合には、権利を保存するための通知を要しませんから買主が契約不適合を知った時から5年または目的物の引渡し時から10年（民

166条1項）で時効消滅するという通常の消滅時効の規律に服します。

# ⑮ 賃借権が設定された土地の売買

　土地の利用形態は様々です。自己所有地を自ら使用するのが一番シンプルですが、他人所有地を賃借してその土地上に自宅として居住用の建物を建てたり、他人所有地を駐車場として借りることも日常的に行われています。借りた土地の上に建物を建て、その建物を自分で使わずに、第三者に賃貸するという形態もあります。
　公共用地の取得の観点から、賃貸借契約についての基礎知識を整理しておきます。

## Q 15-1

賃借権が設定された土地を売買することはできますか。

---

　賃借権が設定された状態で土地を売買することは可能です。土地の買主が、賃借人に対し、土地の明け渡しを求めることができるかどうかは、その賃借権に対抗力があるか否かによります。

### ■賃貸借契約■

> **（賃貸借）**
> 第601条　賃貸借は、当事者の一方がある物の使用及び収益を相手方にさせることを約し、相手方がこれに対してその賃料を支払うこと及び引渡しを受けた物を契約が終了したときに返還することを約することによって、その効力を生ずる。

　賃貸借は、当事者の一方が「ある物の使用及び収益を相手方にさせるこ

と」を約し、相手方が「これに対してその賃料を支払うこと」と「引渡しを受けた物を契約が終了したときに返還すること」とを約することによって効力を生じます（民601条）。書面による必要はなく、口頭でも成立する諾成契約です。

「ある物の使用及び収益を相手方にさせる」と規定されているように、賃貸借の対象は「物」です。具体的には動産と不動産です（民85条、86条）。他人の物の賃貸借も有効です。賃貸目的物が他人のものであると困るのではないかと思われるかもしれませんが、他人物賃貸借の場合も、賃貸人は賃借人に目的物を引渡して使用収益させる義務を負いますし、賃借人は賃料の支払いと契約終了時の目的物返還義務を負うことは同じです。ただ、他人物なので、賃貸人が目的物を引き渡せるかどうかは、目的物の所有者と賃貸人の契約関係によることになり、引き渡せなかった場合には、賃貸人は賃借人に対し債務不履行責任を負います。

賃貸人の使用収益させる債務と賃借人の賃料支払い債務とは、相互に対価としての意義をもちますから、賃貸借契約は、双務契約であり、有償契約です。

## ■契約期間■

賃貸借契約には、期間の定めのあるものとないものとがあります。契約書を確認すれば、契約期間は明らかになりますが、契約書がなければ土地の賃貸人と賃借人の双方から事情を聞いて、賃貸借契約の内容を確認します。居住用の建物の敷地が借地の場合には、50年以上にわたり、先代、先々代から契約書がないままに土地賃貸借がなされていることも珍しくありません。賃貸借契約に適用される法律は、その契約が締結された時点での法律なので、長期間にわたる賃貸借契約の場合には、どの法律が適用されるのかについて注意が必要です。

## ■対抗力のある賃借権■

賃借権は、債権ですから、賃借人は賃貸人に対してしか賃借権を主張することはできません。

　しかし、不動産賃貸借の場合には、登記によって、賃借人は賃貸借の目的となっている土地の買受人をはじめとする第三者に対し賃借権を対抗することができます（民605条）。

　不動産賃借権は債権ではあるが、間接的に不動産を目的とするものであり、登記で公示することが容易であることが理由となっています[240]。

---
**（不動産賃貸借の対抗力）**
第605条　不動産の賃貸借は、これを登記したときは、その不動産について物権を取得した者その他の第三者に対抗することができる。

---

## ■賃貸に供されている土地が売却されたときの譲受人と賃借人との関係■

　登記した賃借権は、登記がなされた後にその不動産を取得した者に対抗できます（民605条）。対抗できる相手方は、①「その不動産について物権を取得した者」と②「その他の第三者」です。土地所有者AがBに土地を売却しても、AB間の売買契約前にCが賃借権の登記をしていれば、土地の買主に対し、Cは、自己がその土地の賃借人であることを主張することができます。

　しかし、実は、賃借権の登記ができることは賃借人の地位を確保する上で、あまり現実的な解決にはなりません。なぜなら、賃借権の登記は、賃借権者となる者を登記権利者とし、土地の所有者を登記義務者とした共同申請なので（不登60条）、登記義務者である所有者の協力がなければ登記申請することができないからです。対抗力を有する賃借権によって土地所有権が制約されることを積極的に望む賃貸人はいません。土地の賃借人が賃借権の登記を求めても、土地の貸主から、「賃借権の登記をしなければならないなら

---

[240] 中田・契約法446頁。

貸さない」と言われると、賃借人は登記をあきらめない限り土地を借りることはできません。不動産は、「動かざる財産」であり、世の中に2つと同じものは存在しませんから、どうしてもその土地が借りたければ、賃借権の登記をしないまま賃貸借契約を締結せざるを得ないのです。現実にも、賃貸借の登記がなされている土地はほとんどありません。

---

【豆知識】 **賃借権の登記**

　賃借権は、賃貸借の目的となる不動産の登記簿に登記されます（不登3条8号）。一般的な登記事項である登記の目的（不登59条1号）、申請の受付の年月日および受付番号（不登59条2号）、登記原因およびその日付（不登59条3号）、権利者の氏名および住所、登記名義人が2人以上のときの持分（不登59条4号）等のほか、賃料（不登81条1号）、存続期間（不登81条2号）、賃料支払時期（不登81条2号）、賃借権の譲渡・転貸を許す旨の定め（不登81条3号）、敷金（不登81条4号）等が登記されます。

**不動産登記法**
**（登記することができる権利等）**
第3条　登記は、不動産の表示又は不動産についての次に掲げる権利の保存等（保存、設定、移転、変更、処分の制限又は消滅をいう。次条第2項及び第105条第1号において同じ。）についてする。
　一～七　　（略）
　八　賃借権
　九～十　　（略）

**（賃借権の登記等の登記事項）**
第81条　賃借権の登記又は賃借物の転貸の登記の登記事項は、第59条各号に掲げるもののほか、次のとおりとする。
　一　賃料
　二　存続期間又は賃料の支払時期の定めがあるときは、その定め
　三　賃借権の譲渡又は賃借物の転貸を許す旨の定めがあるときは、その定め
　四　敷金があるときは、その旨
　五　賃貸人が財産の処分につき行為能力の制限を受けた者又は財産の処分の

権限を有しない者であるときは、その旨
　六　土地の賃借権設定の目的が建物の所有であるときは、その旨
　七　前号に規定する場合において建物が借地借家法第23条第１項又は第２項に規定する建物であるときは、その旨
　八　借地借家法第22条第１項前段、第23条第１項、第38条第１項前段若しくは第39条第１項、高齢者の居住の安定確保に関する法律（平成13年法律第26号）第52条第１項又は大規模な災害の被災地における借地借家に関する特別措置法第７条第１項の定めがあるときは、その定め

### 【豆知識】賃貸人に対する登記請求権

　売買では、売主は買主に対し、対抗要件具備義務を負います（民560条）。そこで、買主は売主に対して登記請求権を有します。しかし、賃貸人は、賃借人に対し目的物を使用収益させる義務を負っているだけで、対抗要件具備義務はありません。判例上も、賃借人は、特約のない限り、賃貸人に対し、賃借権の登記を求める権利はないとされています（大判大10.7.11民録27輯1378頁）。

**（権利移転の対抗要件に係る売主の義務）**
第560条　売主は、買主に対し、登記、登録その他の売買の目的である権利の移転についての対抗要件を備えさせる義務を負う。

## ■地震売買■

　賃借権の登記がない場合、賃借権は債権ですから、賃借人は、売買によって賃貸借の目的物を譲り受けた新たな所有者に対して賃借権を主張することができません。これが大きな問題になってくるのは、土地を賃借して、借地上に建物を建てて居住している場合です。

　過去には、日露戦争後に地価が暴騰した時に、借地人が建物を建てて居住している土地が第三者に売却されて、借地人は、建物を取り壊して土地を明け渡すか、それとも、新たに土地所有者となった者との間で高い地代での賃貸借契約を締結して、居住を確保するかということを迫られ、社会問題とな

りました。これを地震売買といいます。土地が売買されることによって、建物の建っている基礎、つまり、土地賃借権が揺らいでしまうということです[241]。

## ■借地借家法■

建物所有を目的とする借地権を保護する観点から、1909年に、建物保護ニ関スル法律（略称：建物保護法）が制定され、借地人が借地上の建物について表示登記をしておけば、その土地の借地権（賃借権、地上権）の登記がなくても、第三者に対抗できることになりました。借地上の建物の表示登記は、土地賃貸人の協力を得なくても、借地人（建物所有者）が単独でできますから、建物保護法によって借地人の権利は強化されたのです。

さらに、1921年には、借地法と借家法が制定され、借家人は建物の引渡しを受けていれば、建物に賃借権の登記をしていなくても、賃借権を第三者に対抗できることになりました（借家法1条1項）。借家人がその建物に居住していれば、建物の引渡しを受けていますから、借家法1条1項によって賃借権を対抗でき、借家人の保護が図られました。

## ■借地権の対抗力について■

最判昭50.2.13判時772号19頁、判タ321号59頁は、昭和23年7月に被相続人が死亡した後、昭和35年に不動産登記法が改正されて職権で被相続人名義の表示登記がなされたという事案です。裁判所は、「借地権のある土地の上の建物についてなさるべき登記は権利の登記にかぎられることなく、借地権者が自己を所有者と記載した表示の登記のある建物を所有する場合もまた同条（筆者注：建物保護法1条）にいう「登記シタル建物ヲ所有スルトキ」にあたり、当該借地権は対抗力を有するものと解するのが相当である」としました。つまり、建物保護法1条（現行の借地借家法10条1項）の「土地の上に借

---

[241] 中田・契約法447頁、道垣内・リーガルベイシス183頁。

地権者が登記されている建物を所有するときは」とは、借地権者が自己を所有者と記載した表示登記をしていれば足りるとしています。

表示登記（不登2条3号）は、土地であれば地番、地目、地積など（不登34条1項）、建物であれば家屋番号や建物の種類、構造、床面積など（不登44条1項）不動産の表示に関する登記です。表示に関する登記の本質は、不動産の基本情報を記録して公示することです[242]。

【豆知識】 借地権

借地権とは、借地借家法によって保護される建物の所有を目的とする地上権または土地の賃借権をいいます（借地借家法2条1号）。

賃借権や地上権は、建物所有目的で設定される場合ばかりではなく、工作物の所有や竹木の所有のために設定することもできます。借地法や借地借家法は、建物所有目的の土地賃借権と地上権に限って、存続期間、効力等、建物賃借権についての契約の更新、効力等について特別の定めをし、借地条件の変更等の裁判手続に関して必要な事項を定めています（借地借家法1条）。

地上権は、他人の土地において工作物または竹木を所有するため、その土地を使用する権利です（民265条）。地上権は物権ですから、誰に対しても主張することができますが、登記がなければ設定者以外の第三者には対抗できません（民177条）。建物所有目的の地上権であれば、地上権の登記がなくても地上権が設定された土地上の建物の登記をしておけば、借地借家法により第三者に対して地上権を対抗できます。しかし、工作物や竹木を所有するために設定された地上権は、借地借家法による保護がないため、地上権の登記がなければ第三者に対抗できません。

## ■法律の適用関係■

建物保護法、借地法、借家法の3つの法律は、1991年の借地借家法の制定に伴い廃止されました。しかし、廃止前の建物保護法、借地法及び借家法の規定により生じた効力は妨げられません（借地借家法附則4条）。借地借家法

---

[242] 山野目・不動産登記法161頁、163頁。

が施行されるまでに締結された賃貸借契約は、契約が更新されても、旧法の建物保護法、借地法、借家法が適用されます。借地借家法の施行日は、平成4年（1992年）8月1日です。

　土地や建物の賃貸借契約は、50年前に締結されたものも珍しくありません。これらは、適用法条が異なるので、注意が必要です。借地や借家についての法律の適用関係を整理すると以下のとおりになります。

| | 対抗力を有する場合 | 適用条文 |
|---|---|---|
| 土地賃貸借 | 借地権の登記 | 民605条 |
| | 借地権者がその土地上に登記されている建物を所有する時 | 建物保護法1条（平成4年7月31日までの契約） |
| | | 借地借家法10条（平成4年8月1日以降の契約） |
| 建物賃貸借 | 建物賃借権の登記 | 民605条 |
| | 建物の引渡しがあったとき | 借家法1条1項（平成4年7月31日までの契約） |
| | | 借地借家法31条（平成4年8月1日以降の契約） |

## ■所有関係の調査の必要性■

　公共用地の取得の対象となる土地上に建物があると、土地だけではなく建物の全部事項証明書も取り寄せて権利関係を調査します。土地の全部事項証明書では賃借権や地上権の登記の有無を確認し、建物の全部事項証明書では、土地上の建物が誰の所有となっているかを確認します。

　建物の所有者を確認する過程では、土地の賃貸借契約の有無、現実に建物に居住している者についての調査をします。

　賃借権の登記がなされていることは稀ですから、賃借権の登記がなされていないということだけで、対抗力のある賃借権が設定されていないと即断することはできません。土地の登記の調査と並行して、土地上の建物が誰の所有であるかを建物の全部事項証明書の調査や現地調査によって確認し、土地の賃借人と土地上の建物の所有者とが一致すると、その借地権は、対抗力のある借地権です（借地借家法10条、建物保護法1条）。

## ■賃貸借契約が締結されていることが判明した場合の確認事項■

　用地取得において、賃貸借が設定されている土地であることが判明した場合には、土地所有者に賃貸借契約書の写しの提供を求め、
① 　契約締結日
② 　期間（いつからいつまでの契約か）
③ 　当事者（誰が誰に対して賃貸しているのか）
④ 　賃貸条件（賃料、支払方法、敷金や保証金の有無等）
⑤ 　使用目的（何のために賃貸借契約を締結しているか）
⑥ 　占有状況（現実に占有しているのは誰か）
等の事項を慎重に確認し、権原に基づく占有か否かを判断する必要があります。

　古い賃貸借契約では、契約書がない場合もあります。契約書がないときには、土地の貸し借りの事実がないか、「地代」をもらっている（支払っている）か、年払いか、月払いかといった支払方法や地代の額、土地の占有者は誰か、どのような権原に基づいて誰がいつ頃から使っているのかについて、賃貸人、賃借人双方への丁寧な確認が必要です。

【豆知識】　**権原と権限**

　土地利用権が問題になる場合には、「権原」という用語がよく出てきます。「権原」は「権限」の変換ミスではなく、ある行為をすることを正当とする法律上の原因[243]のことです。権利の限界を示す「権限」とは全く別の用語です。例えば、土地の賃借人が土地を占有しているのは、賃借権という権原に基づくものですし、地上権者が土地を占有しているのは、地上権という権原に基づくものです。不法占拠は、権原に基づかない占有です。いずれも、「けんげん」という読み方ですから、「権限」と区別しなければならないときには、俗に「けんばら」と言われることもあります。

---

[243] 道垣内・リーガルベイシス458頁、髙　秀成「『権限』とは何か」法学教室526号25頁以下。

「権限」は、代理権が問題になるときに出てくる用語です。授与された代理権の内容、代理権の範囲は、権限の問題です。例えば、新築マンションの販売代理などでは、売主たる事業者は販売代理業者に対し、契約締結権限は授与していても、契約解除の権限までは授与しないのが一般です。授与されている代理権の範囲外の行為は、無権代理となります。

## Q 15-2
借地上の建物の登記名義が同居の親族名義になっている場合でも、借地権を対抗することはできますか。

借地人と借地上の建物の所有者が一致しないと借地権を対抗することができません。建物所有を目的とする借地について、「借地権者が登記されている建物を所有するとき」は、第三者に対抗することができます（借地借家法10条、建物保護法1条）。

---
**借地借家法**
**（借地権の対抗力）**
第10条 借地権は、その登記がなくても、土地の上に借地権者が登記されている建物を所有するときは、これをもって第三者に対抗することができる。
2 （略）

---

現実には、借地上の建物が、建築資金を出捐した親族の名義になっていたり、相続登記が未了であるなど、現に居住している賃借人と建物の登記名義人とが一致しないことは珍しくありません。建物所有目的の土地賃貸借は、長期間にわたるのが通常です。契約をした賃借人が賃貸借期間中に亡くなると、相続が発生し、建物の相続登記が未了のときは、土地賃借人と建物所有者とが一致しません。建物所有者が、借地人として土地賃貸人（土地譲渡人・前所有者）に滞りなく地代を支払っていても、借地人名義の建物でない以上、土地の譲受人に対して借地権を対抗することはできません。

判例上も、「土地賃借人は、該土地上に自己と氏を同じくしかつ同居する未成年の長男名義で保存登記をした建物を所有していても、その後該土地の所有権を取得した第三者に対し、建物保護ニ関スル法律1条により、該土地の賃借権をもつて対抗することができない」とされています[244]。

## Q 15-3

賃借人が賃借した土地上に建物を建築して第三者に賃貸している場合は転貸借になるのですか。

　転貸借ではありません。この場合は、土地所有者と土地賃借人との土地の賃貸借契約と建物所有者（土地賃借人）と建物賃借人との建物賃貸借契約の2つの賃貸借契約です。建物所有目的の土地賃貸借では、賃借人が、借地上に建物を建築して土地を使用収益します。借地上の自己所有の建物を賃借人自らが使おうと、建物を第三者に賃貸して建物賃借人が建物の使用収益に付随して建物敷地を使おうと、それは、契約で定められた使用収益の範囲内です。判例も、転貸借とは、賃借人が賃借物を第三者に賃貸する関係をいうものであって、土地の賃貸人がその土地上に建設した建物を賃貸して建物の敷地としてその土地の利用をさせる場合には、土地の転貸借とはいえないとしています（大判昭8.12.11裁判例7巻277頁（民））。

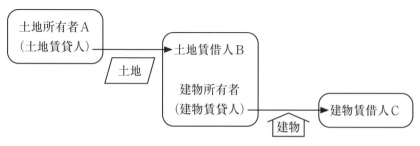

---

[244] 最判昭41.4.27民集20巻4号870頁、判時443号16頁。

## ■転貸借■

転貸借とは、賃借人が賃貸借契約の目的物をさらに第三者に賃貸することです。貸借の目的物は、ＡＢ間もＢＣ間もＡ所有の土地です。

土地所有者Ａ ──────→ 土地賃借人Ｂ ──────→ 土地転借人Ｃ
（土地賃貸人） | 土地 |　　　　　　　　　| 土地 |

## ■無断転貸の場合の法律関係■

賃借人は、賃貸人の承諾を得なければ賃借権を譲渡したり転貸したりすることはできません（民612条1項）。

> **（賃借権の譲渡及び転貸の制限）**
> 第612条　賃借人は、賃貸人の承諾を得なければ、その賃借権を譲り渡し、又は賃借物を転貸することができない。
> 2　賃借人が前項の規定に違反して第三者に賃借物の使用又は収益をさせたときは、賃貸人は、契約の解除をすることができる。

賃借人が賃貸人の承諾を得ずに第三者に賃借物の使用または収益をさせたときは、賃貸人は、契約を解除できます（民612条2項）。このような規定が設けられたのは、物の使用収益の方法が、人によって異なることに根拠があると言われています。使用方法や賃料の支払い状況、資力の有無など、誰がどのように土地を占有して使用収益するかは、賃貸人にとって重大な利害に関わります[245]。

民法612条は、不動産賃貸借だけではなく、動産の賃貸借についても適用されます。賃貸借契約の目的物が本や自転車といった動産である場合には、無断転貸借が解除事由になると規定している民法612条は、それほど違和感

---

[245] 中田・契約法439頁では、「これは、わが国の慣習を取り入れる（民法修正案理由書586頁）とともに、物の使用収益の仕方が人によって異なること、特に、田畑については小作人の勤勉さや才能によって収穫額が異なることを考慮したものである。賃料債務の履行の仕方や賃借人の資力が人によって相違があることも、付加できよう」としています。

はありません。むしろ、本や自転車を無断で"又貸し"されてしまうと困るという意識は誰もが有していることでしょう。

しかし、賃貸借契約の目的物が建物や建物所有を目的とする土地のように借地借家法の対象となるものである場合には、少し異なる衡量が必要です。建物や建物所有を目的とする土地は、生活や企業活動・経済活動の基盤となっていますし、財産的価値も有しています。

借地借家法の対象となる不動産賃貸借においては、判例上、「信頼関係破壊の法理」が確立しており[246]、賃借人が賃貸人の承諾なく第三者をして目的物を使用収益させた場合でも、その行為が賃貸人に対する背信的行為と認めるに足りない特段の事情があるときは、解除権は発生しません。

民法612条が無断転貸を解除事由と規定したのは、無断で賃借権を譲渡したり、無断で転貸借をしたりして、賃貸人の承諾のないまま第三者に賃借物を使用収益させる行為は、賃貸人と賃借人との間の信頼関係が破壊されるからです。したがって、賃借人が賃貸人の承諾なく第三者をして賃借物を使用収益させた場合であっても、賃借人の当該行為が賃貸人に対する背信的行為と認めるに足りない特段の事情がある場合においては、同条の解除権は発生しないとしたのです（最判昭28.9.25民集7巻9号979頁、判時12号11頁）。

実務上、信頼関係破壊の法理で大事なのは、「信頼関係が破壊されてはじめて賃貸借契約が解除される」という結論部分よりは、「特段の事情」について賃貸人と賃借人のどちらが立証責任を負うかという点です。無断転貸の場合には、

① 賃貸人の承諾を得ない転貸借がなされたときは、無断転貸借をするという行為自体が信頼関係を破壊する行為であるから、民法612条2項により解除事由となる。
② しかし、無断転貸借であってもこれが賃貸人に対する背信的行為と認めるに足りない特段の事情があるときは解除権は発生しない。

---

[246] 道垣内・リーガルベイシス178頁、中田・契約法424頁以下。

と少し理屈っぽく読みます。その結果、無断転貸をした賃借人が、「背信行為と認めるに足りない特段の事情がある」ことについての立証責任を負います。

## ■不動産賃貸借における信頼関係破壊の法理■

　建物所有を目的とする土地賃貸借や建物賃貸借において、解除や契約更新を認めるか認めないかをめぐって争いになると、賃借人から「居住権があるから解除できないはずだ」とか「正当事由がある」といった主張がなされることがあります。賃借人は、「これまでここで生活している以上、住み続けていられるという法律上の利益はそうそう簡単に覆らない」とか、「賃貸借契約を締結して居住している以上、賃貸人の都合で契約解除とか契約更新しないとか言われても、そんな主張は通らない」といった意味合いで述べることが多いようです。

　現実の紛争では、1年以上賃料不払いが続き、催告を繰り返しても支払いがなく、とうとう契約を解除され、土地所有者から建物収去土地明渡しの訴えを提起されたような事案でも賃借人から「居住権」の主張がなされたりもします。

　民法は、憲法のように個人と国家の関係ではなく、私人間の権利関係に関する規律ですから、住み続ける権利としての「居住権」という捉え方はせず、賃貸借契約は解除できるか（解除事由があって解除されれば土地の占有権原はなくなるので賃貸人は明渡し請求ができる）とか、更新拒絶を主張できるか（更新拒絶できれば賃貸借契約は期間満了によって終了するから土地の占有権原はなくなり、賃貸人は明渡し請求ができる）という観点から考えることになります。賃貸借契約は継続的契約関係であり、賃貸人と賃借人との信頼関係を基礎とする契約類型であることから、不動産賃貸借における解除は、信義則上、単なる不履行ではなく当事者間の信頼関係が破壊される程度にいたることが必要とするという信頼関係破壊の法理が適用されます。

　賃借人は賃料支払い義務を負いますが、この賃料支払い義務の不履行が甚

だしい場合には、信頼関係が破壊されたとして解除できます。１か月程度の不払いでは、引落し口座の残高不足が原因ということもありえますから、賃貸人と賃借人との間の信頼関係が破壊されたとまではいえないことも多くあります。

　賃貸借契約書には、不動文字で「１か月以上賃料及び共益費を滞納した場合は、賃貸人は賃借人に対して何らの通知、催告なく契約を解除することができる」という規定を設けているものもありますが、１か月の賃料不払いを理由に契約を解除すると、まず間違いなく、「信頼関係が破壊されたとは言えない特段の事情がある」と反論され、信頼関係破壊の有無が争点になります。むしろ、支払期限を徒過するとすかさず催告をし、催告にもかかわらず賃料を支払わない期間が３か月程度経過すると、賃料不払いの事実と契約における経過事実を合わせて信頼関係が破壊されたとして訴訟での争点を一つ減らした上で契約解除の通知を行うのが一般です。

## ■私人間の土地売買契約書で売主に賃借権等の解除を義務付ける意味■

　私人間の土地売買契約では、以下の条項のように、担保物権のほか、地上権や地役権といった用役物権を消滅させることや賃借権等を解除することまで含めて一切の負担のない完全な所有権の移転を求めるものがほとんどです。このような権利が設定されていると、せっかく売買により土地を取得しても、買主は、その土地を自由に使用収益することができなくなるからです。

> 【売買契約書】
> 第●条　売主は、買主に対し、本物件について、第●条の所有権移転時期までにその責任と負担において、先取特権、抵当権等の担保権、地上権、賃借権等の用益権その他名目形式の如何を問わず、買主の完全な所有権の行使を阻害する一切の負担を除去抹消します。

　しかし、国の用地取得における土地売買契約では、売主に対して抵当権や

根抵当権といった担保物権を消滅させることは義務付けているものの、用益物権や賃借権を消滅させることが規定されていないという点で、私人間の土地売買契約には見られない特徴があります。

これは、用地取得の土地売買契約が個別払い主義（公共用地の取得に伴う損失補償基準5条）、控除主義（公共用地の取得に伴う損失補償基準11条）を原則としていることによります。対象となる土地が賃貸に供されているような場合には、土地所有者と賃借権者の双方と用地交渉をして、土地所有者との間で土地代金にかかる合意が調い、土地所有者と賃借権者との間で賃借権消滅にかかる権利割合について合意が調うと、売主（土地所有者）に対しては、土地代金（更地価格）から権利消滅補償料を控除した額を支払い、賃借権者に対しては、権利消滅補償料を支払うという処理をするため、売主に賃借権を消滅させる義務を負わせる必要がないのです。

国の用地取得においてこのような取扱いがなされる理由について明確に書いたものはありませんが、不動産賃貸借における借地借家法の「正当事由」についての考え方が参考になります。

## ■不動産賃貸借における「正当事由」■

土地の賃貸借において「正当事由」が問題になるのは、建物所有目的での土地賃貸借において賃貸人が契約の更新を拒否する場合です。

借地借家法では、借地権の存続期間が満了する場合に、借地権者が契約の更新を請求したときは、建物がある場合に限り、従前と同一の条件で契約を更新したものとみなす（借地借家法5条1項）という規定があります。

借地借家法5条1項は、契約締結段階で、更新のない契約であることを当事者間が合意している定期借地権には適用されませんが、それ以外の借地契約（「定期借地」の対概念として「普通借地」と言われることもあります）には当てはまります。

期間満了に際し、賃貸人が「遅滞なく異議を述べたときは、この限りでない」（借地借家法5条1項但書）と規定されていますが、賃貸人が更新につ

いて異議を述べたらそれだけで更新拒絶が認められるわけではありません。更新拒絶の要件として、「前条（借地借家法5条）の異議は、借地権設定者及び借地権者が土地の使用を必要とする事情のほか、借地に関する従前の経過及び土地の利用状況並びに借地権設定者が土地の明渡しの条件として又は土地の明渡しと引換えに借地権者に対して財産上の給付をする旨の申出をした場合におけるその申出を考慮して、正当の事由があると認められる場合でなければ、述べることができない」（借地借家法6条）と規定されています。

異議自体は、特別の方式や形式を必要とせず、具体的には「更新はしない。土地を返してほしい」という申出をすれば足ります。問題は、借地契約が更新されずに終了することを「正当」とする総合的で客観的な事情があり、それが社会的に是認されるものであるかということです[247]。借地借家法6条が掲げている以下①〜③等を総合的に考慮して判断されます。

① 賃貸人が土地の使用を必要とする事情
② 借地に関する従前の経過および土地の利用状況
③ いわゆる立退き料の額

賃貸人が自己使用の必要があるという事情だけで、立退料を一切支払わなくても（立退料0円）正当事由が認められるというわけではなく、事案に応じた総合考慮がなされますから、①＋③、①＋②＋③ということも珍しくありません。

正当事由があるかないかは、当事者が裁判外で判断することはできません。「正当事由」は、紛争解決の最終局面である訴訟において機能する概念です。明渡しを求める賃貸人側が訴えを提起して証拠を調べ、契約を更新しないで終了させることが正当であることを主張立証[248]することになります。その結果、用地取得において土地所有者である賃貸人に賃貸借契約の解除を義務付けると、「正当事由」の有無を巡って争いが続き、いつになったら契約が解除されて賃借権の負担のない土地を取得できるかの目途が立ちにく

---

[247] コンメンタール借地借家法45頁。
[248] コンメンタール借地借家法45頁。

と言えます。むしろ、個別払い主義により、土地所有者と土地賃借人に個別に交渉しながら、控除主義のもとで解決する方が目途も立ちやすく早期解決につながる場合も多いと言えます。

# Q 15-4

土地上に建物や構築物がある場合には、土地の利用関係について事実確認をすることは比較的容易ですが、売買契約締結後に実は、資材置き場として賃貸に供されているという事実が判明した場合、買主は賃借人に対し、明渡しを求めることはできますか。

　資材置き場としての賃貸借契約は借地借家法の適用がありませんから、賃借人は買主に対し、賃借権を対抗できず、買主は土地の明渡し請求をすることができます。

　土地上に建物や構築物があるときには、これらの所有者は誰なのか、賃貸に供されているのか、使用貸借（つまり無償使用）に供されているのか、賃貸借契約書はあるのか、何を目的とした賃貸借契約が締結されているのか、といった契約内容を土地所有者に確認することができます。土地所有者と建物所有者とが一致していれば、所有権に基づいて建物を建築しているだけのことですから、用地取得において交渉する相手は土地所有者一人です。土地と建物の所有者が一致していなければ、権原の有無も含めてさらに調査をすることになります。このように、土地上に建物や構築物がある場合には、「誰が何の権原に基づいて（もしくは、何の権原もなく）土地を使用収益しているのか」という調査事項に目が向きやすく、調査漏れが生じにくいと言えます。

　しかし、駐車場や資材置き場として賃貸に供しているが、長年にわたって現実に使用されていなかったような場合には、土地所有者が「実は、土地を

資材置き場として賃貸しています」と言ってくれないと土地の賃借人がいること（つまり、土地が賃貸に供されていること）がわかりません。

　土地所有者は、「もう使わないだろう」と思って言わなかったのか、それとも、賃借人の存在が判明すると、結果として自分が取得することになる補償金の額が減額されることが嫌だったのか、担当者としてはあれこれ思い悩むかもしれませんが、万一、こういう事態に遭遇したら、「そういうことは早く言ってもらわないと困ります」とやり取りしていても仕方がありません。物事は、起こってしまった理由を考えるよりは、どうやって後始末をするかということの方が大事です。

　後始末の知恵は、法律の原則から考えることで、解決の道が見えてきます。

　これまで解説してきたように、対抗力のある賃借権でない限り、「売買は賃貸借を破る」のが原則です。対抗力のある賃借権といえるのは、
① 賃借権の登記をすること
② 借地上に賃借人の名義で登記されている建物を賃借人が所有していること（借地借家法10条1項）
③ 借家人であれば、賃借人が借家の引渡しを受けていること（借地借家法31条）
の3つです。土地の資材置き場や駐車場が問題になっている場合は、借家の対抗力の問題ではありませんから、①か②ということになります。しかし②は、土地上に建物が存在することが大前提ですから、この事案には当てはまりません。残るは①ですが、土地の資材置き場や駐車場として利用するために賃借権の登記をすることはまずありません。むしろ、賃借権の登記があれば、登記簿の調査の時点で判明しているはずです。そこで、①の問題はなくなります。

　つまり、駐車場や資材置き場として使用していた賃借人は、土地の買主に対して、自己の賃借権を主張できませんから、土地が更地で残置物が何もなければ、買主は、何らの障害なく購入した土地を使用収益することができま

す。逆に言えば、何か残置物があれば、「これは誰のものですか」と確認ができますから、このような問題は生じないともいえます。

　賃借人は、「はじめに土地所有者から駐車場や資材置き場としての利用形態について説明を受けていたら、賃借権の対抗力の有無にかかわらず、控除主義の下、賃借権者に権利消滅補償料が支払われるのにおかしいではないか」と主張するかもしれません。しかし、個別払い主義、控除主義のような取扱いがなされるのは、土地所有者である賃貸人が賃貸借契約の存在を認め、賃貸人と賃借人との間で合意が調っていることを踏まえて、買主との間でも合意の上、売買代金の支払い方法として控除主義という形で補償金が支払われるからなのです。

　買主の側でできる限りの適切な調査を経ても賃借人の存在が明らかでない以上、買主との関係では対抗力のない賃借人に過ぎません。賃借人から補償金等の請求がなされたとしても、本来対抗できない賃借権ですから、合理的な土地代金（更地価格）を売主に支払った以上、買主には、賃借人に対して補償金等の支払い義務はありません。

　賃借人は、知らない間に土地が売買されて賃借権が消滅してしまい損害を被ったというのであれば、これは賃貸人に対して損害賠償請求ができるかどうか、という賃貸人と賃借人との間の問題に帰着します。

　長年にわたり使っていなかったからといって自動的に権利が消滅するわけではありませんから、賃貸人が土地を売却してしまったので賃借人は、その土地を使用収益することができなくなったとして、賃貸人の賃借人に対する賃貸借契約の目的にしたがって使用収益できるようにしておく義務（民601条）の履行不能を理由に賃貸借契約を解除して損害賠償請求することが考えられます。損害の内容は、賃貸人が使用収益させてくれなかったために、他の土地を借りざるを得なくなり出捐せざるを得なくなった費用相当額等が考えられます。また、契約解除による構成ではなく、買主に対して賃借人の存在をきちんと説明してくれていれば、得られたであろう補償金を所有者が不当に取得したとして不当利得返還請求（民706条）、故意または過失により賃

借人の存在を告げる義務を怠ったことにより、得られたであろう補償金を得られなかったとして不法行為に基づき、補償金相当額の損害賠償請求ということも考えられます。どのような法律構成をして、いくらの損害賠償請求をするかは賃借人の自由です。しかし、長年にわたって使っていないとか使っている形跡もないという土地の場合には、当事者間で契約関係が終了しており、現に地代をもらっていない等の反論が出てくることはまず間違いなく、これまでの経緯についても認識の相違が出てくるでしょうから、賃借人は、仮に訴訟になった時に主張立証できるか、ということを踏まえて現実的に検討する必要があります。

したがって、万一、こういう問題が生じても、適時適切な調査をした上でのことであれば、元所有者と借主との問題であってそれほどあわてる必要はないということになります。しかし、紛争を残した形で用地取得を行うことは望ましいとはいえず、用地取得を契機として生じないことが何よりですから、買主の側でできる限りの適切な調査を行うことを前提として、土地所有者からの聞き取りや現地確認には細心の注意をもって当たることが肝要です。

## 15-5
### 農地を借りて耕作している場合、これも賃借権ですか。

どのような権原に基づいて耕作しているかによりますが、農地の場合は、農地法による特別の取扱いがあります。

農地を耕作する権原として考えられるのは、①賃借権、②永小作権の2つです。永小作権は物権です。現在では、他人所有地の耕作は、ほとんどの場合は賃借権であり、昨今のように、農地所有者が高齢化して耕作ができなくなり、農地が荒れるにしのびず、知り合いの農家の方に"お願いして耕作し

てもらっている"というような場合には、対価の支払いを要しない使用貸借という場合もあるでしょう。

　農地の賃貸借は、その登記がなくとも、引渡しをもってその後に物権を取得した第三者に対抗できる（農地法16条）とされ、借地権と同様の特別の取扱いがされています。また、農地について所有権の移転や賃貸借等の使用収益を目的とする権利を設定しようとする場合は、原則として農業委員会の許可を得なければならず（農地法3条1項）、当該許可を受けないでした行為は無効となります（農地法3条6項）。農業委員会はその所掌事務を的確に行うため、農地の保有および利用の状況、借賃等の動向等の農地に関する情報の整理の一環として、一筆の農地ごとに農地台帳を作成しています（農地法52条の2）。所有権の移転や賃貸借等の使用収益を目的とする権利の設定に関する事項や許可等の内容は、農地台帳に登録されます。農地に関しては、このように様々な農地法上の規制があります。

　こうした規制対象となる農地法上の農地は、「耕作の目的に供される土地」（農地法2条1項前段）と定義されています。「耕作」とは、土地に労費を加え肥培管理を行って作物を栽培することをいい、「耕作の目的に供される土地」には、現に耕作されている土地のほか、現在は耕作されていなくとも耕作しようとすればいつでも耕作できるような、すなわち、客観的に見てその現状が耕作の目的に供されるものと認められる土地（休耕地、不耕作地等）も含まれます[249]。農地法上の農地に該当するか否かの判断は、裁判例の集積があり、「その土地の現況によって判断するものであって、土地の登記簿の地目によって判断してはならない（処理基準）。土地の事実状態によって判断すべきものであり、所有者の取得目的や地目とは直接の関係はない」[250]とされています。

　そこで、土地の現況を確認することは当然の前提ですが、土地の登記上の地目が農地となっていない場合でも、上記の判断も踏まえ、

---

[249] 髙木＝内藤・農地法33頁。
[250] 髙木＝内藤・農地法34頁。

① 所有者は誰か
② 耕作しているのは誰か
③ 所有者と耕作者が異なる場合には、どのような契約関係か

について、農地法上の許可の有無、内容も含めて、丁寧な事情聴取をし、十分な調査を経た上で、正しい権利関係を把握し、過たずに補償金を支払えるようにすることが大切です[251]。

---

[251] 農地台帳については、eMAFF農地ナビ（農地情報公開システム https://map.maff.go.jp）を参考にすることもできます（個人情報保護のため、氏名・住所など一部の情報は閲覧できません。）。

# 16 担保に供された土地の売買

　抵当権や根抵当権が設定されている土地は珍しくありません。私人間の土地の売買契約では、通常、「土地に質権、抵当権又は先取特権が設定されており、又は存するときは、当該権利を消滅させる」といった条項が設けられています。このような条項はなぜ設けられているのでしょうか。担保が設定されたままの土地を買い受けると、どんな問題が生じるのかについて考えます。

## ■権利の対象■

　土地の所有権は、法令の範囲内で土地を自由に使用・収益・処分できる権利です（民206条）。使用・収益の方法は、土地所有者が自分で使用・収益するほか、第三者に賃貸して賃料収益を得ることもあります。

　さらに、土地は財産的価値が高いので、土地を担保に融資を受けることもあります。このとき抵当権や根抵当権を設定します。抵当権や根抵当権は、担保物権といわれ、債務者が債務を履行しないときに、その財産から優先的に債権の弁済を受けることができます。抵当権や根抵当権は、登記簿の乙区欄に記載されます。

## 16-1

**抵当権とはどんな権利ですか。**

　抵当権は、目的物の占有を抵当権者に移転せず、被担保債権が弁済されない状況になった時に、抵当権の実行手続を開始することに

よって優先弁済を受けることができる権利です。

## ■物的担保と人的担保■

　1000円や2000円といった少額であっても、お金を借りたまま返してくれない人から回収するのはなかなか大変です。これがもっと大きな額になると、お金を貸す時点で、果たして返済能力はあるのか、万一返済されなかった場合、どうやって回収するのかを考えなければなりません。債権者平等の原則がありますから、いずれの債権も法的には同価値であり、発生の前後や債権の種別による優劣はありません[252]。債務者の一般財産（総財産）は、すべての債権者にとって平等に引き当てになりますし[253]、債務者の総財産は、増減しますから、担保としては極めて不十分です。そこで、他の債権者に先んじて、優先的に債権を回収して貸し倒れの危険を回避する手段が担保です。

　担保には、物的担保と人的担保があります。物的担保は、特定の「物」から優先的に弁済を受ける担保です。抵当権や根抵当権がその典型です。人的担保は、債務者以外の者の信用力（一般財産）で債権回収における優先的地位を確保する担保[254]をいい、保証がその典型です。

## ■抵当権の特徴■

　住宅ローンを思い浮かべるとよくわかりますが、金融機関から住宅購入資金を借りると、金融機関は融資を受ける者が所有している住宅（土地・建物）に抵当権を設定します。抵当権者である金融機関は、抵当権を設定した土地や建物を占有はしません（民369条1項）。所有者は抵当権が設定された土地や建物に居住し続けてもいいのです。この点が、目的物の占有の移転を伴う不動産質権（民356条以下）との大きな違いです。抵当権は、占有を移転せずに居住や生産活動を継続できることから、現代社会において、資金調達にお

---

[252] 潮見・民法（全）188頁、中田・債権総論241頁、潮見・新債権総論Ⅰ638頁。
[253] 河上・担保物権法講義2頁。
[254] 潮見・民法（全）188頁、内田・民法Ⅲ395頁、477頁。

ける担保として重要な機能を果たしています。

　抵当権者は占有をしていませんから、誰が抵当権を設定しているかは土地や建物の占有状況を見てもわかりません。しかし、登記事項証明書を見れば抵当権の有無およびその内容（年月日、原因、債権額、債務者、抵当権者）が公示されています。

> （抵当権の内容）
> 第369条　抵当権者は、債務者又は第三者が占有を移転しないで債務の担保に供した不動産について、他の債権者に先立って自己の債権の弁済を受ける権利を有する。
> 2　地上権及び永小作権も、抵当権の目的とすることができる。この場合においては、この章の規定を準用する。

## 抵当権の実行とは、どういうものですか。

担保不動産競売と担保不動産収益執行とがあります（民執180条）。

　競売は、抵当権が設定されている不動産（「目的不動産」といいます。）を競売手続に付して、買受人の代金納付により担保権を有する債権者に配当が行われる手続です。

　担保不動産収益執行とは、目的不動産について管理人を選任して、そこから上がった収益を被担保債権の弁済に充てる方法によって担保権者が優先的に弁済を受ける手続です。現行民事執行法では、競売により買受ける者を「買受人」と表記し（民執77条等）、「競落人」とは言いません。

# Q 16-3

競売による不動産担保権の実行は、どういう手続で行われますか。

競売による不動産担保権の実行は、抵当権者の申立て → 差押 → 強制換価 → 配当（満足）という手続の流れとなります。

## ■担保執行の申立て■

競売は、書面による申立てにより行われます（民執2条、民執規1条）。具体的には、抵当権者が担保不動産競売申立書を執行裁判所に提出することにより開始されます（民執181条）。

強制執行は、請求権の強制的満足のために個別の債務名義に基づいてなされる執行です。一方的な申立てを容れて執行を作動させると国民の財産権を不当に侵害する恐れが大きいため[255]、確定判決（民執22条1号）、仮執行の宣言を付した届出債権支払命令（民執22条3号の3）や仮執行の宣言を付した支払督促（民執22条4号）、債務者が直ちに強制執行に服する旨の陳述が記載されている公正証書（民執22条5号）、和解調書（民執22条7号）など請求権の存在や範囲を確証する法定の文書を提出しなければなりません。

これに対し、抵当権や質権、先取特権の実行として目的財産を売却その他の方法によって強制的に換価し、被担保債権の満足をはかる民事執行法上の手続が担保執行です。担保権の実行は、担保権の存在を証する文書である登記事項証明書を提出すれば足ります[256]。抵当権が設定されたままの土地を買い受けると、土地の買主が関与しない間に、抵当権者が執行裁判所に登記事項証明書を提出して競売申立をされる恐れがあるのです。

「執行裁判所」とは聞き慣れないかもしれませんが、執行処分を実施する

---

[255] 中野＝下村・民事執行法4頁。
[256] 中野＝下村・民事執行法350頁。

裁判所をいいます（民執 3 条）。執行裁判所は原則として地方裁判所です（裁判所法25条）。

## ■競売開始決定■

　執行裁判所が、競売開始決定をすると、執行官による現況調査（民執57条）と評価人による評価（民執58条）が行われます。執行裁判所は、執行官の作成した現況調査報告書と評価人（通常は、不動産鑑定士）が提出した評価書に基づき、売却基準価格を定めます（民執60条 1 項）。

　裁判所書記官は、現況調査と評価の結果を踏まえて、買受人が引き受けるべき不動産の権利関係および仮処分の失効並びに法定地上権の概要等を記載した物件明細書を作成し、この写しを現況調査報告書、評価書の写しとともに執行裁判所に備え置き、あるいはインターネットで閲覧に供します（民執62条、民執規31条）。これにより、一般市民の競売参加を容易にし、適正な売却の実現を図ろうとしているのです[257]。物件明細書、現況調査報告書、評価書は、「三点セット」と言われ、競売に参加しようとする者は、これをもとに競売に参加するか否か、参加する場合にどのくらいの額にするかといったことを検討します。

## ■売却■

　執行裁判所は、売却決定期日において、最高価買受申出人に対する売却の許否を審査して、売却の許可または不許可を言い渡します（民執69条）。

　売却許可決定が確定すると、買受人は、裁判所書記官が定める期限までに代金を執行裁判所に納付しなければなりません（民執78条 1 項）。

　買受人は代金を納付した時に不動産の所有権を取得します（民執79条）。他方で、配当を受けるべき債権者（民執87条）に配当が実施されます。

---

[257] 司法研修所・民事執行55頁。

## ■民事執行法184条■

担保不動産競売において、代金の納付によって買受人が不動産を取得すると、「抵当権は存在しない」とか「抵当権は既に消滅していて登記が残っているだけです」と言っても効果は覆りません（民執184条）。

> **民事執行法**
> **（代金の納付による不動産取得の効果）**
> 第184条　担保不動産競売における代金の納付による買受人の不動産の取得は、担保権の不存在又は消滅により妨げられない。

この公信的効果の理論的な説明は諸説あります[258]。しかし、理屈はともかく、抵当権が設定されたまま抹消せずに不動産を買い受けたり、抵当権は抹消したけれど登記は抹消せずに残ったままだったりすると、土地や建物の全部事項証明書を提出するだけで競売申立てが開始されてしまい、抵当権の登記が残っているだけで実体がないから大丈夫だと放置している間に代金納付がなされると、買受人が不動産の所有権を取得するというなかなかコワイ効果があります。

民事執行法184条の適用により、買受人が所有権を取得したときの解決方法としては、売却代金から満足を受けた債権者に対し、民法703条の規定に基づく不当利得返還請求権を有する（最判昭63.7.1民集42巻6号477頁、判時1286号57頁）とされています。これは通常訴訟ですから、相当時間がかかりますし、勝訴しても金銭的解決に過ぎず、土地が戻ってくるわけではありません。勝訴したからといって用地取得の目的が達せられるわけではないのです。

---

[258] 競売手続開始前および競売手続中に与えられる手続保障を活用しなかったことによる手続上の失権効とみる説、債務者が競売阻止に出なかったことにより買受希望者に所有権取得可能な外観を作出したとする説、信義則によるとする説などがあるが、いずれも当を得ないとされています（中野＝下村・民事執行法379頁）。

## Q 16-4

**不動産競売における売却の方法にはどんなものがありますか。**

A 不動産競売における売却の方法には、入札（民執規34条以下）、競り売り（民執規50条）、特別売却（民執規51条）があり（民執64条2項）、裁判所書記官が各個の事件の事案に即して、対象物件の特質に応じ、裁量によりそのいずれかを選択します[259]。

入札には、期日入札と期間入札の二つの方法があります。期日入札は、入札期日に入札をさせた後、開札を行います。期間入札は、入札期間内に入札をさせて開札期日に開札を行います（民執規34条）。開札が終わったときは、執行官は、最も高い入札価額を記載した入札人を最高価買受申出人と定めます（民執規41条3項）。

競り売りは、競り売り期日に買受けの申出の額を競り上げさせる方法により行います（民執規50条1項）。買受けの申出をした者は、より高額の買受けの申出があるまで、申出の額に拘束され（民執規50条2項）、執行官は、買受けの申出の額のうち最高のものを3回呼び上げた後、その申出をした者を最高価買受申出人と定め、その氏名または名称および買受けの申出の額を告げます（民執規50条3項）。

### ■入札と競り売りのメリットとデメリット■

旧競売法34条では、入札は債権者の申立てがなければできないと規定されていたため、競り売りを原則にしていました。しかし、「日本人は人前で競ったりすることを好まない。競売場へは一般の人は出てこない。出てくるのは特殊な競売を専門とするブローカーだけになってしまう」、「換価方法に

---

[259] 中野＝下村・民事執行法503頁以下。

については、民事執行法（民事執行規則）は、入札を原則とし、しかも、郵便で入札ができ、買受人が開札期日に出頭しないでもよい「期間入札」という制度を創設し、本庁の執行裁判所では、すべてこの制度を採用しているほど利用されているし、ブローカー対策には効果的である」[260]と言われるような実態がありました。

実際、競り売りと期日入札では、「売却実施期日に買受希望者が一所に会する点で、売却参加をめぐって不当な威迫・欺罔等をうけるおそれを払拭できないのに対し、期間入札では、買受希望者の参集がなく郵便入札も許される点で、買受申出の妨害を遮断でき、売却の公正を担保できる」。「一般論としては、競り売りよりも入札がわが国の民情に合うように思われる。特に期間入札が最も多長寡短であり、その普及は、悪質業者の跋扈に委ねられてきた競売手続の旧態を脱却していくために極めて有効適切な方法といえる」[261]とされています。

期間入札は、公正な競売手続というだけではなく、「密」を避け、郵便入札も可能という点で、新型コロナウイルス感染防止対策としても、望ましい手続といえるかもしれません。

## ■特別売却■

特別売却は、入札や競り売りにおいて買受申出がなかった不動産について、裁判所書記官が執行官の積極的努力に期待して行わせる補充的な売却方法です[262]。農地や私道、共有持分などでは、需要が限定され、競売を繰り返してもなかなか買い手のつかない場合が多々あります。

執行裁判所が執行官に特別売却の実施を命ずる際には、売却実施の方法や期限その他の条件を付することができますが（民執規51条1項）、条件を付す

---

[260] 浦野雄幸「不動産執行・不動産競売をめぐる実務上の問題点」11～12頁（東京弁護士会弁護士研修委員会編「研修叢書5　民事執行をめぐる実務上の問題点（専門講座講義録）」（1986年2月）。
[261] 中野＝下村・民事執行法504頁。
[262] 中野＝下村・民事執行法504頁。

か否か、条件の内容は、執行裁判所の裁量に委ねられます。執行裁判所が何も条件を付さないと、執行官の裁量により適宜の方法で売却が実施されます。

筆者の実家がお世話になっているお寺のご住職は、執行官から、「寺の墓地の隣を買うてもらえませんか」と持ち掛けられ、「墓地の隣や言うても斜面地の草むらですからなぁ。管理が大変なんで渋っとったんですが、お国が困っとられるから仕方ないですわ」と買受けられたそうです。

特別売却においては、通常は、複数の者の競争にはならない場合がほとんどですから、最初に適法な買受けの申出をした者が買受申出人になります。

## Q 16-5
### 担保不動産収益執行とはどういう手続ですか。

 裁判所が選任した管理人に不動産を管理させて、継続的に収取される収益(天然果実、法定果実)の換価により、金銭債権の満足を図る執行方法です[263]。

抵当権の効力は、その担保する債権について不履行があったときは、その後に生じた抵当不動産の果実に及びます(民371条)。

> (抵当権の効力の及ぶ範囲)
> 第370条 抵当権は、抵当地の上に存する建物を除き、その目的である不動産(以下「抵当不動産」という。)に付加して一体となっている物に及ぶ。ただし、設定行為に別段の定めがある場合及び債務者の行為について第424条第3項に規定する詐害行為取消請求をすることができる場合は、この限りでない。
> 第371条 抵当権は、その担保する債権について不履行があったときは、その後に生じた抵当不動産の果実に及ぶ。

「果実」とは、柿や蜜柑のような天然果実(民88条1項)と賃料に代表さ

---
[263] 中野＝下村・民事執行法613頁。

れる物の使用の対価として受けるべき金銭のような法定果実（民88条2項）の両方を指します。言うまでもなく、抵当権者の目的は、柿や蜜柑ではなく法定果実である賃料です。抵当権が担保している債権について不履行があったときは、抵当権者は、不動産から生ずる収益を被担保債権の弁済に充てる方法によって優先弁済を実現することができます。

　競売に付せば、多額の弁済が一時に受けられるので、売ってしまった方がすっきり解決しそうに思われますが、目的不動産の売却に障害や困難を伴う場合には、売却までにかえって時間がかかります。担保不動産収益執行による手続が開始されると、管理人が不動産の良好な状態の保存・管理を図りつつ、債権者は少額ずつでも継続的な満足を受けることができます。双方を併用すれば、競売の代金納付による執行債務者の所有権喪失まで不動産の管理を確保し、収益による一部満足を受けながら売却の適時を待つことができます。

　収益執行では、多数の賃借人がいる賃貸マンションなどの場合であっても、各賃貸住戸の賃借人を特定して個別に賃料債権を差押える必要がなく、不動産単位（賃貸マンション1棟ごと）で手続を行うことができます。その場合、管理人は、管理収益から不動産の維持管理費用を支出することができますから、①不法占拠者を排除し、②賃料不払い・用法違反を理由として賃貸借契約を解除し、③新規の賃貸借契約の締結に当たる、といったことができる利点があり、大規模の賃貸マンションやテナントビルなどの不動産に適していると言われています[264]。

---

[264] 中野＝下村・民事執行法615頁。

**16-6**

抵当権が設定されている土地の買主は、抵当権が実行されると、なぜ所有権を喪失するのですか。

 先に登記がなされた抵当権が対抗力を有するからです。

■登記の対抗力■

　抵当権者は、債務者または第三者が占有を移転しないで債務の担保に供した不動産について、他の債権者に先立って自己の債権の弁済を受ける権利を有します（民369条1項）。これを優先弁済権といいます。

　抵当権は、登記によって公示され、登記をすれば他の債権者に優先して弁済を受けることができるだけでなく、登記後に土地所有権を取得した第三者に対しても、抵当権の存在を主張することができます（民177条）。具体的な場面で考えてみましょう。

　同一の不動産について登記した権利の順位は、登記の前後によります（不登4条1項）。ですから、抵当権が設定されたままの土地を売買によって取得したときは、所有権の移転登記よりも抵当権が先に登記されていますから、抵当権が優先します。買主は、売買契約締結後、抵当権が実行されると自己の所有権を対抗できません。買主は自分の所有する土地を他人の担保に供したのと同じ状態になります。

　競売開始決定がなされた時点では、買主は所有権を喪失しませんが、手続が入札、開札と進んで、執行裁判所が売却許可決定をし、買受申出人が代金納付をすると、買受人が不動産の所有権を取得します。逆に言えば、買受人の代金納付によって、買主は所有権を喪失するのです。

　抵当権に後れる所有権を有する者が、所有権移転登記手続には協力しないと頑張ることもできません。裁判所書記官が買受人のための所有権移転登記

の嘱託をします（民執82条1項1号）。

##  16-7
### 抵当権が設定されている土地の買主が抵当権を消滅させる方法はありませんか。

 第三者弁済、代価弁済、抵当権消滅請求制度があります。

### ■第三者弁済■

　債務の弁済は、第三者であってもすることができます（民474条1項）。ただし、債務者の意思に反して誰でも弁済できるとすると、債務者が知らない間に反社会的勢力に属する人が弁済をしてしまい、恐ろしい取り立てに遭ったりする可能性がないわけではありません。そこで、弁済をするについて、正当な利益を有する者でない第三者は、債務者の意思に反して弁済をすることができません（民474条2項本文）。誰が債権者なのかは、債務者にとって大変重要な問題なのです。

（第三者の弁済）
第474条　債務の弁済は、第三者もすることができる。
2　弁済をするについて正当な利益を有する者でない第三者は、債務者の意思に反して弁済をすることができない。ただし、債務者の意思に反することを債権者が知らなかったときは、この限りでない。
3　前項に規定する第三者は、債権者の意思に反して弁済をすることができない。ただし、その第三者が債務者の委託を受けて弁済をする場合において、そのことを債権者が知っていたときは、この限りでない。
4　前三項の規定は、その債務の性質が第三者の弁済を許さないとき、又は当事者が第三者の弁済を禁止し、若しくは制限する旨の意思表示をしたときは、適用しない。

抵当不動産の所有権を取得した者は、抵当権が実行されると自らの所有権を喪失するという点で、弁済について利害関係を有していますから、弁済について正当な利益を有する者として第三者弁済は可能です。ただし、地価が上昇を続けていた時代と異なり、往々にして、負債額は不動産の価格を大きく上回っています。土地に設定された抵当権を抹消するために、土地価格を大幅に上回る金額を支払ってまで第三者弁済をするというのは、非常に不合理です[265]。

## ■代価弁済■

　代価弁済の制度は、抵当権者と買主との合意により抵当権を消滅させる制度です。買主が、抵当権者の請求に応じてその代価を弁済したときは、抵当権は消滅します（民378条）。

> **（代価弁済）**
> 第378条　抵当不動産について所有権又は地上権を買い受けた第三者が、抵当権者の請求に応じてその抵当権者にその代価を弁済したときは、抵当権は、その第三者のために消滅する。

　抵当権者は、いざとなれば抵当権を実行すると強気に出て交渉をしようとしても、現実には、競売ではさらに低い価格でしか売却できないことも多いのです。競売によれば回収額が減少することが見込まれる場合は、不動産の実質的な価値に相当する金額を回収して早期に解決する途を選択することは、抵当権者にとってもそれほど悪い話ではありません。

　そこで、不動産の売買契約に際して抵当権者を含めて条件を詰めて合意をし、売買契約には抵当権者も同席して、買主から売主に対して支払われる売買代金をそのまま抵当権者に支払う方法で、代価弁済を行います。着金確認と同時に同席している司法書士に抵当権抹消登記と所有権移転登記手続をしてもらうのです。売買といいながら、売主のポケットには売買代金が入って

---

[265] 道垣内・リーガルベイシス497頁。

こず、目の前をお金が通り過ぎるだけになりますが、もともと債務超過物件ですから、売主としては、債務整理の一環として不動産を処分できればそれも一つの解決なのです。ただし、合意が成立しなければ、代価弁済はできません。

　債務超過に陥っている債務者の所有する土地には、第２順位、第３順位の抵当権が設定されていることもあります。このような場合には、全ての担保権者との間で合意をする必要があります。後順位の抵当権者に対しては、「判つき料」と称して数十万円を支払うことで合意をします。これは、仮に抵当権が実行された場合には、先順位の抵当権者から配当がなされるので、どのみち後順位の抵当権者には配当がないことを前提にして合意を成立させるのです。

## ■用地取得における代価弁済の難しさ■

　私人間の売買において、代価弁済について合意が調った場合は、一般に、次のような手順がとられます。

　まず、金融機関に部屋を借り、ここに売主、買主、担保権者が一堂に会し、司法書士も同席します。

　司法書士は、売主から所有権移転登記手続に必要な書類を、担保権者からは担保権抹消登記手続に必要な書類をそれぞれ受け取り、手続書類に遺漏がないかを確認します。

　司法書士の確認が完了した時点で、買主は売買代金を支払う方法として、売主の指定する口座（実質的には、抵当権者の指定する口座）に振り込み送金します。

　着金確認がなされたら、司法書士は、すぐさま登記関係書類を登記所に持ち込み、受付印をもらった書類を取引関係者にファックスしたり、PDFにして電子メールで送信します。

　しかし、用地取得においては、抵当権を抹消した後でないと補償金の支払いをしないことが基本です。かといって、「後から必ず支払うから、まずは

抵当権を抹消してください」と言われて了解するような抵当権者はいません。そうなると、用地取得においては、第三取得者である起業者が抵当権者にその代価を弁済するという代価弁済の手続を用いることは現実には難しいということになります。

　用地取得において、取引の順序を手堅く定めているのは、後から外せばいいとばかりに抵当権が設定されたまま土地を買い受けると、抵当権者が代価弁済に応じてくれなかった場合には、後日、競売が開始されたりして、その土地の所有権を喪失してしまうからです。

　国土交通省から発出されている「抵当権等が設定されている土地等の取得に係る用地事務処理について」（平成7年9月18日付け建設省経整発第40号：各地方建設局用地部長等あて通知、同日付け第41号：各都道府県・政令指定市・関係公団用地担当部長あて参考通知）では、「抵当権等の設定されている土地等の取得に当たっては、補償金の支払要件の土地所有者等への周知、支払に際しての支払要件が満たされていることの確認、関係する登記事務の促進等を一層図ることにより、適正な事務処理の確保に努めること」とされています。この具体的な手続として、国土交通省では、「抵当権等が設定されている土地の所有者に対しては、契約前に原則として『契約額の支払いをする前に、当該（抵当権）登記の抹消等をしていただくことになります』等と記載した書面をもって土地所有者に通知し、了解を得るものとする」旨を内部通知しています。これは、抵当権等の登記が抹消されていることが、制限のない所有権を確実に取得するためにとても大切なことだからです。

　様々な事情により、見切り発車で契約を締結したい場面というのは多々あります。しかし、抵当権が設定されたままの土地を取得することの危険性を考えると、拙速は禁物です。適正な取得と紛争防止のためには、定められた手続に則って処理をしていくことが肝要です。

## ■抵当権消滅請求制度■

　代価弁済で話し合いがつかず、かといって、買主としては「座して待つ」

よりは、一か八かに打って出たいという場合には、抵当権消滅請求制度があります。

> （抵当権消滅請求の手続）
> 第383条　抵当不動産の第三取得者は、抵当権消滅請求をするときは、登記をした各債権者に対し、次に掲げる書面を送付しなければならない。
> 　一　取得の原因及び年月日、譲渡人及び取得者の氏名及び住所並びに抵当不動産の性質、所在及び代価その他取得者の負担を記載した書面
> 　二　抵当不動産に関する登記事項証明書（現に効力を有する登記事項のすべてを証明したものに限る。）
> 　三　債権者が2箇月以内に抵当権を実行して競売の申立てをしないときは、抵当不動産の第三取得者が第1号に規定する代価又は特に指定した金額を債権の順位に従って弁済し又は供託すべき旨を記載した書面

　買主が、抵当権消滅請求をするときは、登記をした各債権者に対し、代価等を記載した書面を送付します（民383条1項）。抵当権者は、書面の送付を受けた後2箇月以内に抵当権を実行して競売の申立てをしないと、買主の請求を承諾したものとみなされてしまいます（債権者のみなし承諾。民384条本文）。しかし、そもそも代価弁済の話し合いがつかないわけですから、抵当権者がそのまま放置することはあまり考えられません。これをきっかけにして話し合いにより代価弁済ができればいいですが、それができなければ、代価に不満がある抵当権者は、抵当権を実行して競売の申立てを行うことになり、事態は振出しに戻ることになります。

　担保権を消滅させて目的物を引渡す義務を負わせるという売買契約の条項は、買主が完全な所有権を取得するために非常に重要な意味があります。抵当権や根抵当権の有無は、登記を確認すれば判明しますから、登記簿は丁寧に確認するようにしましょう。

## Q 16-8

登記簿を確認したら乙区欄に根抵当権が設定されていました。抵当権と根抵当権はどう違いますか。

抵当権は、特定の債権を担保するものです。根抵当権は、不特定の債権を担保します。

### ■抵当権者と抵当権設定者、根抵当権者と根抵当権設定者■

抵当権を有している者を抵当権者、根抵当権を有している者を根抵当権者といいます。

自己所有の不動産に抵当権や根抵当権を設定した者を抵当権設定者、根抵当権設定者といいます。抵当権や根抵当権を設定するのは、金銭の借入れをしている債務者本人に限られません。

銀行から融資を受ける際に、自己所有の土地や建物に抵当権を設定する場合、抵当権設定者と債務者とは一致しています。しかし、債務者所有の不動産には既に第1順位、第2順位、第3順位と多数の担保が設定されていて担保価値を有しない場合には、お金を借りる債務者以外の第三者にお願いして、その所有の不動産に担保を設定してもらうことがあります。父が経営する会社の事業資金の融資のために、息子が自己所有地に抵当権を設定するというような場合です。このような場合には、抵当権設定者は債務者ではないので、抵当権設定者と債務者とは一致していません。土地や建物が担保になっているので、「物的担保」と言われ、他人のために物的担保を提供する者を「物上保証人」といいます。

### ■抵当権と根抵当権■

抵当権と根抵当権とは、特定の債権を担保するか、それとも一定の範囲の債権を担保するかの違いがあります。

抵当権は、債務者または第三者が債権者に占有を移さないまま債務の担保に供した不動産について、債権者が他の債権者に先立って自己の債権の弁済を受けて債権を優先的に回収する権利です（民369条1項）。

> **（抵当権の内容）**
> 第369条　抵当権者は、債務者又は第三者が占有を移転しないで債務の担保に供した不動産について、他の債権者に先立って自己の債権の弁済を受ける権利を有する。
> 2　地上権及び永小作権も、抵当権の目的とすることができる。この場合においては、この章の規定を準用する。

　抵当権は不動産質権と異なり、抵当権を設定した不動産の占有は抵当権者に移転せず、所有者がそのまま使い続けることができます。例えば、住宅ローンでは、銀行から融資を受けて購入した自宅マンションに抵当権を設定します。債務者（＝抵当権設定者）は、自宅に抵当権を設定しても居住し続けることができるので、なかなか使い勝手のよい担保手段です。

　しかし、住宅ローンのような1回限りの取引とは異なり、事業活動のための運転資金の借入れのように、継続的に資金供給を受ける場合には、借入れの都度抵当権を設定し、返済があれば抹消することを繰り返すのは煩雑ですし、抵当権の設定の登記をするには、債権金額を課税標準として1000分の4の税率の登録免許税を納付しなければならないことから不経済でもあります。

　そこで、一定の範囲に属する不特定の債権を極度額の限度において担保するために設定するのが根抵当権です（民398条の2第1項）。

> **（根抵当権）**
> 第398条の2　抵当権は、設定行為で定めるところにより、一定の範囲に属する不特定の債権を極度額の限度において担保するためにも設定することができる。
> 2　前項の規定による抵当権（以下「根抵当権」という。）の担保すべき不特定の債権の範囲は、債務者との特定の継続的取引契約によって生ずるものその他債務者との一定の種類の取引によって生ずるものに限定して、定めなければな

> らない。
> 3　特定の原因に基づいて債務者との間に継続して生ずる債権、手形上若しくは小切手上の請求権又は電子記録債権（電子記録債権法（平成19年法律第102号）第2条第1項に規定する電子記録債権をいう。次条第2項において同じ。）は、前項の規定にかかわらず、根抵当権の担保すべき債権とすることができる。

　根抵当権は、特定の債権を担保するのではなく、設定時に定めた範囲の債権について優先弁済を受けます。債権の範囲は、「売買取引」とか「手形取引」といった形で特定されます。

　根抵当権の設定に際しては、極度額を定めなければなりません（民398条の2第1項）。極度額とは、根抵当権者が優先弁済を受ける限度額です（民398条の3第1項）[266]。根抵当権者が最終的にどのくらいの額まで優先弁済を受けるのかが不明なままでは、先順位の根抵当権者が優先弁済を受けた後の不動産にどの程度の価値が残っているのかがわからず、結局、担保に供することができなくなってしまいます。そこで、根抵当権設定契約においては、担保する債権の範囲とともに、極度額を定めます。

| 権利部（乙区） | | （所有権以外の権利に関する事項） | |
|---|---|---|---|
| 順位番号 | 登記の目的 | 受付年月日・受付番号 | 権利者その他の事項 |
| 1 | 根抵当権設定 | 令和3年5月6日<br><br>第12345号 | 原因　令和3年5月6日設定<br><br>極度額　金5,000万円<br><br>債権の範囲　銀行取引、手形債権<br><br>債務者　●●市西町五丁目5番5号<br>　　　　　　　甲野太郎<br><br>根抵当権者　■■市中央区北東町二丁目2番2号<br>　　　　　　優良銀行株式会社 |

　根抵当権によって担保される債権の額は、取引が継続する間は増減します。ある時点で被担保債権の額が0円になっても根抵当権は消滅しません。根抵当権の「元本の確定」までは、設定時に定めた範囲の債権が担保されま

---

[266] 道垣内・リーガルベイシス501頁、安永・物権・担保物権法406頁。

す。根抵当権の元本が確定すると、確定した元本並びに利息その他の定期金および債務の不履行によって生じた損害の賠償の全部について、極度額を限度として、その根抵当権を行使することができます（民398条の3第1項）。

### ■根抵当権の元本の確定事由■

根抵当権は、元本の確定がなされてはじめて優先弁済を受けることができます。元本確定事由は、次のように定められています。
① 合意されている確定期日の到来（民398条の6第1項）。
② 確定日の合意がないとき
・根抵当権設定者は、根抵当権設定後3年を経過すると根抵当権者に対して元本の確定請求ができます（民398条の19第1項）。
・根抵当権者は、いつでも確定請求ができます（民398条の19第2項）。
③ 目的不動産について競売による差押えを申し立てたとき（民398条の20第1項1号）、根抵当権者が抵当不動産に対して滞納処分による差押えをしたとき（民398条の20第1項2号）、債務者または根抵当権設定者が破産手続開始決定を受けたとき（民398条の20第1項4号）にも根抵当権の元本は確定します。

## 16-9

登記簿を確認したら、既に解散した法人名義の根抵当権が残っていました。これを抹消することはできますか。

清算人を選任して抹消する方法と、訴訟により抹消する方法とがあります。

取得しようとする土地の登記簿を確認すると、昭和30年代に設定された抵当権や根抵当権がそのまま残っていることがあります。抵当権や根抵当権に

ついて担保執行がなされないまま設定後50年以上が経過し、その間紛争になっていないという事案もあります。このような事案であっても担保執行は、債務名義を要せず登記事項証明書を提出するだけで可能ですから、後日、担保執行されることがないように登記を抹消したうえで所有権を取得する必要があります。

### ■根抵当権者の調査■

　土地に根抵当権が設定されている場合には、まず、根抵当権者について調査をする必要があります。
　根抵当権者が自然人の場合には、登記記録に記載されている根抵当権者の住所地に住民票や戸籍の存否を照会し、相続が発生している場合には、さらに相続人を探索していきます。
　根抵当権者が法人の場合には、法人の全部事項証明書を取り寄せて調査します。
　法人について解散登記がなされて登記が閉鎖されていることが判明した場合には、さらに、閉鎖登記簿に記載されている本店所在地等に出向いて現実に業務を行っているかどうかの調査をします。また、閉鎖登記簿の役員欄に記載されている代表者の住所地にも住民票や戸籍の照会をします。該当場所には見当たらないとの回答が戻ってきた段階で、抵当権の登記を抹消するための具体的な方策の検討に入ります。
　法人が解散していることが判明した時点で調査を中止せず、業務を行っていないかなどの調査をするのは、何らかの理由で形式的に解散しても、実質的には解散した法人の役員の自宅などで引き続き現実に業務を行っている場合がないとはいえないことからその実態の確認と、誰を相手にどのような方法で抵当権抹消のための手続を行うかを検討するためです。

### ■清算人の選任の根拠■

自然人以外で権利義務の主体となるのが法人です[267]。平成18年に民法が改正されるまでは、民法典の中に公益法人に関する規定がありましたが、平成18年改正後は非営利の法人に関する規定は「一般社団法人及び一般財団法人に関する法律」（平成18年法律第48号。平成20年12月1日施行。以下「一般法人法」と略称します。）におかれ、営利法人に関しては会社法が規定しています[268]。

法人は解散により権利義務の主体ではなくなります。しかし、法人が財産を有したまま解散すると、その財産をそのままにしておくことはできませんから清算が開始されます（一般法人法206条1号、会社法475条1号等）。

解散した法人を根抵当権者とする根抵当権が設定されたままであるということは、その根抵当権が担保している被担保債権が存在するかもしれないということです。これでは、清算が結了しているとは言えません。そこで、清算人の選任を求めることができるのです。

## ■訴訟による抹消の根拠■

解散した法人は、解散日以後は活動をしていません。民法改正前の金銭債権の消滅時効は10年です（改正前民167条1項）。現行民法が施行されたのは、令和2年4月1日ですから、同年3月31日までに活動して債権を取得していた場合には、債権を行使できるときから10年でその債権は時効消滅します。そこで、法人が令和2年3月31日までに解散していた場合には、遅くとも解散日から10年を経過すれば、解散した法人が有していた債権は時効消滅します。

根抵当権設定者は、設定の時から3年を経過すれば元本確定の請求ができます（民398条の19第1項）。仮に解散した法人が被担保債権を有していたとしても、債権が時効消滅した旨の主張が認められると、確定された元本は0円ですから、被担保債権が存在しないので、根抵当権は消滅します。

---

[267] 四宮＝能見・民法総則95頁。
[268] 四宮＝能見・民法総則95頁。

実体のない根抵当権登記が残っている状態では、所有権者が目的物を自由に使用、収益、処分をすることができません。ですから、完全な所有権を妨げるものとして、所有権に基づく妨害排除請求として根抵当権の抹消請求ができるのです。

## Q 16-10

民法改正前に債権が成立していた場合には、解散日から10年経過すれば、解散した法人が有していた債権は時効消滅するとしても、万一、解散日よりも後に弁済期が設定されている債権が存在する場合は、消滅時効の起算日はいつですか。

　解散日より後に弁済期が設定されている債権が存在する場合には、弁済期が起算日となります。令和4年3月31日までに債権が成立していた場合には、弁済期から10年が経過すれば、その債権は時効消滅します。

令和4年3月31日までに成立した債権については、改正前民法が適用されますから、債権は、10年間行使しないときは消滅します（改正前民167条1項）。

令和4年4月1日以降に成立した債権については、現行民法が適用されますから、「債権者が権利を行使することができることを知った時から5年間行使しないとき。」（民166条1項1号）または「権利を行使することができる時から10年間行使しないとき。」（民166条1項2号）に時効消滅します。

消滅時効は権利を行使する時から起算するにもかかわらず（民166条1項）、解散した法人が有する債権が、解散日よりも後に弁済期がある場合、解散日以降はその法人は権利を行使できないのではないか、そうだとすると、弁済期を起算日とするのはおかしいのではないか、という疑問がわくかもしれま

せん。

しかし、法人というのは、設立、分割、解散だけではなく、いったん解散しても清算目的で登記記録を復活する（商業登記規則81条3項）ことが可能です。法人が弁済期未到来の債権を「うっかり忘れて」清算のうえ、解散したとしても、その後に弁済期が到来すれば、行使可能な債権、つまり新たな財産が見つかったのと同じことです。したがって、これは清算の対象となります。

 **16-11**

### 抵当権の被担保債権である金銭債権の弁済期が確認できない場合、消滅時効の起算点はいつですか。

 弁済期が確認できない場合における消滅時効の起算点に関する民法の基本的扱いは、以下のとおりです。

期限の定めのない債権は、債権成立後、いつでも履行の催告をすることができ、債務者は、履行の請求を受けた時から遅滞の責任を負います（民412条3項）。したがって、「権利を行使することができる時」という消滅時効の起算点は、債権成立時となります。

ただし、金銭債権の中でも、お金の貸し借りである消費貸借（民587条）において、弁済期の定めがない場合は、貸主は、相当の期間を定めて返還の催告をすることができます（民591条1項）。消費貸借契約は、貸主が金銭を貸し渡し、借主が借りたお金を何らかの目的に使用して、その後、借りたお金そのものではなく、借りたお金と同等の価値の金銭を貸主に返還するという契約類型です。このような消費貸借契約の趣旨に照らすと、相当の期間経過後にお金を返すということが、契約成立時から織り込まれているのです。したがって、消費貸借においては、金銭債権の成立から相当期間の経過した時点が消滅時効の起算点となります。

この「相当の期間」については、消費貸借の額、つまり、借りた額や借りた目的によって判断されます。例えば、友人と二人でコンビニへお弁当を買いに行ったが、財布もカードもスマホも持たずに行ったため、同行した友人に1000円を借りたなら、相当期間は当日中ということになりそうですが、古書店で探していた稀覯本をたまたま発見して、同行していた友人に５万円を借りたというのであれば、借りた人の資力にもよりますが、概ね１週間から10日くらいが相当期間とされるかもしれません。このように各具体的事情により判断すべき事項であるため、条文では「相当期間」と表現されています。

  16-12

解散している法人の清算人を選任するにはどのような手続が必要ですか。

 裁判所に清算人選任の申立てを行って裁判所が選任します。

### ■法人の解散■

　法人の解散事由は、法律に定められています。
　一般社団法人の解散事由は、
・定款で定めた存続期間の満了（一般法人法148条１号）
・定款で定めた解散事由の発生（一般法人法148条２号）
・社員総会の決議（一般法人法148条３号）等です。
　株式会社の解散事由は、
・定款で定めた存続期間の満了（会社法471条１号）
・定款で定めた解散事由の発生（会社法471条２号）
・株主総会の決議（会社法471条３号）等です。

## ■解散した法人の事務■

　法人が財産を有したまま解散すると、清算が開始されます（一般法人法206条1号、会社法475条1号等）。

　法人は解散しても、清算をする一般社団法人や清算をする株式会社は、清算の目的の範囲内において、清算が結了するまではなお存続するものとみなされます（一般法人法207条、会社法476条）。解散した法人は、これまで営んでいた営業活動や事業活動はできませんが、抵当権の抹消に関する事務は、「債権の取立て及び債務の弁済」（一般法人法212条2号、会社法481条2号）に該当しますから、清算人は、債権の取立てや債務の弁済を職務として行うことができます。

## ■清算人の選任■

　一般社団法人において清算人となるのは、以下の者です（一般法人法209条1項）。
・理事
・定款で定める者
・社員総会又は評議員会の決議によって選任された者

　株式会社においては、清算人となるのは、以下の者です（会社法478条1項）。
・取締役
・定款で定める者
・株主総会の決議によって選任された者

　すべての法人や株式会社が、解散に際して清算人を選任してきちんと残務整理をするわけではありません。現実には、解散登記をして登記簿が閉鎖されたらそれで良しとしてそのまま放置されている場合も相当あります。

　清算人は、第一次的には、理事や取締役が就任するため（一般法人法209条1項、会社法478条1項）、閉鎖登記簿謄本の役員欄に記載されている住所を

もとに役員を探索します。解散後年月が経過している法人は、役員欄の記載をもとに住民票を取り寄せようとしても保存期間が経過してしまって理事や取締役を探索しようもなく、当該法人の事情については誰も知らないということも多々あります。このような場合には、抵当権が設定されている不動産の所有者が利害関係人として裁判所に清算人選任の申立てを行い、裁判所が清算人を選任する（一般法人法209条2項、会社法478条2項）方法が用意されています。

　清算人の選任申立に当たっては、清算業務を遂行するため、裁判所に予納金を納める必要があります。しかし、登記簿上、抵当権は残っているものの、果たして被担保債権が存在するのかは不明ですし、そのほかに財産があるのかないのかがわからない法人について清算人の選任を求めることは、予納金の額が高額に上ることや清算人の業務に長期間を要することから、あまり現実的ではありません。

　予納金の額は、確定しているわけではなく、清算人の業務が簡易なものであることが疎明されれば、額は低くなる傾向にあります。解散してから相当年月が経過し、事情を知る者が誰もいなくなっている法人は、そもそも現務が結了しているか、債権債務の有無について調査をすること自体が困難を極めます。仮に、債権があれば取り立て、債務があればその弁済をするという事態になれば、債務者や債権者を探索するだけでも大変時間がかかります。残余財産があれば、分配をする（一般法人法212条、会社法481条）のも一苦労ということになり、この間、時間とお金がかかるのです。

**16-13**

解散した法人を根抵当権者とする登記を訴訟によって
抹消するにはどうすればよいですか。

 特別代理人の選任申立を行い、特別代理人を相手に、所有権に基づく妨害排除請求権として抵当権設定登記の抹消を求める方法があります。

## ■所有権に基づく妨害排除請求■

解散した法人が、本店所在地はもとより代表者の住所地においても事業を行っている実態がなければ、解散後は、債務者との商取引の実体が存在することがうかがえないということになります。仮に、解散日までは事業活動を行っており、この事業活動から生じた債権があったとしても、解散日から10年が経過すると、この債権は時効消滅します。そうすると被担保債権が存在しませんから、残されている根抵当権の登記は実体がない登記になります。

そこで、所有権に基づく妨害排除請求権として本件根抵当権設定登記の抹消を求めることができるのです。

## ■特別代理人の選任■

ただし、解散して時間が経過している場合には、法人の代表者であった者を探索しようがありません。そこで、所有権に基づく妨害排除請求の訴え提起とともに、特別代理人の選任を求めます。

特別代理人とは、民事訴訟法の規定に基づき裁判所が個々の手続において必要に応じて選任する法定代理人です[269]。

特別代理人は、未成年者・成年被後見人を被告として訴訟行為をしようと

---

[269] 和田・民事訴訟法126頁。

する場合に、これらの者に法定代理人がいなかったり、いたとしても利益相反行為となるがゆえに代理権を行使できない場合に、未成年者や成年被後見人に対する訴訟の道が閉ざされないようにその訴訟限りで認められているものです[270]。

> **民事訴訟法**
> **（特別代理人）**
> 第35条　法定代理人がない場合又は法定代理人が代理権を行うことができない場合において、未成年者又は成年被後見人に対し訴訟行為をしようとする者は、遅滞のため損害を受けるおそれがあることを疎明して、受訴裁判所の裁判長に特別代理人の選任を申し立てることができる。
> 2　裁判所は、いつでも特別代理人を改任することができる。
> 3　特別代理人が訴訟行為をするには、後見人と同一の授権がなければならない。

　法人は自然人と異なり、法人の代表者が法人を代表して行為を行いますから、代表者がいなければ法人に対する訴訟の道が閉ざされてしまうという点では、法人や社団・財団とその代表者との関係は、法定代理人と類似しています。そこで、法人の代表者についても民事訴訟法35条が準用されます（民訴37条）。

　特別代理人の選任の申立てをするには、「遅滞のため損害を受けるおそれがあることを疎明」（民訴37条の準用する民訴35条）することが必要です。「疎明」とは、証明の程度には至らないが、一応確からしいという程度の蓋然性が認められる状態またはその状態を実現するために当事者が証拠を提出する行為をいいます[271]。裁判官が確信を得た状態である「証明」ほどのものであることまでは求められませんが、「一応確からしい」という心証を持ってもらう必要があります。

　閉鎖登記簿に記載されている本店所在地等に出向いても、業務を行っている形跡がなく、閉鎖登記簿の役員欄に記載されている代表者の住所地に住民

---
[270] 和田・民事訴訟法126頁。
[271] 和田・民事訴訟法294頁。

票や戸籍の照会をしても、該当場所には見当たらないとの回答が戻ってきているという事実は、訴えを提起しようとしても、法人の代表者として訴えの相手方となる者がおらず、用地取得のための売買契約の締結ができず、事業が全体として遅滞し、損害が発生するおそれがあることについての疎明になります。

### ■特別代理人に係る費用■

特別代理人に選任されるのは、通常は弁護士です。特別代理人としての業務は、提起された訴訟に対応することです。特別代理人の選任申立に当たっては、費用の予納が必要です。

解散法人が現実に業務を行っていないことや、役員欄に記載されている者の住所地へ照会したが、該当者がない旨の回答が戻ってきた等の調査の結果は、解散法人が解散後、何らの活動を行わず、被担保債権があったとしてもこれは時効消滅しているとの主張を基礎づけるものであり、特別代理人としてもこの主張を否認する事実はありません。その結果、訴訟に対応する特別代理人は、現実には原告の主張する妨害排除請求を基礎づける事実を認める対応しかできませんから、初回期日で弁論が終結されて判決にいたることがほとんどです。特別代理人の業務は、このように相対的に軽微なもので済むことを事前の調査結果や照会回答を付けて疎明することで、特別代理人の費用を低廉に抑えることができます。

### ■訴え提起をするのは誰か■

土地の所有者であれば、所有権に基づく妨害排除請求として訴え提起ができますから、売却前に売主が訴え提起するのか、買受け後に買主が訴え提起するのかは一つの問題です。どちらでもいいわけではなく、用地取得においては、将来抵当権が実行されるリスクを回避すべきですから、売主に訴え提起をしてもらって抵当権を抹消した土地を買い受けるべきです。

土地の市場価値に照らせば、抵当権が設定された土地を売却する場合は、

将来所有権を喪失するおそれが残っている以上、ほとんど価値がありません。しかし、売主が抵当権を抹消すれば、市場においては、その土地本来の価値を有する土地として評価されます。

　売主が一般人である場合には、訴訟を躊躇するかもしれませんが、不動産に関する訴訟の管轄は、不動産の所在地を管轄する裁判所ですから（民訴5条12号）、仮に、登記簿上の抵当権者の本店所在地が東京であっても東京地裁に訴えを提起しなくて済みます。もちろん、訴訟は相手があることなので、やってみないとわからないものですが、適切な事前調査の上、特別代理人の選任が認められるような事案においては、訴状に記載されている事実が争われることはまずありません。その結果、たいていの場合は初回期日で終結するので、売主が訴訟にかける費用もそれほど高額に上ることはなく、それほど負担のあることではありません。

　逆に言えば、売主に負担のある訴訟になるほどの案件であればあるほど、買主は、抵当権が設定されたまま買い受けるべきではないということになります。

　したがって、売主に対し、然るべき弁護士に相談して訴え提起をして抵当権を抹消する方法があることを検討してもらうようにすべきでしょう。

# 仮差押え登記が残ったままの土地の売買

　土地の登記簿を確認すると、数十年前の仮差押えの登記が残ったまま転々流通しているような事案があります。仮差押えは、将来の強制執行を確保する手段ですから、現実に訴訟が係属している場合には、その推移を見定める必要があります。しかし、数十年前の仮差押えが残ったまま転々流通しているような土地では、仮差押え債権者は強制執行するつもりがあるのかないのかもよくわかりません。このような土地は、後日、権利主張されて紛争を抱えることがないように、仮差押え登記を抹消したうえで所有権を取得する必要があります。

　用地取得において、仮差押え登記の存在は頭痛のタネです。起訴命令の申立ての手順を知っていても、この手続を取り巻く基本的事項を理解しておかないと、土地所有者である売主に手続を説明することが難しくなります。知識に裏付けられた自信ある態度は、それ自体が大きな説得材料です。

　そこで、仮差押え登記の抹消について、単なる登記抹消の手順にとどまらず、民事訴訟、民事保全、民事執行の基本的な事項について確認しながら、仮差押え登記の抹消方法を取り上げます。

 **17-1**

**仮差押えはどういう目的でなされるのですか。**

 　金銭債権の債権者が民事訴訟で勝訴判決を得ても、訴訟が係属している間に財産を売却されたり隠匿されたりして強制執行ができな

くなる恐れがある場合、現状を維持して将来の強制執行を確保するために仮差押えを行います。

## ■民事保全の必要性■

債権回収は、裁判で勝訴判決を得てから確定判決を債務名義として強制執行しますが、裁判手続は時間がかかります。貸付金の支払いを求めて訴えを提起しても、審理が続いている間に債務者である被告の唯一の財産である不動産が売却されてしまうと、せっかく請求を認容する判決（勝訴判決）を得ても強制執行をするものがなく、勝訴判決が画に描いた餅になってしまいます。

そこで、民事訴訟において債務名義が得られるまでの審理期間の経過によって権利の実現が不可能または困難になる危険から権利者を保護するために、債権者の申立てにより裁判所が暫定的な措置を講ずる制度[272]が民事保全です。

## ■民事保全の種類■

民事保全の種類には、仮差押えと仮処分とがあり、仮処分はさらに、係争物に関する仮処分と仮の地位を定める仮処分とに分けられます。
① 仮差押え
② 仮処分─┬─係争物に関する仮処分
　　　　　└─仮の地位を定める仮処分

仮差押えは、金銭債権の実現を保全するためのものです。金銭債権とは、例えば、貸金債権や売掛債権などです。

係争物に関する仮処分は、不動産に関する登記請求権、建物明渡請求権、特定の動産引渡請求権等の非金銭債権を保全するためのものです。

仮の地位を定める仮処分は、本案訴訟で審理の対象となっている権利関係

---

[272] 恩田・プラクティス5頁。

について暫定的な規制をして、将来の権利の確定とその実現を図るものです（民保1条）[273]。

 17-2
訴訟を提起するのはハードルが高いので、とりあえず、権利を保全しておきさえすれば、強制執行に備えた財産の確保ができますか。

 保全命令はあくまで仮の保護にすぎませんから、すみやかに訴え提起をすることが必要です。

■仮差押えの効力■

不動産に対する仮差押えの執行が、仮差押えの登記をする方法で行われた場合でも、債務者が通常の用法にしたがって目的不動産を使用・収益することは妨げられません（民保47条5項、民執46条2項）。本執行に移行するには、債権者が改めて本執行の申立てをすることが必要です[274]。仮差押え登記によって公示されていると、その後の譲渡や抵当権の設定に対抗できるので、権利保全の目的が達成できます。

仮差押え登記がなされても、その不動産はこれまで通り使用・収益ができることから、"うっかり"仮差押え登記を見過ごして転々流通させるということが起こります。特に、仮差押え登記がなされてから、10年、20年と長期間が経過すると、相続が発生することもありますし、場合によってはそのまま転売されたりもします。しかし、「これまでどうもなかったから、これからも大丈夫」というのは、都合の良い思い込みにすぎません。

仮差押え債権者が勝訴判決を得て、確定した勝訴判決を債務名義として、

---

[273] 司法研修所・民事保全4頁以下、恩田・プラクティス6頁。
[274] 司法研修所・民事保全49頁。

強制執行の申立てをすると（本執行）[275]、仮差押えの登記がなされた後にこの土地を買い受けた者は対抗できませんから所有権を喪失することになります。

## ■債務者の救済制度─起訴命令と保全取消■

　仮差押えは、裁判所による命令という形でなされます。「保全命令」といいます。保全命令は、本案訴訟等の提起による権利関係の最終的な確定にいたるまで、暫定的に債権者の権利等に対して仮の保護を与えるものです。保全命令に続いて訴訟等が提起されることが当然に予定されています。

　仮差押え命令によって、土地に仮差押え登記がなされると、その後に訴訟提起により勝訴判決を得た差押債権者が、この土地に強制執行（本執行）をし、所有権を喪失する可能性があるということです。

　しかし、債権者がいつまでも本案訴訟等を提起せずにいると、この暫定的な措置がいつまでも継続するので土地の財産的価値が下がり、この土地を担保にした借り入れもできなくなりますし、いつ所有権を喪失するかもしれないような土地を買受ける者はいませんから、売却して売却代金を運転資金に充てるということも難しくなります。そういう意味で、仮差押えは、債務者に過大な負担を負わせるものなのです。

　民事保全法は、こうした状態から債務者を救うために、債権者が一定期間のうち本案訴訟等を提起しない場合、債務者に保全命令の取消の申立てを認める起訴命令の申立と起訴命令不遵守による保全取消の制度を定めています[276]。

　保全命令を得た債権者は、すみやかに訴訟を提起するなどして権利の実現を図るべきですから、相当期間にわたって訴訟提起を怠っていることは、単に保全命令を濫用するだけで、権利の実現に意欲を欠いたものと評価されてもやむを得ません。

---

[275] 司法研修所・民事保全49頁。
[276] 恩田・プラクティス72頁。

## ■本案判決と訴訟判決■

「本案訴訟」というのは聞きなれない言葉かもしれません。

本案とは、訴えにおいて原告の申し立てた事項を指します。

訴え提起は、訴状を裁判所に提出してしなければなりません（民訴134条1項）。訴状には、「請求の趣旨」と「請求の原因」を記載します（民訴134条2項2号）。

「請求の趣旨」とは、原告の申立てる事項です。

「被告は原告に対し、金100万円を支払え、との判決を求める」とか

「被告は原告に対し、別紙物件目録記載の建物を明け渡せ、との判決を求める」

等と記載します。原告の請求が全部認容された場合には、これが判決主文になって、

「被告は原告に対し、金100万円を支払え」とか

「被告は原告に対し、別紙物件目録記載の建物を明け渡せ」

と記載されます。そして、この判決主文に基づいて強制執行がなされるのです。

原告の請求が認められなければ、

「原告の請求を棄却する」

という判決が言い渡され、債務名義は取得できません。

このように、原告の申立て事項、つまり本案について審理がなされると、請求の当否について判断がなされ請求認容や請求棄却という本案判決がなされます[277]。「本案訴訟」とは、本執行のための債務名義を形成する手続をいいます[278]。

ちなみに、原告の申し立てた事項以外にどんな判決があるかといえば、「本件の訴えを却下する」との却下判決があります。訴えを却下する判決

---

[277] 和田・民事訴訟法421頁。
[278] 司法研修所・民事保全99頁。

は、「訴訟判決」といわれます。当該事件で最終的に判決の名宛人となるにふさわしい資格のある者でないとか（当事者適格の不存在）、一方の当事者が死者であることが判明した場合（二当事者対立構造を具備していない）など訴訟要件を具備していない場合には、却下判決で訴訟が終了します。

本案判決と訴訟判決とは、判決の主文が明らかに違います。

本案判決は、「被告は原告に対し金100万円を支払え」とか「原告の請求を棄却する」とか、いずれにしても原告の「請求」に対する裁判所の判断です。

訴訟判決は、「請求」についての判断に踏み込みません。「訴訟要件」という本案の審理を続行して本案判決をするための要件を具備していないからです。そこで主文は、「本件の訴えを却下する」となります。新聞などで「門前払い」と書かれたりしますが、「請求」についての判断にまで踏み込んでいないのは、決して裁判所が「聴く耳を持たない」から「門前払い」をしたのではありません。裁判所が本案の審理を続行するだけの要件を欠いているということなのです。

## ■判決と命令■

「判決」は、当事者の申立てのうち重要な事項、すなわち訴え・控訴・上告などに対する裁判所の終局的な判断の場合に用いられます。判決は、判決書原本を作成してそれに基づいて期日に言渡しをすることにより効力が生じます（民訴250条)[279]。

> 民事訴訟法
> （判決の発効）
> 第250条　判決は、言渡しによってその効力を生ずる。

民事裁判では、当事者の一方若しくは双方が出頭しなくても判決の言渡しはなされます（民訴251条2項）。判決言渡し期日に両当事者が出頭しない法

---

[279] 和田・民事訴訟法422頁。

廷には、裁判官のほかには書記官しかいませんが、裁判官は、まったく動じず、淡々と法廷で判決主文を読み上げています。「壁に向かって判決の言渡しをしている」などと揶揄されることはありますが、決して無駄なことをしているわけではありません。民事訴訟法に基づき、期日に判決書の原本に基づいて言渡しをすることにより、判決を発効させているのです。

「命令」とは、訴訟指揮や訴訟手続上の付随的事項の処理など、判決に比べて重要度の低い事項や迅速な判断が要求される事項について用いられます。命令は相当と認める方法で告知すればよいことになっています（民訴119条）[280]。

### ■不動産仮差押命令申立書■

不動産仮差押命令申立書には、「申立ての理由」として、「被保全権利」と「保全の必要性」が記載されます。

「被保全権利」は、保全されるべき権利の内容を記載します。例えば、

「債権者は、債務者に対し、令和2年4月1日、金300万円を次の約定にて貸し付けた」

として、弁済期や利息、遅延損害金などが記載されます。

貸し付けた事実があっても、きちんと弁済されれば、保全されるべき権利はありませんから、例えば、「弁済期である○年○月○日を経過するも債務者は前項の貸付金の弁済をしない」として保全されるべき債権があるという事実を明らかにします。

「保全の必要性」とは、本来であれば、裁判で勝訴判決を得たうえでこれを債務名義として強制執行をするべきところ、それを待っていては執行ができなくなるという事情です。例えば、再三にわたり督促したが、一向に弁済しないばかりか、連絡がつかなくなったとか、調査によれば、ほかにも多額の借金がある模様であるとか、土地以外に見るべき財産がないとかの事実が

---

[280] 和田・民事訴訟法417頁。

記載されます。

「保全の必要性」として決まり文句のように最後に必ず記載されるのは、「債権者は、債務者に対し、別紙請求債権目録記載の債権の支払いを求めて本訴を提起するため準備中であるが」という文言です。つまり、民事保全は、既に本訴の準備中であるが、今のうちに仮差押えをしておかなければ、後日、勝訴判決を得ても、その執行が不可能であるとか、著しく困難であるという事情があることを大前提としているのです。

## 17-3
起訴命令にしたがって訴えを提起しなかった場合には、どうなりますか。

仮差押え命令が取り消されます。

### ■起訴命令■

仮差押えは、「仮に」「差押え」て権利を保全しているだけで、強制執行ではありません。そこで、債権者は強制執行のための債務名義を取得すべく、速やかに本案訴訟を提起して、本執行、つまり確定判決を債務名義にして強制執行し、自己の権利の満足を得るのがあるべき姿です。債務者は未確定な債権者の権利保全のため仮差押えという負担を負わされることから、債権者の被保全権利または権利関係の存否の確定を急ぐことは債務者にとって正当な要求です[281]。

債権者がいつまでも訴訟を提起しない場合には、債務者は、保全命令を発した裁判所に対して、起訴命令の申立てをすることができます。

---

[281] 司法研修所・民事保全98頁。

債務者からこの申立てがあったときは、裁判所は債権者に対し、2週間以上の相当と認める一定の期間内に、本案の訴えを提起するとともにその提起を証する書面を提出すべきこと、既に本案の訴えを提起しているときはその係属を証する書面を提出すべきことを命じなければなりません（民保37条1項・2項）。

例えば、
「被申立人は、この決定の送達を受けた日から14日以内に、管轄裁判所に上記仮差押え命令申請事件にかかる本案の訴えを提起しなければならない」
といった内容の決定をします。

## ■保全取消の申立て■

債権者が起訴命令により定められた期間内に訴えを提起しなかったときは、債務者は、管轄裁判所に本案訴訟の不提起による保全命令の取消申立てを行います。債務者からこの申立てがなされたときには、裁判所は、保全命令を取り消さなければなりません（民保37条3項）。

それでは、起訴命令に基づき、とりあえず、訴えを提起して、裁判所の受付印のある訴状を「訴え提起を証する書面」として提出し、その後、訴えを取り下げるとどうなるでしょうか。

訴え提起後、債権者により本案の訴えが取り下げられ、または却下された場合には、訴状を提出しなかったものとみなされます（民保37条4項）。したがって、おざなりに訴えを提起しても、訴訟要件を満たさず却下されるような場合には、保全命令は取り消されますし、訴状を取り繕っていったん訴えを提起し、素知らぬ顔をして取り下げても「書面を提出しなかったもの」とみなされて、保全命令は取り消されます。

### 【豆知識】 訴えの取下げ

　訴えの取下げは、判決が確定するまでであれば可能です（民訴261条1項）。しかし、被告が準備書面を提出したり、弁論準備期手続において申述したり、口頭弁論をした後は、被告の同意がなければ取下げはできません（民訴261条2項）。

　取下げは被告に有利だから、被告が同意をしないことはあり得ないと思われるかもしれませんが、そんなことはありません。これは、訴えの取下げの効果と関係があります。

　民事訴訟法は、「訴訟は、訴えの取下げがあった部分については、初めから係属していなかったものとみなす。」（民訴262条1項）と規定されています。つまり、訴えを取り下げると、訴訟が初めから係属しなかったものとみなされるから、当事者の攻撃防御や裁判所の証拠調べなど、一切の訴訟行為やその効果は消滅します。したがって、再度の訴えの提起が可能となります。

　ただし、本案について終局判決があった後に訴えを取り下げた者は、同一の訴えを提起することはできません（民訴262条2項）。裁判所の努力を徒労に帰せしめた制裁とする説と、訴権濫用防止とする説とが対立しています[282]。

　嫌がらせもかねて、およそ請求が認容されるはずもないようないわゆる"無理筋（むりすじ）"の訴え提起をし、被告が、真正面から受けて立って主張立証をし、風向きが悪くなったとみると、請求棄却の判決が確定するのを避けるために本案判決前に訴えを取り下げると「初めから係属しなかったもの」とみなされるのは、時間と費用を費やした被告に不公平です。民事訴訟法では、当事者平等原則が働きます。被告が本案について争う姿勢を示した以上、被告もその訴訟における権利関係の確定、殊に請求棄却判決がなされる可能性をめぐる被告の既得の訴訟上の地位が保障されるのです[283]。ですから、被告が争う姿勢を見せている以上、被告の同意なしには訴えの取下げはできませんから、おざなりな訴状を提出しておいて、その後、「素知らぬ顔をして取り下げる」ということは、現実には難しいということになります。

---

[282] 和田・民事訴訟法390頁。
[283] 和田・民事訴訟法388頁。

# Q 17-4

登記簿の甲区欄に、仮差押え登記が残っている土地を買い受けました。この土地は、仮登記の設定後、数人を転々流通して現在の買主が所有権者となっています。現在の土地の所有者は、起訴命令の申立てをして保全命令の取消しの申立てができますか。

　債権者代位権に基づいて起訴命令の申立てと保全命令の取消しの申立てができます。

　起訴命令の申立てをすることができるのは、仮差押えをされた債務者です。土地の所有権が転々流通している場合、最終の（現在の）所有者は、仮差押えをされた債務者ではありません。

　しかし、過去の所有者であった仮差押え命令の債務者が、現在の土地所有者のために積極的に起訴命令の申立てをしてくれるとは限りません。それどころか、土地が転々流通している間に債務者が行方不明になっていたり、債務者が死亡して相続人が不明となってしまったりすることも多々あります。

　こういう場合には、債権者代位権によって起訴命令の申立てをし、本案訴訟不提起による保全取消しの申立てを行うことができます。

## ■債権者代位権■

　債権者は、自己の債権を保全するため必要があるときは、債務者に属する権利を行使することができます（民423条）。これを債権者代位権といいます。

　本来、債務者が自分の権利を行使するかどうかは債務者の自由です。債務者がきちんと債務を弁済している間は、債務者が誰に対してどのような債権を有していようと、その債権を行使するかどうかも含めて、債務者の自由です。しかし、債務者がきちんと債権管理をしなくなると、債務者の第三者に

対する債権が時効消滅したりして、債務者の財産がどんどん減少していきます。債務者の財産の減少は、債権の引き当てになる財産の減少につながるため、民法は、債権の保全として、債権者が債務者の有する権利を代わりに行使できる制度を設けています。

自分の権利を行使するかどうかは債務者の自由であることが原則ですから、民法改正に当たり債権者代位制度を廃止することが検討されました。その結果、改正民法（現行の民法）は、債権者代位制度を廃止することなく、債務者の責任財産保全（強制執行の準備）のための制度として維持しつつ、民事保全・民事執行制度を補完するものとして債権者代位行使の手続を整備しました[284]。

① 「債権を保全するために必要があるときは」の要件

債権者代位権は、債務者の責任財産の保全（強制執行の準備）のための制度ですから、債権者代位権の行使が認められるためには、原則として、債務者の無資力、すなわち総債権者の共同担保である責任財産に不足を生ずる恐れがあることが必要です。

② 登記または登録の請求権を保全するための債権者代位権（転用型）

現行民法では、新しく登記または登録の請求権を保全するための債権者代位権について明文規定を設けました（民423条の7）。

民法423条の7は、不動産のように登記をしなければ権利の得喪及び変更を第三者に対抗できない財産の譲受人は、譲渡人が第三者に対して有する登記請求権を譲渡人に代わって行使できることを定めた規定です。確立していた判例法理を明文化したものですが、債務者の無資力が要求されない場合は、明文規定のある登記や登録の場合に限りません。登記や登録は、債務者の無資力が要求されない場合の例を示したものと理解すべきものとされています[285]。

---

[284] 奥田＝佐々木・債権総論　中巻375頁、中田・債権総論246頁。
[285] 道垣内・リーガルベイシス337頁、中田・債権総論264頁、潮見・新債権総論Ⅰ712頁、潮見・民法（全）281頁。

## ■仮差押えがなされた土地の買主による代位行使■

　土地の売買契約においては、買主は、売主に対し、売買契約に適合した目的物を引き渡すよう請求する権利を有しています。仮差押え登記がなされている土地の売買においても、売買契約が何らの制限のない所有権（完全な所有権）を移転することを目的とする内容のものであったなら、買主は、完全な所有権を得させることを求める権利を有しています。

　売買契約の目的物である土地に仮差押え登記がなされていると、買主は売主に対し、この登記を抹消して引き渡すよう請求する権利を有します。買主が、売買契約にしたがって売買代金を支払い、売主は買主に対し所有権移転登記をしたものの、仮差押え登記の抹消に向けて積極的に努力してくれない時には、買主は、債権者代位権に基づいて、仮差押え債務者に代位して起訴命令の申立てと本案訴訟不提起による保全命令の取消しを申し立てることができます。

　甲がAを債務者としてA所有の土地に仮差押えをした後、土地の所有権が、A→B→C→Dと譲渡されると、

ⅰ）Bは、Aに対し、仮差押え登記を抹消して契約に適合した完全な所有権を移転するよう求める請求権を有するところ、この請求権を保全する必要があります。

　そして、Aが甲に対し、起訴命令の申立をし、甲が命令された期間内に訴え提起をしなかった場合には、Aは仮差押え決定の取消しの申立権を有しています。

　そこで、Bは、Aに対する完全な所有権を移転するよう求める請求権を保全するために、Aの甲に対する起訴命令の申立権および仮差押え決定の取消しの申立権を代位行使します。

ⅱ）Cは、Bに対し、完全な所有権を移転するよう求める請求権を保全するため、BのAに対する請求権を代位してAの甲に対する起訴命令の申立権および仮差押え決定の取消しの申立権を代位行使します。

ⅲ）Dは、Cに対し、完全な所有権を移転するよう求める請求権を保全するために、CのBに対する請求権を代位して、BのAに対する請求権を代位し、Aの甲に対する起訴命令の申立権および仮差押え決定の取消しの申立権を代位行使します。

つまり、その後の買主は、前主に対する自己の請求権を保全するため、前主に属していた代位権を代位行使することができるというのが最高裁の判断です（最判昭39.4.17民集18巻4号529頁、判時374号18頁）。

17-5

土地の全部事項証明書の甲区欄には、「仮差押え」の記載があり、約100年前の明治33年●月●日に「▼▼区裁判所」でなされています。現在は、「区裁判所」というものはありません。起訴命令と仮差押え命令取り消し申立ては、どこに提起すればよいですか。

　　その区裁判所の所在地を管轄する地方裁判所に起訴命令と仮差押え命令取り消し申立てを行います。

起訴命令や、保全取消しの訴え提起をする裁判所は、保全命令を発した裁判所です（民保37条）。

現在は、「区裁判所」がありませんが、裁判所構成法による区裁判所においてした事件の受理その他の手続はその裁判所の所在地を管轄する地方裁判所においてした事件の受理その他の手続とみなす（裁判所法施行法2条1項、裁判所法施行令3条1項）とされています。したがって、その区裁判所の所在地を管轄する地方裁判所に訴え提起することになります。

# ⑱ 仮処分

　建物収去土地明渡請求訴訟を提起し、確定判決を得て、強制執行まで行うには、ある程度の時間がかかります。契約を締結し、前払い金も支払ったのに、売主が居座ってしまって出て行かず、着工が迫っているといった事案の場合、早急に明渡してもらわないと多大な損害が生じるだけではなく、河川改修などの場合には、人命にかかわる事態が生じないとも限りません。
　明渡断行の仮処分は、このような場合にとりうる手段の一つです。伝家の宝刀ともいえますが、なじみが薄い手続でしょうから、保全処分の一般的な知識から説明していきます。

## 18-1

訴えを提起し、確定判決を得て強制執行をするには、一定の時間がかかります。その間に、債務者が財産を使ってしまったり、目的物を誰かに譲渡してしまったりすることを防ぐ手段はありますか。

民事保全の制度があります。

### ■民事保全の必要性■

　裁判の迅速化に関する法律（平成15年法律第107号）が施行され、民事裁判が相当早くなったとはいえ、民事第一審訴訟の平均審理期間は約6.5ヶ月で

す[286]）。半年という期間は、債務者の財産状態や係争物の権利関係に変化を生じさせるには十分な期間です。

訴えを提起された債務者が、財産を隠匿したり、転売や廉価で譲渡してしまうとか、どうせ債権者の手に渡るくらいならと大盤振る舞いして使ってしまったりすると、原告が勝訴判決を得た時点では執行をしようにも被告の財産が散逸してしまい、権利の実現を図ることができません。

民事保全は、権利者が勝訴判決を得ても執行できないという事態を避け、権利実現の手段を実効あらしめるために、権利を主張する者に暫定的に一定の権能や地位を認める制度です[287]）。

■民事保全の特質■

民事保全手続は、3つの特質を有しています。緊急性、暫定性（仮定性）、付随性（従属性）です[288]）。

(1) 緊急性

本案判決が確定するまでの間に、債務者が第三者に占有を移転したり、権利を譲渡、隠匿したりすると執行が困難になります。民事保全手続は、本案訴訟の確定やこれを踏まえた強制執行までに時間がかかることにより生じる執行の困難という危険を回避するためのものですから、速やかにしなければ目的を達成することができません。つまり、緊急性は、民事保全制度の存在理由からの当然の要請といえます[289]）。

緊急性という特質から、保全手続はすべて決定手続で行われます（民保3条）。

保全すべき権利または権利関係および保全の必要性に関する立証の程度は"確からしい"という「疎明」で足ります（民保13条2項）。裁判官が確信を

---

[286] 裁判所ウェブサイト「裁判の迅速化に係る検証に関する報告書」4頁。
https://www.courts.go.jp/toukei_siryou/siryo/hokoku_03_hokokusyo/index.html
[287] 司法研修所・民事保全1頁、民事保全実務講義案1頁。
[288] 司法研修所・民事保全1頁、瀬木・民事保全法58頁。
[289] 司法研修所・民事保全1頁、民事保全実務講義案2頁、瀬木・民事保全法63頁。

得た状態にいたるまでの「証明」を要する判決手続との大きな違いです。

保全執行では、例外的な場合を除き執行文は不要ですが（民保43条1項）、保全執行ができる期間（執行期間）は明文で定められています（民保43条2項）。

緊急性を有するため、保全命令が債務者へ送達される前でも執行することができます（民保43条3項）。

【豆知識】 密行性

民事保全の特質として「密行性」が挙げられることがあります。

民事保全の種類には、仮差押え、係争物に関する仮処分および仮の地位を定める仮処分があります。このうち、債務者による財産の散逸や現状の変更による本執行の困難に備えるための仮差押えや係争物に関する仮処分は、債務者に手続の進行を知らせずに発令されるのが原則です[290]。これを密行性といいます。

密行性は、保全命令手続では、原則として債務者審尋を行わないことや、債務者に保全命令が送達されるまでは、債権者以外の者に対し記録の閲覧を認めず（民保5条の4）、債務者に対する決定正本の送達は、執行終了後に発送するのが通常であること（民保43条3項）などに表れています[291]。つまり、債務者は、仮差押えや仮処分の申立てがなされていることを知らないままに、突然、預金の仮差押えや給料の仮差押えがなされることになるのです。

しかし、仮の地位を定める仮処分は、口頭弁論または債務者が立ち会うことのできる審尋の期日を設けなければ仮処分命令を発することはできません（民保23条4項）。また、係争物に関する仮処分であっても債務者の主張を聴くことが妥当なものもありますから、密行性を民事保全の特質として挙げることには消極的な意見も多いと言われています[292]。

このような講学上の議論はともかく、保全手続を申し立てる債権者の側からすれば、民事保全の申立てをしていることが債務者に察知されると、財産を隠匿するなど防衛手段をとられてしまうおそれがあります。また、審尋が行われる仮の地位を定める仮処分であっても、裁判所から突然呼出状が届くこと自体に意味が

---

[290] 瀬木・民事保全法64頁。
[291] 民事保全実務講義案2頁。
[292] 司法研修所・民事保全2頁。

あることも多いのです。したがって、実務上は、密行性は民事保全にとって非常に重要な要素です。

(2) **暫定性（仮定性）**

民事保全手続は、権利関係を終局的に確定するわけではなく「とりあえず」のものであって、あくまでも暫定的、仮定的なものに過ぎません。

ですから、預金の仮差押えや不動産の仮差押命令が出されたとしても、保全命令手続における判断は、本案訴訟に対して何らの拘束力をもちません。本案訴訟において、原告の請求が棄却されることもあります。終局的な満足を得られるかどうかは、本案における判断によって決められます[293]。

(3) **付随性（従属性）**

民事保全手続は、本案訴訟によって権利が確定されることを予定しており、本案の権利確定やその訴訟手続に付随します[294]。本案が提起されないときには、保全命令は、債務者の申立て（起訴命令の申立て）により取り消されます（民保37条3項）。

## 18-2
### 保全命令にはどんな種類がありますか。

保全命令には、仮差押えと仮処分があり、仮処分は、係争物に関する仮処分と仮の地位を定める仮処分とに分かれます。

仮差押え

　　例）・不動産の仮差押え

　　　　・債権の仮差押え

　　　　・動産の仮差押え

---

[293] 民事保全実務講義案1頁、瀬木・民事保全法59頁。
[294] 民事保全実務講義案2頁、瀬木・民事保全法61頁。

・船舶、航空機、自動車、建設機械に対する仮差押え
仮処分
├係争物に関する仮処分
│　例）・不動産の登記請求権を保全するための処分禁止の仮処分（民保53
│　　　　条、58条〜60条）
│　　　・建物の処分禁止の仮処分（民保55条、64条）
│　　　・占有移転禁止の仮処分（民保62条）等
└仮の地位を定める仮処分
　　例）・不動産明渡断行の仮処分
　　　　・通行妨害禁止の仮処分
　　　　・建築工事妨害禁止の仮処分　等

## ■仮差押え■

　仮差押えによって保全される権利を「被保全権利」といいます。仮差押えの被保全権利は、金銭の支払を目的とする債権です（民保20条1項）。金銭債権であれば、条件付きまたは期限付きでも仮差押えができます（民保20条2項）。

## ■仮処分―係争物に関する仮処分■

　仮処分には、係争物に関する仮処分（民保23条1項）と仮の地位を定める仮処分（民保23条2項）の2種類があります。
　係争物に関する仮処分は、特定物についての給付請求権を保全するために用いられます。目的物の現在の物理的または法律的状態が変わることにより将来における権利実行が不可能または著しく困難になる恐れがある場合に、目的物の現状を維持するのに必要な暫定措置をする手続です（民保23条1項）[295]。

---

[295] 司法研修所・民事保全3頁。

係争物に関する仮処分の例としては、不動産の登記請求権を保全するための処分禁止の仮処分（民保53条、58条～60条）や、建物収去土地明渡請求権を保全するための建物の処分禁止の仮処分（民保55条、64条）、物の引渡しまたは明渡しの請求権を保全するための占有移転禁止の仮処分（民保62条）などがあります[296]。

占有移転禁止の仮処分で、債務者に使用を許す場合には、以下のような主文になります。

「　債務者は、別紙物件目録記載の物件に対する占有を他人に移転し、又は占有名義を変更してはならない。

　債務者は、上記物件の占有を解いて、これを執行官に引渡さなければならない。

　執行官は、上記物件を保管しなければならない。

　執行官は、債務者に上記物件の使用を許さなければならない。

　執行官は、債務者が上記物件の占有の移転又は占有名義の変更を禁止されていること及び執行官が上記物件を保管していることを公示しなければならない」

ただし、占有移転禁止の仮処分であっても、債務者に使用を許さず、執行官保管のみの場合には、「執行官は、債務者に上記物件の使用を許さなければならない。」との文言はありません[297]。

建物収去土地明渡請求権を保全するための仮処分の主文は以下のようなものになります。

「　債務者は、別紙物件目録記載の建物について、譲渡並びに質権、抵当権及び賃借権の設定その他一切の処分をしてはならない」[298]

仮差押決定や仮処分決定を受け取った債務者は、びっくりして足が地に着かない思いをすることもあるようですが、落ち着いて読めば内容が理解でき

---

[296] 司法研修所・民事保全3～4頁。
[297] 司法研修所・民事保全主文例14～15頁。
[298] 司法研修所・民事保全主文例17頁。

るように書かれています。

　仮差押えは金銭債権を保全するためのものです。係争物に関する仮処分は金銭以外のものの給付を目的とする請求権を保全するためのものです。仮差押えと係争物に関する仮処分は、金銭債権と、金銭以外のものの給付請求権という違いはありますが、いずれも、現状維持によって将来の本執行の保全を図るという点では同じ性質を有しています[299]。

### ■仮処分―仮の地位を定める仮処分■

　仮の地位を定める仮処分命令は、争いがある権利関係について債権者に生ずる著しい損害または急迫の危険を避けるために、暫定的な法律上の地位を定める仮処分です（民保23条2項）。

　名称は、同じく「仮処分」ですが、仮の地位を定める仮処分は、現状維持によって将来の本執行の保全を図る係争物に関する仮処分とは性質が大きく異なります。これは、「断行の仮処分」（だんこうのかりしょぶん）とか「満足的仮処分」とも言われます。本案訴訟におけるのと同様の満足を債権者に仮に与える仮処分だからです[300]。

## Q 18-3
### 係争物に関する仮処分は何のためにするのですか。

　当事者を恒定させるためです[301]。

### ■当事者恒定■

---

[299] 司法研修所・民事保全3頁、瀬木・民事保全法37頁。
[300] 司法研修所・民事保全5頁、瀬木・民事保全法39頁。
[301] 司法研修所・民事保全4頁、瀬木・民事保全法484頁。

係争物に関する仮処分をする意味は、当事者恒定効にあります[302]。
　わが国の民事訴訟では、訴え提起後、口頭弁論が終結されるまでに訴訟当事者に変動が生じると、この変動を訴訟に反映させる訴訟承継主義を採用しています。
　建物収去土地明渡請求訴訟であれば、訴え提起後、口頭弁論が終結するまでに被告である建物所有者が建物を第三者に売却すると、原告は、その第三者に訴訟を引き受けさせるために訴訟引受の申立て（民訴50条）をします。
　もちろん、第三者である買主が積極的に義務承継人として訴訟引受の申立てをしてくれればいいのですが、現実には、建物収去土地明渡請求訴訟が係属しているような建物を譲り受ける第三者が、わざわざ訴訟引受の申立てをしてくれることはまずありません。そのため、原告は、訴訟引受の申立てをするか、それとも、さっさと第三者を相手に別の訴えを提起するかのいずれかをしなければならなくなります。
　厄介なのは、訴え提起時には建物を所有していた被告が、裁判係属中に原告に黙って第三者に建物を売却し、被告自身は、賃料を支払って売却済みの建物に住み続けているときには、一見すると、建物所有権に変動があることが分からないことです。建物所有権に変動があったことが分からないまま、口頭弁論が終結し、原告が勝訴しても、元の所有者を被告とした判決主文では、第三者が所有する建物について執行することはできません。
　訴訟承継主義は、適切に機能すれば、紛争主体の変動を訴訟当事者の交替に反映させ、係争権利関係についてもっとも利害関係の切実な者が相争うことになり、当事者の権利を保障したうえで判決の効力を生じさせることができるという長所があります。しかし、訴訟承継主義は、係争物の占有や登記の移転のリスクはすべて原告が負わなければならないという問題があります。
　そこで、建物収去土地明渡請求権を保全するための建物の処分禁止の仮処

---

[302] 司法研修所・民事保全4頁。

分や、明渡しの請求権を保全するための占有移転禁止の仮処分をすることで、当事者を恒定し、安心して本案である建物収去土地明渡の訴えを提起するのです。

【豆知識】承継執行文

事実審の口頭弁論終結後に係争物の占有や登記を移転した場合には、口頭弁論終結後の承継人として譲受人に対し、確定判決の効力が及びます（民訴115条1項3号、民執23条1項3号）。債権者は、承継執行文（民執27条2項）の付与を受けて判決の効力を及ぼすことができます。

民事執行法27条2項は、承継執行文は「債権者がそのことを証する文書を提出したときに限り、付与することができる」と規定しており、文書での証明が必要です。

現実には、これがなかなか厄介で、所有権の移転であれば、登記によって証明することができますが、「占有」のような事実行為の場合には、その立証を文書で証明することが非常に困難です。

そこで、係争物に関する仮処分では、口頭弁論終結後に占有や登記が移転されることを防ぎ、債権者の権利を保護するため、権利を主張する者に暫定的に一定の権能や地位を認めるのです[303]。

【豆知識】民事訴訟における当事者の死亡

訴訟係属中に当事者の一方が死亡すると、訴訟手続はいったん中断し、相続人や相続財産管理人といった法令により訴訟を続行すべき者が訴訟手続を受け継がなければなりません（民訴124条1項1号）。当事者の一方が死亡したままでは、二当事者対立構造にはならないからです。

訴訟手続を受け継ぐことを「受継」（じゅけい）といいます。通常は、相続人等が受継の申立てを行いますが、相続人等から受継の申立てがなされる前に、訴訟の相手方がたまたま死亡の事実を知った場合には、相手方も受継の申立てをすることができます（民訴126条）。

当事者の死亡によって訴訟手続が中断するのは、手続保障がなされないままに

---

[303] 司法研修所・民事保全1頁。

訴訟手続が進行することを避けるためです。訴訟代理人がいる場合には、訴訟追行上空白を生じず、手続保障の観点からも問題がないことから、訴訟は中断しません（民訴124条2項）。ただし、死者を訴訟当事者とすることはできませんから、訴訟手続は中断しないものの、受継は必要です。

## 18-4

仮の地位を定める仮処分の類型で、実務上申立ての多い類型はどのようなものですか。

不動産明渡断行の仮処分です[304]。

### ■仮の地位を定める仮処分■

仮の地位を定める仮処分は、債権者に生じる現在の危険や不安を除去するために、本案判決確定にいたるまでの間、暫定的な法律関係を形成し維持するものです。

不動産明渡断行の仮処分は、「仮処分」と言いながら、その暫定性は、かなり希薄になってきます。仮の地位を定める仮処分の審理が尽くされた事案においては、その手続において紛争が解決されてしまい、事実上、本案訴訟が提起される例は、少なくなっているという現象がある[305]とも言われています。

これは、決定の主文にも現れています。

たとえば、建物収去土地明渡断行の仮処分の主文は

「　債務者は、債権者に対し、この決定送達の日から〇日以内に、別紙物

---

[304] 瀬木・民事保全法608頁。
[305] 瀬木・民事保全法39〜40頁。

件目録記載1の建物を収去して、同目録記載2の土地を仮に明渡せ」[306]
というものです。本案訴訟において建物収去土地明渡請求を求めた際の勝訴判決の主文は、

「被告は、原告に対し、別紙物件目録記載1の建物を収去して、同目録記載2の土地を明け渡せ」

というものですから、期間の記載や「仮に」の記載を除けばほぼ同じです。これは、仮差押決定がその被保全債権の支払いを求める本案判決の主文と全く異なることとは大きな違いです。

金銭債権である貸金債権の支払いを求める本案訴訟の勝訴判決の主文は、

「被告は原告に対し、金●●円を支払え」

というものですが、この貸金債権を保全するために預金の仮差押えをした場合の主文は

「　債権者の債務者に対する上記請求債権の執行を保全するため、債務者の第三債務者に対する別紙仮差押債権目録記載の債権は仮に差し押さえる。

　　第三債務者は、債務者に対し、仮差押えに係る債務の支払いをしてはならない。」[307]

というものです。仮差押えの主文は、保全の必要性と暫定性が主文からも明らかで、貸金返還請求事件の本案判決の主文とは大きく異なります。

---

[306] 司法研修所・民事保全主文例21頁。
[307] 司法研修所・民事保全主文例3頁。

## Q 18-5

保全命令の手続は、具体的にはどのような流れになりますか。

保全命令の申立て→審尋→立担保→決定の流れになります。

### ■保全命令の申立て■

保全命令の手続は、債権者が裁判所に保全命令の申立てをすることにより開始されます（民保2条1項）。権利を主張する者が訴えを提起するのと同様に、保全命令も、保全の必要性を感じる者がアクションを起こす必要があるのです。

用地取得において、契約を締結し、売買代金のほとんどにあたる前払い金を支払ったのに、売主が居座ってしまって出て行かず、着工が迫ってきている場合などでは、買主が保全命令の申立てをすることは検討されてよいと考えられます。

### ■管轄■

管轄裁判所は、本案の管轄裁判所または係争物の所在地を管轄する地方裁判所です（民保12条1項）。民事保全の管轄はすべて専属管轄です（民保6条）。債権者と債務者との間で管轄の合意をしていたとしても、その合意によることはありません。

建物収去土地明渡しの断行の仮処分の申立ては、本案である建物収去土地明渡請求訴訟の管轄裁判所か当該土地建物の所在する場所を管轄する地方裁判所になります。

本案である建物収去土地明渡請求訴訟の管轄は、
① 被告の住所地（民訴4条1項）

② 不動産の所在地（民訴5条12号）

ですから、たとえば、明渡しの対象となる土地が東京23区内にあれば、東京地方裁判所が専属管轄になります。

物件所在地が大阪市内、被告の住所地が東京23区内にある建物収去土地明渡請求訴訟の土地管轄は、大阪地方裁判所のほかに東京地方裁判所にもあります。

遠方の裁判所で訴訟を追行しなければならないということは、時間的、経済的に大きな負担となり、時には勝敗を分かつことさえあります[308]。どちらで訴えを提起してもよいのであれば、近くてアクセスが容易な裁判所に訴えを提起する選択をするのが普通です。土地明渡請求訴訟は、その後の執行を考えても、当該土地の所在地を管轄する裁判所に訴えを提起することが合理的です。

> 【豆知識】 管轄と申立て
>
> 保全命令においては、専属管轄がどこであるかは手続の進行に影響します。管轄が地裁本庁ではなく支部の場合には、保全係の裁判官が常時在席せず、本庁から週に2日来て在席するということもあります。このような時には、申立て後すぐに審尋期日を入れてもらうために、裁判官が在席している日を事前に確認しておきます。
>
> 管轄が地裁本庁でない場合には、担保の供託（立担保）をどこで行うかについても事前に調査しておき、担保の額が決まれば、直ちに供託をして速やかに決定を出してもらう準備を調えます。

## ■申立ての趣旨■

申立書には、必ず「申立ての趣旨」を記載しなければなりません（民保13条1項、民保規13条1項2号）。

仮処分命令の申立ての趣旨は、具体的事件の性質や内容に応じて異なりま

---

[308] 上田・民事訴訟法58頁。

す。

申立ての趣旨は、たとえば、以下のようになります[309]。

土地（建物）明渡し断行

「　債務者は、債権者に対し、本決定送達の日から●日以内に、別紙物件目録記載の土地（建物）を仮に明け渡せ。」

建物収去土地明渡し断行

「　債務者は、債権者に対し、本決定送達の日から●日以内に別紙物件目録記載1の建物を収去して、同目録記載2の土地を仮に明け渡せ。」

## ■申立ての理由■

保全命令申立書では、「申立ての理由」として①保全すべき権利または権利関係と②その保全の必要性を明らかにしなければなりません（民保13条1項）。

保全命令申立書は、保全命令を発するべきか否かの判断をする裁判手続において審理の対象となります。しかも、暫定的に権利を保全しなければならないといういわば緊急事態が生じているということについて、裁判所に理解してもらわなければなりません。

(1)　被保全権利

まず、保全される権利があることが大前提です。これを被保全権利といいます。建物収去土地明渡し断行であれば、債権者は債務者に対し、当該土地の引渡請求権があることを疎明します。

係争地がどこに所在しどのような土地であるのかを裁判所に理解してもらうために、全部事項証明書（土地）（建物）は当然のこととして、公図や住宅地図、現況写真も必要です。

さらに、被保全権利が存在すること、つまり、売買契約の締結と代金の支払いによって、土地所有権が買主に移転しており、買主に土地引渡し請求権

---

[309]　司法研修所・民事保全主文例21頁。

があることを疎明しなければなりません。そのためのものとして売買契約書や領収証等が考えられます。契約書は、用地取得においては補償契約書であることがほとんどでしょう。そのほかに、支払票、請求書などがあります。一定の期日までに土地を引き渡す覚書等があればこれも必要です。

### (2) 保全の必要性

保全の必要性は、暫定的な権利保全を支えるものですから、保全命令申立書の根幹をなします。

公共用地の任意取得においては、当該土地をどのような公共的な目的に供するのか、その事業のためには、当該土地がどれほど必要か、といったことを理解してもらうことも大事です。

また、無理難題を言って明渡しを求めているわけではないことを疎明するため、これまでどのような交渉をしてきたかといった経過をきめ細かく説明します。疎明には、日誌や債務者から届いた手紙、メールのやり取り、電話録取書といった資料に加えて担当者の陳述書も必要です。

工事が遅れると多大な損害が発生する等の仮処分によって保全しなければ、回復できない著しい損害が発生するということをできる限り具体的に記載します。全体の工程表などを添付することは、裁判所の理解を助けます。

保全事件においては、とにかく、一目瞭然に裁判所に全体像を理解してもらうとともに、保全の必要性についても説得力をもって論じられる材料を揃えることが肝要です。

訟務検事や弁護士との緊密な連携の下、これらの資料を調えながら申立書を起案していきます。

【豆知識】 記録を残す

裁判所には、まず、事案の本質を大づかみにしてもらったうえで、詳細に説明するということが理解の早道です。

① "おそらくすぐに明け渡してくれるであろう"との安易な見込みの下に契約を締結したのではないこと。

② 債務者との調整には十分に時間をかけ、説明も行い、明渡期限について一応の合意を見たにもかかわらず、債務者が前言を翻したこと。
③ さらに、調整を重ね、再度明渡期日が合意されたこと。
④ それでも言を左右にして明け渡さないこと。

等の事情が疎明されると、保全の必要性があるとの認定に傾きます。

少し古い事案ですが、地方公共団体による公営住宅建替事業の施行に伴い、現存の公営住宅を除却する必要があるとして、入居者に対する明渡断行の仮処分が認められた事例[310]では、

① 地価の騰貴が著しいため、M市内（特に市街地内）において公営住宅建設に必要な5000㎡以上の土地を適当な価額でしかも適当な場所において入手し、新規に公営住宅を建設することはきわめて困難な状況となったこと。
② M市内には、住宅困窮者がなお多数あり、公営住宅に入居申込をする者は毎年約1000世帯に達していること。
③ 入居者らが居住する●●第一団地は、M市の市街地の中心部にあって、5624㎡の面積を有し、同地上にある市営住宅は昭和25年度に30戸の木造平家建で建築されたものであるが、既に耐用年限の2分の1を経過し、外壁がモルタル塗りのため相当老朽化していること。
④ M市長は、昭和47年7月1日、公営住宅建替事業を実施する旨通知し、入居者らが反対したため、昭和48年12月5日到達の書面を以て、入居者らに対し、昭和49年3月9日までに公営住宅を被控訴人に明け渡すよう請求したこと。
⑤ 入居者らが、建替事業により既に一部建て替えられた新住宅を仮住居としていつでも使用できるように準備したうえ、その旨通知し、以て同人らに仮住居の提供をしたこと。

などの事実が詳細に認定されています。

このような事実を裁判所に認定してもらうためには、日常業務の中で、日誌や記録を残すことは大前提です。図面等を債務者に手渡して説明をする場合には、手渡した年月日を図面等の欄外に記載して同じものを控えで保管しておくと、いつ、どのような説明を行ったのか、説明方法は適切だったのかを具体的に示し、説明が適切であったことについての疎明資料として裁判所に提出することができ

---

[310] 東京高判昭50.8.28判時791号24頁。

ます。証拠は後から作出することはできませんから、たとえ、スムーズに交渉が推移している場合であっても、債務者との交渉記録は丹念に残しておくことです。

さらに、交渉は一人ではなく、二人以上で対応することを基本とし、一方が説明・対応している間に、他方が記録をとる、といった工夫が必要です。

最近は、録音・録画が簡単にできますから、相手方が録音・録画をしていることは十分に想定し、乱暴な言葉や売り言葉に買い言葉につられず、不用意な発言をしないといった注意深い対応が求められます。

## ■審尋■

審尋とは、当事者に、書面または口頭で、事件について陳述する機会を与える（裁判所の側から見れば当事者の主張を聴取する）、無方式、非公開の手続です[311]。無方式とは、方式が定められていないということです。裁判所は、最初は、債権者の側からだけ事情を聴いて、債務者は別室で待っており、債権者が退室した後、債務者から言い分を聴くというように、別々に事情を聴き始め、争点が明確になった時点で、債権者、債務者同席のもとに事情を聴きながら、任意の明渡し等が可能かどうかを探っていくといった臨機応変な対応ができます。

開始された訴訟が「判決」によってその審級での手続が終了する場合、必ず口頭弁論が開かれなければなりません（民訴87条1項本文）。これを必要的口頭弁論といいます。したがって、本案の裁判では、裁判所で、当事者双方の関与の下に口頭で弁論や証拠調べを行って裁判資料を収取し、それに基づき裁判をするという審理手続がとられます。

「決定」という裁判形式によって訴訟が終了する場合には、口頭弁論を経ないで終了することもできます（民訴87条1項但書き）。

保全命令申立ての裁判は決定で終了しますから、口頭弁論を経ないですることができます（民保3条）。また、審尋も必ずしも必要ではありません。

---

[311] 瀬木・民事保全法217頁。

たとえば、仮差押えの場合には、審尋は要しません。審尋のため裁判所から呼び出されたとたんに、債務者は預金債権を別所に移してしまう恐れがあるので、むしろ、密行性が優先されるのです。

　しかし、単に現状を固定する仮差押えや係争物に関する仮処分と異なり、明渡し断行の仮処分のように仮の地位を定める仮処分は、発令されて保全執行がなされると本執行と同様の結果となります。債務者にとっての打撃が大きいので、債務者が立ち会うことができる審尋または口頭弁論の期日を経なければ原則的にこれを発することができません（民保23条4項本文）。

　審尋を要することは、むしろ、断行の仮処分のメリットであるともいえます。なぜなら、審尋を行うため、裁判所は、債務者を呼び出します。わが国では、国民の裁判所に対する敬意の念はまだまだ強いものがあり、呼出状を受け取らない債務者は案外少ないものです。債務者は、裁判所に呼び出されて裁判官から事情を聴かれたとたん、「ここまでしなくても（裁判までしなくても）、自分はすぐに出ていくつもりであった」と述べて、和解によってあっさり明け渡してくれる場合も少なくありません。

　このような場合の和解では、債務者が債権者に対し、当該土地を明け渡す義務があることの確認と、明渡しの履行期限、期限までに明渡しがなされなかった場合のペナルティや、保全執行の可能性、期限までに明渡しがなされた場合の申立ての取下げなどを取り決め、現実に明渡しが完了すれば、債権者は保全申立てを取り下げます。現実の明渡しがなされてから申立てを取り下げるのは、任意の明渡しをしなければ、断行の仮処分の決定により仮処分執行がなされてしまうということが心理的な圧迫となるからです。したがって、ここでの和解は、単に債務者が一方的な了解をするというだけではなく、期限までに明け渡さなければ保全執行をするという含みをもった和解です。

### ■担保■

　和解ができなければ、裁判所は、保全命令を発するためにあらかじめ債権

者に担保を立てさせる決定をします。

　民事保全法は、「保全命令は、担保を立てさせて、若しくは相当と認める一定の期間内に担保を立てることを保全執行の実施の条件として、又は担保を立てさせないで発することができる」（民保14条1項）とされています。担保は、民事保全により債務者の被る可能性のある損害を担保するためのものです。断行の仮処分においては、担保を立てることが発令の要件となります[312]。

　担保の額は、対象となる目的物の種類や被保全権利の内容によって異なります。仮の地位を定める仮処分の場合は、損害額を算定する要素が一定ではありませんから、一般的基準を設けることは困難です。しかし、被保全権利の存在が明らかで、保全の必要性が高ければ高いほど、担保の額は下がるという関係にありますから、申立て段階での準備や保全の必要性について裁判所に理解してもらうことは非常に重要です。

　担保を立てる方法は、担保を立てるべきことを命じた裁判所または保全執行裁判所の所在地を管轄する地方裁判所の管轄区域内の供託所に金銭または有価証券を供託する方法等によります（民保4条）。具体的には、法務局に金銭を供託することが多いです。

　担保提供期間は、民事保全事件の緊急性の要請から、3日から7日程度とされることが多く、定められた期間内に担保を立てられなかった場合には、保全命令が却下されることもあります[313]。そこで、保全申立てをするに当たっては担保を立てることまで念頭に置いて方針を検討する必要があります。

　なお、債務者が供託された担保について還付請求をすることがあるかといえば、債務者がこの権利を実行することは比較的少ない[314]と言われています。なぜなら、債務者がその権利を行使するためには、債権者に対する損害

---

[312] 司法研修所・民事保全25頁。
[313] 司法研修所・民事保全34頁。
[314] 司法研修所・民事保全25頁。

賠償請求権の存在を認める確定判決またはこれと同一の効力を有する和解調書等を添付して還付請求の手続を行わなければならないためです。

## ■決定■

担保を立てると、保全命令の申立てに対する決定がなされます。保全命令は、債務者に送達しなければなりません（民保17条）。

 18-6
### 保全命令が発せられると、その後の手続はどのような流れになりますか。

 保全執行がなされます。

## ■保全執行■

民事保全にも執行があります。保全執行の執行機関は、強制執行の場合と同じく裁判所または執行官です（民保2条2項）。

明渡し断行の仮処分は、執行官が執行機関となります。

## ■執行期間■

保全命令が債権者に送達された日から2週間を経過すると、保全執行ができなくなります（民保43条2項）。

執行期間が定められているのは、保全命令は、緊急の必要から発せられるものですし、保全命令の適否、担保額などは、発令時を基準として決定されているので、日時が経過すると不当な執行となる可能性が大きいためで

す[315]。

2週間以内に執行が完了してしまうことまでが求められるわけではなく、何らかの形で執行処分の着手があればよいとされています[316]。

## ■執行文■

保全執行は、保全命令の正本に基づいて行われ（民保43条1項）、執行文は必要とされません。

## ■執行の効力■

係争物に関する仮処分は、当事者恒定を目的とし、その効力は相対的です。占有移転禁止の仮処分に違反して占有を移転する行為も当事者間では有効です。ただし、債権者が本案で勝訴した場合には対抗できません。

仮の地位を定める仮処分も仮処分の効力は、本案訴訟との関係では暫定的であり、仮処分執行により実現された状態は、本案訴訟においては無視されます[317]。

しかし、建物の所有権に基づく明渡請求権を被保全権利とする建物明渡の仮処分決定を得た上、保全執行として建物の明渡を受け、その後に建物を取り壊して滅失させたときは、本案の審理において仮に建物が存在しているものとして審理されるのではなく、建物が取り壊されて現存しないとして、建物の明渡を求める本案請求は棄却されます。

【最判昭54.4.17民集33巻3号366頁、判時929号65頁】
〔事案の概要〕
学生に対して物心両面の援護をなすことを目的として昭和20年に設立された財団法人Aが学生の収容を目的とする会館を設置し、学生の使用に供していたところ、Aは、この建物に居住してこの会館を占有していた学生らに対

---

[315] 司法研修所・民事保全40頁。
[316] 瀬木・民事保全法444頁。
[317] 瀬木・民事保全法477頁。

し、建物明渡の断行の仮処分決定を得て執行をし、建物の明渡を受けた後、建物を取り壊した。

その後、Aは学生らに対し、建物明渡請求の本案訴訟を提起した。

第一審は、Aの明渡請求を認容したが、控訴審は請求を棄却。上告棄却。

〔判旨〕

・仮処分における被保全権利は、債務者が訴訟に関係なく任意にその義務を履行するか、それとも、被保全権利の存在が本案訴訟において終局的に確定されて、これに基づく履行が完了して初めて法律上実現されたものというべきである。

・いわゆる満足的仮処分の執行自体によって被保全権利が実現されたと同様の状態が事実上達成されているとしても、それはあくまでも仮のものにすぎないのであるから、この仮の履行状態の実現は、本来、本案訴訟において斟酌されるべき筋合いのものではない。

・しかし、仮処分執行後に生じた被保全権利の目的物の滅失等被保全権利に関して生じた事実状態の変動については、特別の事情がある場合を除き、本案に関する審理においてこれを斟酌しなければならない。

上記3つ目の判示は少しわかりにくいかもしれません。本案訴訟における所有権に基づく建物の明渡請求権という被保全権利は、明渡断行の仮処分執行の後、債権者が建物を取り壊したことによって「建物の滅失」という事実状態の変動が生じているので、その変動を斟酌しなければならないとしているのです。建物が取り壊されて現存しない以上、仮に、本案訴訟で、滅失した建物の明渡請求を認容する判決を得たとしても、その判決内容に則した効力を有することはあり得ません。

しかも、わが国の民事訴訟法では、建物の明渡しが完了して建物が取り壊された後になってから、"そもそも、建物の占有者が占有権原を有していたのか"といった前提問題を確定するためのみの請求は、原則として認められません。

そのため、仮処分執行後に被保全権利に関して生じた事実状態の変動は本

案に関する審理において斟酌しなければならないとして、建物取り壊し後の明渡請求を認容した第一審判決を取り消して請求を棄却し、上告審もこれを維持しました。

ちなみに、昭和54年最高裁の事案は、建物の明渡しの断行によって建物が明け渡された後、債権者が任意で建物を取り壊した事案ですが、建物収去土地明渡しの断行の仮処分の場合には、仮処分決定による執行として建物の取り壊しがなされます。

## ■断行の仮処分と損害賠償請求■

建物明渡断行の仮処分後に建物が壊されると、もはや原状回復の可能性もなくなり、ただ、損害賠償の可能性があるだけです[318]。

公共用地の任意取得においては、明渡断行の仮処分がなされることはそれほど多くないと思われます。しかし、最後の最後になってこのような手続をとらざるを得なくなることもあります。そのため、日常業務における説明と記録とをきちんと積み上げ、いざとなったら、すぐさま仮処分申立てができるように準備を怠らないことが大切です。

---

[318] 瀬木・民事保全法59頁。

# ⑲ 婚姻と離婚

　用地取得において、親族法が真正面から問題になる場面は少ないと思われます。しかし、家族法[319]は相続法と表裏一体となっている部分がありますから、登記上の所有者が死亡しているような場合、相続調査や権利関係の確定といった作業を円滑に進めるために不可欠の知識です。ここでは、相続調査を支える知識を整理しておきます。

## Q 19-1

土地の登記記録に記載されている所有者が死亡していることが判明した場合、相続人を特定するためにはどの順番で確認していけばよいですか。

　①配偶者はいるか、②子供はいるのか、③子供の子供はいるのか、④親はいるか、⑤兄弟姉妹はいるか、⑥兄弟姉妹の子供はいるか、の順番です。

　配偶者や子供について規定しているのは、民法第4編「親族」です。我が国における親族法の骨格は、婚姻と親子で構成されています[320]。

### ■配偶者■

　配偶者とは、夫婦の一方からみた他方をいいます。夫からみた配偶者は妻ですし、妻からみた配偶者は夫です。夫と妻とは互いに親族です（民725条2号）。配偶者には「親等」はありません。「親等」は、親族間の世代数を数

---

[319] 民法典では、第4編が「親族」、第5編が「相続」となっています。第4編と第5編をあわせて「親族・相続」と呼んだり、「家族法」と呼んだりします。
[320] 窪田・家族法158頁。

えて定めるものだからです（民726条1項）。

　婚姻は、戸籍法による届出をすることによってその効力を生じます（民739条1項）。婚姻関係にあるのと同様の状態であっても、届出をしなければ配偶者にはあたりません。

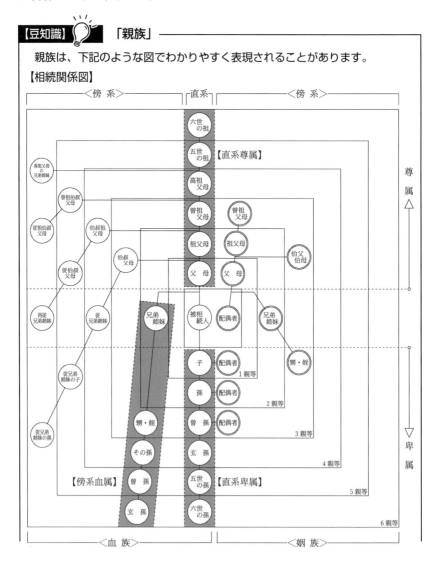

出典：「必携 用地補償実務便覧2025」（編集／一般財団法人公共用地補償機構　発行／大成出版社）239頁　社会保障関係の法律では、婚姻届出がなくても事実上婚姻関係と同様の事情にある者をも「配偶者」と同様に取り扱う旨を明文で規定している法律もあります（国民年金法5条7項、健康保険法3条7項1号、厚生年金保険法3条2項等）。

　このときに、「子」「孫」「曽孫」はともかく、甥や姪の子や孫をどのように表現するかは親族法の教科書によって様々です。甥姪は「せいてつ」、兄弟姉妹は「けいていしまい」と呼ぶのが"正式"と言われたりもしますが、現実に裁判や調停で甥姪を「せいてつ」と呼称して手続を進めることはまずありません。むしろ、「せい」だの「てつ」だのと言うと、「えっ、何のことでしょうか？」と逆に聞き返されることでしょう。

　裁判や調停に限らず、用地取得における説明でも、聞き慣れない法律上の呼称を振り回すよりは、誰もがわかる表現で間違いなく会話を進める方が余計な垣根を作らずに済みますから、意思疎通がずっと円滑になります。

　相続関係図を追いかけていかねばならないような案件で、普段使わない呼称を振り回すと、自分の頭の中がごちゃごちゃになって、間違いのもとです。「きょうだいの孫」とか「きょうだいの曽孫」といったわかりやすい用語で表現すれば十分です。

## ■子■

　親子については、民法第4編第3章「親子」に規定されています。子には実子（民法第4編第3章第1節）と養子（民法第4編第3章第2節）とがあります。

　実親子関係は、一定の事実的な関係を前提として、その存在が当然に認められる親子関係を指し、養親子関係は、縁組という人為的な行為を媒介として成立する親子関係です[321]。養子には、養子縁組が養子の実親子関係に影響を与えない普通養子（民792条以下）と、養子の実親子関係が終了する特別

---

[321] 窪田・家族法158頁。

養子（民817条の2以下）とがあります。

　法定相続分は、実子と養子は同じです（民900条）。

　普通養子の戸籍では、実の父母（実方）とともに養父母の欄があります。具体的には、【父】、【母】、【続柄】の欄の下に【養父】や【養母】の欄が設けられ、【続柄】には「養子」と記載されます。特別養子は、実の父母（実方）の戸籍から養子になる者を除籍して単独の戸籍を編成し、その後、養親になる父母の戸籍に入籍するという手続をとるため、実方の父母は戸籍には記載されません。

  19-2
婚姻は、婚姻届出をすれば成立しますか。

 婚姻届出は婚姻成立の形式的要件に過ぎません。婚姻意思と婚姻障害がないことという実質的要件を満たさないと婚姻は成立しません。

■婚姻の成立要件■

　婚姻の成立の実質的要件は、①婚姻意思の合致と②年齢や近親婚の禁止などの婚姻障害がないこと（民731条〜738条）であり、形式的要件は、戸籍法による届出（民739条）です。

　興味深いのは、「当事者の意思は、最も基本的な婚姻の成立要件である」[322]にもかかわらず、「婚姻意思の合致」を明文で規定した条文がないことです。わずかに、婚姻の無効について規定した民法742条1号が、婚姻が無効になる場合として、「人違いその他の事由によって当事者間に婚姻をする意思がないとき」を挙げています。

---

[322] 窪田・家族法29頁。

*352*

婚姻における「人違い」とは、果たしてどんな場面を指すのだろうかということは、立ち止まって考えても、実はよくわかりません。「あなたって、こんな人とは思わなかったわ！」とか、「君がこういう人とは思わなかった。もう顔も見たくない！」というのは、日常多く生じるいさかいの一つでしょうが、これらは、「思惑違い」ではあっても「人違い」ではありません。立法論的には、民法742条1号は、単に「当事者間に婚姻をする意思がないとき」とすれば足りるとされています[323]。

## ■婚姻をする意思■

　婚姻意思の合致は、婚姻の成立のための実質的要件ではありますが、婚姻の継続のための要件ではありません。婚姻意思が必要なのは婚姻の成立時点だけです[324]。途中で婚姻を継続する意思がなくなった場合には、婚姻の解消、つまり離婚の問題として扱われます。

　少し厄介なのは、婚姻意思と婚姻届の関係です。

　婚姻届を作成する時点で婚姻意思が必要であることは、ほぼ争いがありません。では、婚姻意思をもって作成した婚姻届を提出するときに婚姻意思は必要でしょうか。この問題が生じるのは、婚姻届を作成した後、意思能力を喪失した場合です。

　最判昭44.4.3民集23巻4号709頁、判時374号18頁は、事実上の夫婦共同生活にある者が、婚姻意思を有し、その意思に基づいて婚姻届を作成したものの、婚姻届が受理された当時、意識を失っていたとして婚姻の無効確認請求がなされた事案です。

　最高裁は、「婚姻届がAの意思に基づいて作成され、Aがその作成当時婚姻意思を有していて、AとXとの間に事実上の夫婦共同生活関係が存続していたとすれば、その届出が当該係官に受理されるまでの間に同人が完全に昏睡状態に陥り、意識を失ったとしても、届書受理前に死亡した場合と異な

---

[323] 窪田・家族法20頁。
[324] 窪田・家族法23頁。

り、届出書受理以前に翻意するなど婚姻の意思を失う特段の事情のないかぎり、右届書の受理によって、本件婚姻は、有効に成立したものと解すべきである。」としました。

この事案では、婚姻届の作成当時、婚姻意思を有していて、事実上の夫婦共同生活が存続していたことが、婚姻意思の存続という判断につながったものと考えられます。したがって、単純に、婚姻届作成時点に婚姻意思があれば、婚姻届が受理された時点で婚姻意思がなくてもよいとまで示したものではありません。そういう意味で、判決文の中の「届出書受理以前に翻意するなど婚姻の意思を失う特段の事情のないかぎり」という限定は、読み落とさないようにしなければなりません。

### ■婚姻届作成後に一方が翻意した場合■

婚姻届作成後に大げんかをして、一方の当事者がすっかり結婚する気をなくしてしまい、「結婚するのはやめよう」と言っていたが、他方の当事者は、既に作成されていた婚姻届を提出してしまったという場合は、昭和44年の最高裁判決に照らすと、「届出書受理以前に翻意するなど婚姻の意思を失う特段の事情」が生じたことになり、婚姻意思という成立要件が備わっていないことから婚姻は無効となります。

しかし、勝手に届出をしたという者が、相手方による婚姻の無効の主張をすんなり受け入れるとは思えず、現実問題としては、裁判で争わざるを得なくなり、感情の問題も絡みますからなかなか面倒な事態になります。

### ■不受理申出制度■

平成19年の戸籍法改正（平成19年5月11日法律第35号）において、婚姻や縁組等の届出の際の本人確認の制度とともに、届出受理の通知、不受理申出制度が創設されました（戸籍法27条の2第3項）。

不受理申出制度とは、本籍地の市町村長に対し、自らが出頭して届け出たことを確認することができないときは届出を受理しないよう申し出る制度で

す。対象となるのは、「婚姻」「離婚」「縁組」「離縁」「認知」の5つの届出です。不受理申出は一度提出すると、「不受理申出取下書」を提出しない限り有効です。ただし、裁判離婚や裁判離縁は、届出によって効力が生じるのではなく、判決の確定によって効力が生じますから、不受理申出をしていたとしても離婚や離縁の裁判が確定すると、離婚や離縁になります。

　ドラマや小説の世界では、夫のギャンブルに愛想をつかした妻が、夫に署名押印させた離婚届を手に、「今度やったら離婚するからね」と言い放つような場面がありますが、これは戸籍法改正前の話です。今は、不受理申出制度がありますから、署名押印した離婚届が相手の手元にあったとしても、本籍地の市町村に不受理申出をしておけば、離婚届は受理されません。妻の顔色をうかがいながら生活する必要はないので、署名押印した離婚届を手許に保管することは、円満な結婚生活の担保にはならないのです[325]。

　離婚を望まない一方の相手方による離婚届出の不受理申出がなされていることは、それほど珍しいことではなく、離婚調停で和解条項を詰める際には、一方の当事者が不受理申出をしていないかどうかを確認しておく必要があります。

## Q 19-3

### 離婚にはどんな種類がありますか。

　協議離婚（民763条〜769条、戸籍法施行規則57条1項1号）と調停・審判・和解・請求の認諾・判決による離婚（民770条、771条、

---

[325] ジル・ボルト・テイラー「奇跡の脳－脳科学者の脳が壊れたとき」（新潮文庫）によれば、怒りの化学物質は90秒で血液中からなくなるそうです。つまり、90秒間我慢したら怒り物質がなくなるから、理屈としては怒りはおさまるはずです。「もし90秒が過ぎてもまだ怒りが続いているとしたら、それはその回路が機能し続けるようにわたしが選択をしたから」だそうです。家族関係に限らず、円満な人間関係の秘訣は「90秒の我慢」なのかもしれません。

戸籍法施行規則57条2項1号) があります。

## ■協議離婚と裁判離婚、調停離婚■

　当事者間の協議で離婚をする場合が協議離婚です。夫婦は、その協議で、離婚をすることができ (民763条)、離婚届出の受理によって効力を生じます (民765条)。

　家庭裁判所に調停申立てをし、調停で離婚が成立する場合は調停離婚、調停手続では合意に至らず調停が不成立になって裁判に移行し、裁判所による判決で離婚する場合が裁判離婚です。判決に至るまでに、裁判上の和解による離婚もできます (人訴37条)。

　調停手続において、家庭裁判所が相当と認める場合には、職権で審判をすることができます (家手284条1項)。これは、調停に代わる審判といいます。調停に代わる審判は、当事者が2週間以内に異議を申し立てれば効力を失う (家手286条1項・2項、279条2項) という不安定さがあります。離婚について調停に代わる審判がなされることはほとんどありません。

　届出書には、協議離婚 (戸籍法施行規則57条1項1号)、調停離婚、審判離婚、和解による離婚、請求の認諾による離婚、判決による離婚 (戸籍法施行規則57条2項1号) の別を記載することになっています。

　家庭裁判所の調停を経た調停離婚であっても、戸籍に調停による離婚と記載されることを嫌って、家庭裁判所での調停や和解において、「申立人と相手方とは離婚届用紙に所要事項を記載し署名押印のうえ、相手方は、これを本調停席上で申立人に交付してその届出を委託し、申立人は速やかに協議離婚の届出をする」といった条項を設け、当事者の一方が他方に対し離婚届を託し、他方がこれをすみやかに、協議離婚として届出することが多くみられます。ところが、当事者の一方が離婚届を提出しようとすると、離婚届の不受理申出がなされたままになっていると窓口で「受理できません」と言われてしまいます。既に裁判所での話し合いの機会は終了しており、もともと協議離婚ができないくらい話し合いが不可能な状態ですから、不受理申出を取

り下げてもらうための話し合いがなかなかもてずに困ることになります。調停や和解に際しては、当事者双方に不受理申出の有無を確認し、不受理申出があれば、取下げをしておくことは、大事な確認事項です。

## ■人事訴訟と家事調停の関係[326]■

　人事訴訟法は、婚姻関係や親子関係など人の基本的な身分関係の形成又は存否の確認などを求める訴訟に適用されます。

　人事訴訟法2条では、3つの分類を設けています。

1　婚姻関係（婚姻の無効および取消しの訴え、離婚の訴え、協議上の離婚の無効および取消しの訴え、婚姻関係の存否の確認の訴え）

2　実親子関係（嫡出否認の訴え、認知の訴え、認知の無効および取消しの訴え、民法773条の規定により父を定めることを目的とする訴え、実親子関係の存否の確認の訴え）

3　養子縁組関係（養子縁組の無効および取消しの訴え、離縁の訴え、協議上の離縁の無効および取消しの訴え、養親子関係の存否の確認の訴え）

　人事訴訟においては、原則として、訴えを提起しようとする者は、まず、家庭裁判所の調停の申立てをしなければなりません（調停前置主義。家手257条）。しかし、調停が不成立になったからといって直ちに訴訟に移行することはなく、訴訟による紛争解決を求める場合には、改めて訴状を提出して訴え提起をする必要があります。身分関係の形成または存否の確認においては、調停が不成立になった場合には、訴訟まで求めないという場合もあるからです。

　ちなみに、婚姻費用分担や遺産分割に関する紛争は、人事訴訟ではなく、家事審判の対象です。審判の対象となる事件では、初めからいきなり審判を求めることも理屈上は可能です。しかし、家庭裁判所は調停を行うことができる事件については、いつでも職権で家事調停に付することができますから

---

[326] 木内ほか・Q＆A新人事訴訟法解説7頁以下、65頁以下、石田・新人事訴訟法16頁。

（家手274条1項）、調停に付されることを念頭に置いて、ほとんどの事件は調停申立てから始めることが通常です。調停が不成立になった場合には、自動的に審判に移行します（家手272条）。

　婚姻の届出や結婚披露宴は、六曜を確認し、大安吉日が選択されることがほとんどです。しかし、裁判離婚では、裁判官は大安であろうが仏滅であろうが判決言渡しをします。協議離婚は、当事者間の協議による離婚ですが、大安や仏滅といった六曜が問題になることはまずありません。婚姻も離婚も人生の新しい門出という点では同じはずですが、離婚の場合は、当事者双方ともに「相手の気が変わらないうちに」という気持ちを抱くことが大きな理由だと思われます。

 **19-4**
### 協議離婚の理由は限定されていますか。

 協議離婚では離婚原因を問われません。「お互いを高めるために別れる」とか「好きだから別れる」でも離婚はできます。

■離婚の意思■

　「離婚においては、形式的意思と区別される実質的意思という性格は、もっと希薄である」[327]とされています。裁判例としては、強制執行を免れるための離婚（大判昭16.2.3大民集20巻70頁）、生活保護の受給を目的とする離婚（最判昭57.3.26判時1041号66頁）などにおいても離婚意思が認められています。

　「お互いを高めるため」という理由が「このまま一緒にいたら二人ともダメになる」ことの言い換えなのか、「好きだから別れる」が「これ以上嫌い

---

[327] 窪田・家族法95頁。

にならないために」との心情の裏返しなのかはともかく、婚姻関係を継続させないという点において合意があるならば、離婚の協議は調っているといえます。

■離婚原因■

　当事者間で離婚についての協議が調わないときには、裁判離婚を選択することになります。民法は裁判離婚について、「夫婦の一方は、次に掲げる場合に限り、離婚の訴えを提起することができる」として離婚原因を定めています（民770条1項）。
　① 配偶者の不貞行為
　② 悪意の遺棄
　③ 配偶者の生死が3年以上明らかでないとき
　④ 配偶者が強度の精神病にかかり、回復の見込みがないとき
　⑤ その他婚姻を継続し難い重大な事由があるとき
　離婚の訴えのような人事訴訟は、調停前置主義（家手257条）ですから、調停申立書には、上記①から⑤に該当する事実を記載して調停を求め、調停が不調となった場合には、訴えを提起することができます。
　離婚の訴えが提起できる場合を条文で定めているのは、夫婦間の事情をあずかり知らない第三者である裁判官が離婚の成否を判断するためには、何らかの基準が必要だからです[328]。

---

[328] 井上ひさし著「東慶寺花だより」（文春文庫）を読んでいると、離婚原因というのは夫婦の数だけあるように見えて、その実、今も昔もあまり変わらず、ある程度収斂されるのかもしれないという気がします。井上ひさし最晩年の作品のひとつで、若い頃の作品にみられた少し苦みの残る読後感もなく、春の午後の日が射しているようなやわらかさがあります。

## 19-5

離婚は婚姻が解消するという効果のほかに、どんな効果を伴いますか。

①婚姻費用分担義務等の消滅、②婚姻前の氏に服する[329]、③姻族関係の終了という効果があります。

■婚姻の解消■

婚姻の解消には、離婚と死亡があります。

離婚の効果を考える際には、婚姻の効果を念頭に置くとわかりやすいものです。婚姻の効果は、以下のとおりです。

① 夫婦は、婚姻の際に定めるところに従い、夫または妻の氏を称する（民750条）
② 同居、協力および扶助の義務（「夫婦は同居し、互いに協力し扶助しなければならない」（民752条））
③ 婚姻費用の分担（民760条）
④ 姻族関係が形成（民725条3号）

離婚は婚姻関係を解消しますから、

① 復氏（民767条1項）
② 同居、協力および扶助義務の消滅
③ 婚姻費用分担義務が消滅
④ 姻族関係の終了（民728条1項）

という効果が発生します。

---

[329] 婚姻によって氏を改めた夫または妻が、民法897条に定める系譜、祭具及び墳墓の所有権を承継した後、離婚したときには、当事者その他の関係人の協議で、その権利を承継すべき者を定めなければなりません（民769条）。

■復氏■

　婚姻によって氏を改めた夫または妻は、協議上の離婚によって婚姻前の氏に服します（民767条1項）。しかし、長らく夫または妻の氏を称して仕事をしているような場合には、復氏を望まないケースもあります。そこで、婚姻前の氏に復した夫または妻は、離婚の日から3ヶ月以内に届け出ることによって離婚の際に称していた氏を称することができます（民767条2項）。

■死亡による婚姻の終了における復氏と姻族関係終了■

　夫婦の一方が死亡したときにも、生存配偶者は、婚姻前の氏に復することができますし（民751条）、姻族関係を終了させることもできます（民728条2項）。

 19-6

### 財産分与や離婚慰謝料などは離婚の効果ではないのですか。

A　財産分与は離婚の効果ですが、「財産の分与を請求することができる」（民768条1項）と規定され、離婚したら必ず財産分与が生じるわけではありません。慰謝料請求権は、不法行為（民709条）に基づくものです。夫の暴力について妻が夫に対して慰謝料請求したり、妻の不貞行為について夫が妻に慰謝料請求をするなど、離婚しなくても慰謝料請求はあり得ます。

■財産分与■

　婚姻により共同生活を始めると、夫婦の協力によって様々な財産が蓄積していきます。このように夫婦の協力によって築いた財産は、夫婦共有財産と

いって、離婚に際しては財産分与として清算の対象になります。

協議上の離婚をした者の一方は、相手方に対して財産の分与を請求することができます（民768条1項）。この条文は、裁判上の離婚に準用されていますから、協議離婚であっても裁判離婚であっても財産分与請求は可能です。

財産分与の方法は、金銭給付と現物給付があります。財産の客観的価値と心理的な思い入れは一致しませんから、そう簡単に話がつく場合ばかりではありません。離婚で揉めている場合には、財産分与でもたいてい揉めます。財産分与について、当事者間に協議が調わないときには、家庭裁判所に対して協議に代わる処分を請求することができます。財産分与請求には期間制限があり、離婚の時から2年間（民768条2項但書き）と定められていました。令和6年5月17日、民法等の一部を改正する法律（令和6年法律第33号）が成立し（同月24日公布）、財産分与に関する民法の規定も見直され、財産分与請求の期間制限は、離婚の時から5年間とされました。この法律は、公布の日から起算して2年を超えない範囲内において政令で定める日に施行されます[330]。

民法768条2項は、財産分与の請求ができる場合として、「財産の分与について、当事者間に協議が調わないとき」だけではなく、「又は協議をすることができないとき」を挙げています。「協議をすることができないとき」が明記されていることから、財産分与の話し合いのテーブルにすらついてもらえない場合にも財産分与の申立てができます。

### ■慰謝料■

慰謝料というのは、精神的苦痛に対する賠償です。不貞や浪費、暴力その他不法行為と評価される行為によって精神的苦痛を生じた場合には、不法行為に基づく損害賠償請求として慰謝料請求ができます。不法行為と評価され

---

[330] 法務省　民法等の一部を改正する法律（父母の離婚後等の子の養育に関する見直し）について
https://www.moj.go.jp/MINJI/minji07_00357.html

る行為によって精神的苦痛が生じることが要件ですから、婚姻継続中でも慰謝料請求はできます。

##  19-7
### 親権者を決めないと離婚できないのですか。

 未成年の子がいる場合には、離婚後の親権者を決めないと離婚届けは受理されません。

■**共同親権**■

現行法では、「成年に達しない子は、父母の親権に服する」（民818条1項）。「父母の婚姻中はその双方を親権者とする」（民818条2項）とされ、婚姻中は共同親権です。離婚後は、現行民法では父か母のどちらか一方が親権をもつ単独親権です。そのため、協議離婚をする夫婦間に未成年の子がいる時には、子の監護に関して必要な事項についても定めなければならず（民766条）、離婚届には親権者を記載していなければ受理されません（戸籍法76条）。民法766条は、裁判離婚の場合に準用されます（民771条）。

なお、令和6年5月17日、民法等の一部を改正する法律（令和6年法律第33号）が成立し（同月24日公布）、協議離婚の際は、父母の協議により父母双方または一方を親権者と指定することができることになりました（改正民819条1項）。父母の協議が調わない場合には、裁判所は、子の利益の観点から、父母双方または一方を親権者と指定します（改正民811条4項、819条7項）。（→❷ 親子）

# ⑳ 親子

　公共用地の任意取得は、契約の当事者としての適格を有する者との間で契約をするため、土地や建物の所有者の調査とともに、登記簿上の所有者に相続が発生していないかを確認する必要があります。相続人を確定するための資料は、戸籍です。戸籍は、1夫婦およびこれと氏を同じくする子ごとに作成されますから、目指す相続人すべてが一つの戸籍に記載されているわけではありません。戸籍を読むに当たって避けて通れないのが親子の問題です。親子は、民法第4編第3章「親子」に規定されています。

##  20-1

**戸籍は、どのように編製されますか。**

　戸籍は、市町村の区域内に本籍を定める一の夫婦およびこれと氏を同じくする子ごとに、編製されます（戸籍法6条）。

### ■戸籍の編製■

　戸籍は、以下の①から③ごとに編製されます（戸籍法6条）。
① 　一の夫婦およびこれと氏を同じくする子
② 　日本人でない者と婚姻をした者およびこれと氏を同じくする子
③ 　配偶者がない者およびこれと氏を同じくする子

　一戸籍に2組の夫婦を記載することはできませんから、子が結婚して、婚姻の届出があったときは、夫婦について新戸籍を編製します（戸籍法16条1項）。ただし、夫婦が、夫の氏を称する場合に夫、妻の氏を称する場合に妻が戸籍の筆頭に記載した者であるときには新戸籍は編製されません（戸籍法16条1項但書き）。

戸籍は婚姻（戸籍法16条）、子ができたときや養子を有するに至ったとき（戸籍法17条）、離婚（戸籍法19条）、氏の変更届（戸籍法20条の2）、分籍（戸籍法21条）等により編製されます。編製後の戸籍には、従前の戸籍に記載されていた父母や兄弟姉妹は記載されません。したがって、相続人を把握するためには、被相続人の出生から死亡までの戸籍を取り寄せる必要があります。

### ■旧戸籍法における戸籍■

現行戸籍法は、昭和22年12月に成立し、昭和23年1月1日から施行されました。旧戸籍法に基づく戸籍には、「本籍地」の下に「前戸主」欄があり、「戸主」の欄に続いて、祖母や母、妻、兄弟姉妹、子、孫までが記載されているものもあります。

### ■除籍■

一戸籍内の全員をその戸籍から除いたときは、その戸籍は、これを戸籍簿から除いて別につづり、除籍簿として保存されます（戸籍法12条）。

| 除　　籍 | | （1の1） | 全部事項証明 |
|---|---|---|---|
| 本　　籍 | 神奈川県Ｋ市山上2478番地1 | | |
| 氏　　名 | 春山　夏夫 | | |

| 戸籍事項 | |
|---|---|
| 戸籍編製 | 【編製日】平成24年12月18日 |
| 戸籍消除 | 【消除日】令和4年12月22日 |

| 戸籍に記録されている者<br><br>　除　　籍　 | 【名】　夏夫<br>【生年月日】昭和25年1月15日<br>【父】春山太郎<br>【母】春山花子<br>【続柄】二男 |
|---|---|

| 身分事項 | |
|---|---|
| 出　　生 | 【出生日】昭和25年1月15日<br>【出生地】神奈川県Ｋ郡Ｔ町<br>【届出日】昭和25年1月31日<br>【届出人】父 |
| 養子離縁 | 【離縁日】平成24年12月18日<br>【養父氏名】冬原一郎<br>【養母氏名】冬原咲子<br>【従前戸籍】神奈川県Ｋ市谷川1207番地　冬原夏夫 |
| 死　　亡 | 【死亡日】令和4年12月21日<br>【死亡時分】午後3時00分<br>【死亡地】神奈川県Ｋ市<br>【届出日】令和4年12月22日<br>【届出人】子丑寅夫 |

**20-2**

### 相続において、実子と養子は区別されますか。

 実子と養子は、相続では区別されません。

■実子と養子■

子には、実子（民法第4編第3章第1節）と養子（民法第4編第3章第2節）とがあります。実親子関係は、一定の事実的な関係を前提として、その存在が当然に認められる親子関係です。養親子関係は、縁組という人為的な行為を媒介として成立する親子関係です[331]。

民法では、子が数人あるときは、各自の相続分は相等しいもの（民900条4号）とされており、同号の「子」は、実子と養子を区別していません。

 **20-3**

### 養子縁組の要件は何ですか。

 養子縁組の要件は、普通養子、未成年養子、特別養子によって異なります。

■養子縁組■

養子縁組は、①縁組の意思と②縁組の届出によってなされます。

養子縁組には、普通養子と特別養子があります。普通養子であっても、養子が未成年の場合には要件が異なります。養子の成立要件は、普通養子の要

---

[331] 窪田・家族法158頁。

件が基本となり、これに、未成年者養子の要件や、特別養子の要件が加わります。

尊属や年長者を養子とすることは禁止されます（民793条）。養子をするには、年齢制限があり、養子をすることができる年齢は20歳です。養子縁組の結果、形成されるのが親子関係であることから、改正前民法では、成年者であれば養親になることができる（改正前民792条）と規定していました。令和4年4月1日から成年年齢が20歳から18歳に引き下げられ、「20歳に達した者は、養子をすることができる」（民792条）との規定が同日から施行されました。養親となる者については、一定の成熟度が求められるという観点から、従前の年齢が維持されたのです[332]。

養子は、年齢的な制限がありません。成年者であっても養子になることはできますが、配偶者のある者が縁組をするときには、その配偶者の同意を得るか、配偶者とともに縁組することが必要です（民796条）。

## ■未成年養子の要件■

(1) **縁組意思**

未成年養子の場合でも、養子縁組には、①縁組意思と②縁組の届出を要します。

養子となる者が15歳未満であるときは、その法定代理人が、これに代わって、縁組の承諾をすることができます（民797条1項）。これを代諾縁組といいます。逆に言えば、15歳になれば、自らの意思で養子となることができるのです。

(2) **家庭裁判所の許可**

未成年者を養子とする場合には、未成年者の福祉の観点から、家庭裁判所の許可を要します（民798条）。ただし、自己または配偶者の直系卑属を養子とする場合は、家庭裁判所の許可はいりません（民798条但書き）。

---

[332] 窪田・家族法247頁。

(3) 夫婦共同縁組

　配偶者のある者が未成年者を養子とする場合には、配偶者の嫡出子を養子とする場合を除き、配偶者とともに縁組をしなければなりません（民795条）。子の養育のためには、夫婦がともに養親となることが望ましいという判断に基づくものです[333]。

## ■特別養子■

　特別養子は、養親子関係を成立させるとともに、養子と実方の父母およびその血族との親族関係を終了させる養子縁組です（民817条の9）[334]。

(1) 夫婦共同縁組

　特別養子の養親となる者は、配偶者のある者でなければなりません。夫婦の一方が他の一方の嫡出である子の養親となる場合を除き、夫婦の一方のみで養親となることはできません（民817条の3）。

(2) 養親となる者の年齢

　特別養子では、夫婦の一方が20歳に達しており、他方が25歳に達している場合を除き、原則として、25歳に達しない者は養親となることができません（民817条の4）。

(3) 養子となる者の年齢

　特別養子縁組は、家庭裁判所に審判を請求する時点で養子となる者が15歳未満であることが必要です（民817条の5第1項）。ただし、養子となる者が15歳に達する前から引き続き養親となる者に監護されている場合において、15歳に達するまでに特別養子縁組の請求がされなかったことについてやむを得ない事由があるときには、養子となる者が18歳に達する前までは、審判を請求できます（民817条の5第2項）。

　養子となる者が15歳に達している場合の特別養子縁組は、その者の同意が

---

[333] 窪田・家族法259頁。
[334] こども家庭庁　特別養子縁組制度について
　　https://www.cfa.go.jp/policies/shakaiteki-yougo/tokubetsu-youshi-engumi/

なければなりません（民817条の5第3項）。

#### (4) 養子となる者の父母の同意

特別養子縁組の成立には、養子となる者の父母の同意がなければなりません（民817条の6本文）。ただし、父母がその意思を表示することができない場合または父母による虐待、悪意の遺棄その他養子となる者の利益を著しく害する事由がある場合は、この限りではありません（民817条の6但書き）。

#### (5) 半年間の監護

特別養子縁組の成立には、養親となる者が養子となる者を6箇月以上監護していることが必要です（民817条の8）。そのため、縁組成立前に養子となる者と一緒に暮らしてもらい、その監護状況等を考慮して、家庭裁判所が特別養子縁組の成立を決定します。

#### (6) 家庭裁判所の審判

特別養子縁組は、養親となる者の請求により、家庭裁判所の判断（審判）により成立します（民817条の2）。家庭裁判所は、父母による養子となる者の監護が著しく困難または不適当であることその他特別の事情がある場合において、子の利益のため特に必要があると認めるときに、これを成立させます（民817条の7）。

## 20-4

### 養子縁組の効果は何ですか。

養子と養親や養親の血族との間に親族関係が生じます。

### ■縁組の効果■

養子は、縁組の日から、養親の嫡出子の身分を取得します（民809条）。その結果、扶養義務が生じる（民877条）とともに、相続関係も生じます（民

887条)。

養子と養親や養親の血族との間に親族関係を生じるのも縁組の日からです（民727条）。この規定は、代襲相続の場合に重要な意味を持ちます。縁組後に生まれた養子の子は、養親の親族になりますから、代襲相続が可能ですが、縁組前に生まれた養子の子は、養親の親族にはなりませんから代襲相続はしません。

■養子と実方との関係■

普通養子は、養子縁組によって養子の実親子関係に影響を与えませんが、特別養子は養子の実親子関係が終了します（民817条の9）。普通養子では、実親子関係はそのままで、さらに養親子関係が生じるので、養子は、養親と実親の双方を相続します。特別養子は、実親子関係が終了するので、実親の相続は発生しません。

## Q 20-5

養子縁組をすると、戸籍には養子の記載がされますか。

普通養子は戸籍に養子である旨が記載されますが、特別養子は養子の記載がなく、嫡出子と同じ記載となります。

■養子縁組がなされたときの戸籍の記載■

養子縁組をすると、養子は養親の戸籍に入ります。身分事項欄には、「いつ」、「どこの」、「誰の」養子となり、「誰の戸籍から入籍したか」が記載されます。例えば、養親冬原一郎と養子春山夏夫の縁組の場合には、養親冬原一郎の身分事項欄に、「昭和59年3月1日春山夏夫を養子とする縁組届出」との記載がなされ、養子となる夏夫の身分事項欄には、「昭和59年3月1日

冬原一郎の養子となる縁組届出神奈川県Ｋ郡Ｔ町2478番地１春山夏夫戸籍から入籍」との記載がなされます。

　養子の個人欄には、父、母の欄の隣に養父、養母の欄があり、続柄には「養子」または「養女」と記載されます。

　戸籍は１夫婦およびこれと氏を同じくする子ごとに編製されますから（戸籍法６条）、夫婦で養子縁組をした場合、養子夫婦が養親の戸籍に入ることはなく（そうしないと１戸籍に２組の夫婦が記載されることになります。）、養子夫婦は、養親とは別の戸籍で従前の氏から養親の氏とする新戸籍が編製され、縁組前の戸籍は消除されます[335]）。

---

[335] 小林ほか・"戸籍"の読み方・調べ方146頁。

| | | (1の1) | 全部事項証明 |
|---|---|---|---|
| 除　　籍 | | | |

| 本　　籍 | 神奈川県K市谷川1207番地 |
|---|---|
| 氏　　名 | 冬原　夏夫 |
| 戸籍事項 | |
| 　戸籍改製 | 【改製日】平成16年11月27日<br>【改製事由】平成6年法務省令第51号附則第2条第1項による改製 |
| 　更正 | 【更正日】平成18年3月20日<br>【更正事項】本籍<br>【更正事由】平成18年3月20日行政区画変更の上、市となったため<br>【従前の記録】<br>　　【本籍】神奈川県K郡T町谷川1207番地 |
| 　戸籍消除 | 【消除日】平成24年12月18日 |
| 戸籍に記録されている者<br><br>除　　籍 | 【名】　夏夫<br>【生年月日】昭和25年1月15日<br>【父】春山太郎<br>【母】春山花子<br>【続柄】二男<br>【養父】冬原一郎<br>【養母】冬原咲子<br>【続柄】養子 |
| 身分事項 | |
| 　出　　生 | 【出生日】昭和25年1月15日<br>【出生地】神奈川県K郡T町<br>【届出日】昭和25年1月30日<br>【届出人】父 |
| 　婚　　姻 | 【婚姻日】昭和53年4月6日<br>【配偶者氏名】冬原恵子<br>【従前戸籍】神奈川県K郡T町野原1612番地　春山太郎 |
| 　養子縁組 | 【縁組日】昭和59年3月1日<br>【養父氏名】冬原一郎<br>【養母氏名】冬原咲子<br>【養親の戸籍】神奈川県K郡T町谷川1207番地　冬原一郎<br>【従前戸籍】神奈川県K郡T町山上2478番地1　春山夏夫 |
| 　離　　婚 | 【離婚日】平成24年12月18日<br>【配偶者氏名】冬原恵子 |
| 　養子離縁 | 【離縁日】平成24年12月18日<br>【養父氏名】冬原一郎<br>【養母氏名】冬原咲子<br>【新本籍】神奈川県K市山上2478番地1 |
| 戸籍に記録されている者 | 【名】　恵子 |

（2の2） 全部事項証明

| 戸籍に記録されている者 除　籍 | 【名】　恵子<br>【生年月日】昭和28年6月30日<br>【父】冬原一郎<br>【母】冬原咲子<br>【続柄】二女 |
|---|---|
| 身分事項<br>　出　　生 | 【出生日】昭和28年6月30日<br>【出生地】神奈川県K郡T町<br>【届出日】昭和28年7月10日<br>【届出人】父 |
| 　婚　　姻 | 【婚姻日】昭和53年4月6日<br>【配偶者氏名】春山夏夫<br>【従前戸籍】神奈川県K郡T町谷川1207番地　冬原一郎 |
| 　離　　婚 | 【離婚日】平成24年12月18日<br>【配偶者氏名】冬原夏夫<br>【入籍戸籍】神奈川県K市谷川1207番地　冬原一郎 |
| 戸籍に記録されている者 除　籍 | 【名】　秋子<br>【生年月日】昭和54年4月1日<br>【父】冬原夏夫<br>【母】冬原恵子<br>【続柄】長女 |
| 身分事項<br>　出　　生 | 【出生日】昭和54年4月1日<br>【出生地】神奈川県K郡Y町<br>【届出日】昭和54年4月10日<br>【届出人】父 |
| 　婚　　姻 | 【婚姻日】平成17年10月1日<br>【配偶者氏名】山川五郎<br>【送付を受けた日】平成17年10月5日<br>【受理者】埼玉県K市長<br>【新本籍】埼玉県K市●●1<br>【称する氏】夫の氏 |

わが国では、つい最近まで、子供が女の子ばかりだから、「長女には、養子をとって家を継いでもらう」という理由で、養子縁組がなされることも珍しくありませんでした。しかし、現行民法では、「家」制度は廃止され、「家」名としての氏はなく、法律的に「家を継ぐ」という概念はありません。戸籍の面でも、養親夫婦と養子夫婦の２組の夫婦が一つの戸籍に記載されるわけではありませんから、個人の思い入れはともかくも、夫が妻の氏を称することは、「家の存続」を表すものではありません[336]。

## ■特別養子がなされたときの戸籍の記載■

特別養子は、実の父母（実方）の戸籍から養子になる者を除籍して単独の戸籍を編製し、その後、養親になる父母の戸籍に入籍するという手続をとります。実方の父母は戸籍には記載されません[337]。具体的には、特別養子によって実親の戸籍から除籍される子の身分事項欄と特別養子単独の新戸籍の身分事項欄には、「令和３年２月●日特別養子となる縁組の裁判確定」という記載がなされます。その後、養親の戸籍に入籍した特別養子の身分事項欄には、出生日および入籍日は記載されますが、「令和３年２月●日民法817条

---

[336] 坂田　聡「苗字と名前の歴史」（吉川弘文館、歴史文化ライブラリー211、2006年4月）170頁では、「江戸時代以前はもとより、柳田國男が民俗学の研究を進めた戦前の段階においても、お葬式をはじめ、初七日、四十九日、三回忌、七回忌といった法要や、お仏壇に位牌を祀っての毎日の「おつとめ」を子孫がきちんと行い、死者の霊魂を手厚く弔うことによって、死霊はしだいに仏となり、家と子孫の繁栄を見守ってくれるようになると、人々は本気で考えていた」、「逆に言えば、もし弔う子孫がいなければ、死霊は成仏できずに幽霊となり災いをもたらすわけで、村人たちは自らが祖先に対してそうしたように、自分が死んだあとは子孫によって弔ってもらうことを願い続け、そのために何がなんでも家が永続するよう、努力を惜しまなかった。」「息子がいなかった場合、娘に婿を取って家を継がせたり、たとえ親戚筋にあたらない者であっても養子に迎えて跡取りにしたりといった事実は、家の永続による祖先祭祀の継承を何よりも重んじる日本の家に特徴的なことで、中国や韓国の家族制度では考えられないが、こうした事情を踏まえると、家という組織の永続を示すシンボルそのものであった家名がはたした役割は、ことのほか大きかったと思われる」と指摘しています。

[337] 窪田・家族法284頁。

の2による裁判確定」と記載されるのみで、実親の氏名は記載されませんし、「養親」の記載欄もなく、父母欄に養親の氏名が記載され、続柄も「養子」ではなく「長女」や「二男」など実子と同じ記載がなされます[338]。

# Q 20-6

認知とはどういう制度ですか。

---

　認知は、非嫡出子について、法律上の父子関係を認める（または成立させる）制度です[339]。認知によって、出生の時にさかのぼって、認知した父との間に親子関係があったことになり、認知した父の相続人になります。

## ■嫡出子■

嫡出子とは、婚姻関係にある夫婦の子を指します。民法典には、「嫡出子」という用語はありますが、非嫡出子という用語は使われておらず、「嫡出でない子」（民779条、790条2項）という用語が使われています。

## ■嫡出推定制度の見直し[340]■

令和4年12月10日、民法の嫡出推定制度の見直し等を内容とする民法等の一部を改正する法律（令和4年法律第102号）が成立し、同月16日に公布され、令和6年4月1日から施行されました。

（嫡出の推定）
第772条　妻が婚姻中に懐胎した子は、当該婚姻における夫の子と推定する。女

---

[338] 小林ほか・"戸籍"の読み方・調べ方159頁。
[339] 窪田・家族法176頁。
[340] 法務省「民法等の一部を改正する法律について」
https://www.moj.go.jp/MINJI/minji07_00315.html

が婚姻前に懐胎した子であって、婚姻が成立した後に生まれたものも、同様とする。
2　前項の場合において、婚姻の成立の日から200日以内に生まれた子は、婚姻前に懐胎したものと推定し、婚姻の成立の日から200日を経過した後又は婚姻の解消若しくは取消しの日から300日以内に生まれた子は、婚姻中に懐胎したものと推定する。
3　第1項の場合において、女が子を懐胎した時から子の出生の時までの間に2以上の婚姻をしていたときは、その子は、その出生の直近の婚姻における夫の子と推定する。
4　前3項の規定により父が定められた子について、第774条の規定によりその父の嫡出であることが否認された場合における前項の規定の適用については、同項中「直近の婚姻」とあるのは、「直近の婚姻（第774条の規定により子がその嫡出であることが否認された夫との間の婚姻を除く。）」とする。

　婚姻の解消等の日から300日以内に子が生まれた場合であっても、母が前夫以外の男性と再婚した後に生まれた子は、再婚後の夫の子と推定されます（民772条1項）。女性の再婚禁止期間は廃止され、再婚禁止期間を定めた改正前民法733条は削除されました。

　民法772条1項では、妻が婚姻中に懐胎した子は、当該婚姻における夫の子と推定する。女が婚姻前に懐胎した子であって、婚姻が成立した後に生まれたものも、同様とすると定めるとともに、同条2項で、婚姻の成立の日から200日以内に生まれた子は、婚姻前に懐胎したものと推定し、婚姻の成立の日から200日を経過した後または婚姻の解消若しくは取消しの日から300日以内に生まれた子を婚姻中に懐胎した子と推定しています。

　改正前民法は、婚姻関係にある夫婦の間に生まれた子の父子関係の成立に関し、嫡出推定制度を採用し、妻の婚姻の成立の日から200日が経過した後または婚姻の解消若しくは取消しの日から300日以内に生まれた子について、婚姻中に懐胎したものと推定することとしていました。（前）夫以外の者との間の子を出産した女性が、上記嫡出推定制度により、その子が（前）夫の子と扱われることを避けるために出生届をしないことが無戸籍者の生ずる一因であると指摘されており、この問題を将来にわたって解消していく観点か

ら、嫡出推定制度の見直しを行うこととなりました。嫡出推定制度は、婚姻関係を基礎として、父子関係を推定することで、生まれた子について逐一父との遺伝的つながりの有無を確認することなく、早期に父子関係を確定し、子の地位の安定を図るものです。子の利益に照らした嫡出推定制度の重要性は、DNA型鑑定の技術が発展した現代においても、何ら変わるものではないことから、嫡出推定制度は維持されました。

改正前民法では婚姻の成立の日から200日以内に生まれた子は、民法上夫の子とは推定されないため、その父子関係の存否は、嫡出否認の手続によることなく、誰からでも、いつまでも争うことが可能であったため、子の身分関係が不安定になっているとの指摘がありました。

現実に、婚姻の成立の日から200日以内に生まれた子については、圧倒的多数が嫡出子として届出がなされていることに照らすと、夫と子の間に生物学上の父子関係がある蓋然性が高いという実態があります。さらに、懐胎を契機として婚姻にいたるいわゆる「授かり婚」の割合が長期的に増加傾向をたどっていること等にかんがみ、現行民法では、子の身分関係を早期に安定させ、子の利益を保護する観点から、女性が婚姻前に懐胎した子であっても、婚姻が成立した後に生まれたものは、一律に夫の子と推定するものとしています[341]。

## ■嫡出否認■

妻が婚姻中に懐胎した子と婚姻前に懐胎した子であって、婚姻が成立した後に生まれた子は、その婚姻における夫の子と推定されます(民772条1項)。しかし、実際には、その子の父が夫ではないという場合に、この嫡出推定を覆すことが嫡出否認です。

改正前民法では、嫡出否認権は、夫にしか認められておらず、しかも出訴期間は夫が子の出生を知ってから1年でした。現行民法では、嫡出否認権

---

[341] 一問一答・親子法制16頁、法務省「民法の一部を改正する法律について」改正の内容（詳細）https://www.moj.go.jp/content/001395212.pdf

を、子と母にも認め、嫡出否認の訴えの出訴期間を1年から3年に伸長しました。

　改正前民法では、否認権者が夫に限定されていたことから、前夫の協力を得られない母や、夫から家庭内暴力を受けている母などが、その子が戸籍上前夫の子と記載されることを避けるために出生届を提出しないことがあり、これが無戸籍者問題の原因となっていることが大きな問題になっていました。また、推定される父と生物学上の父が一致しない場合に生じ得る問題は多様であって、夫のみならず、法律上の父子関係の当事者である子およびその母にとっても重大かつ切実な利害を及ぼすことから、法律上の父子関係の当事者である子のほか、子の生物学上の父が誰であるかを最もよく知り、最終的に法律上の父としての地位が認められる者と共に子を養育する主体となる母に対し、そのイニシアティブで嫡出否認の訴えを提起する権利を認めることが相当であるとして見直しがなされました[342]。

---

**（嫡出の否認）**
第774条　第772条の規定により子の父が定められる場合において、父又は子は、子が嫡出であることを否認することができる。
2　前項の規定による子の否認権は、親権を行う母、親権を行う養親又は未成年後見人が、子のために行使することができる。
3　第1項に規定する場合において、母は、子が嫡出であることを否認することができる。ただし、その否認権の行使が子の利益を害することが明らかなときは、この限りでない。
4　第772条第3項の規定により子の父が定められる場合において、子の懐胎の時から出生の時までの間に母と婚姻していた者であって、子の父以外のもの（以下「前夫」という。）は、子が嫡出であることを否認することができる。ただし、その否認権の行使が子の利益を害することが明らかなときは、この限りでない。
5　前項の規定による否認権を行使し、第772条第4項の規定により読み替えられた同条第3項の規定により新たに子の父と定められた者は、第1項の規定にかかわらず、子が自らの嫡出であることを否認することができない。

---

[342] 一問一答・親子法制38頁以下。

■**認知**■

　認知は、法律上の父子関係を認めるまたは成立させる制度です。「法律上の父子関係を認める」というのは、父の側からその子について「この子は自分の子であるということを認める」もので、「任意認知」と言われます。
　「法律上の父子関係を成立させる」というのは、父が任意に認知をしない場合に、「子、その直系卑属又はこれらの者の法定代理人」が認知の訴えを提起する（民787条）もので、「強制認知」と言われます。

■**母の認知**■

　民法779条は、「嫡出でない子は、その父又は母がこれを認知することができる」と規定しています。しかし、最高裁は、「母とその非嫡出子との間の親子関係は、原則として、母の認知を俟たず、分娩の事実により当然発生する」（最判昭37.4.27民集16巻7号1247頁）としています。したがって、認知は、婚外子の父子関係についてだけ意味を持つことになりました[343]。

■**認知の効果**■

　認知は、出生の時にさかのぼってその効力が生じます（民784条）。したがって、出生の時から認知した父との間に親子関係があったことになり、子は父の相続人となり（民887条1項）、父に対して扶養を求めることが可能になります（民877条1項）。

■**戸籍の記載**[344]■

　父を田中一郎、母を鈴木花子とする子鈴木太郎の場合、任意認知によって戸籍の記載は、以下のようになります。
　〔父の戸籍〕

---

[343] 二宮・家族法189頁。
[344] 小林ほか・"戸籍"の読み方・調べ方171頁～180頁。

父の戸籍の身分事項欄に「令和●年●月5日、東京都中央区●●鈴木花子同籍太郎を認知届出」という記載がなされます。父の戸籍に被認知者である子が入籍するわけではないため、父の身分事項欄を注意して読まなければ、認知された子の存在を見落とすことになるので慎重に読み進める必要があります。戸籍の身分事項欄に認知された子の記載を発見したら、身分事項欄に記載のある母である鈴木花子の戸籍を確認します。

〔母を筆頭者とする戸籍〕

　認知された子である鈴木太郎は、母鈴木花子の戸籍に入籍されています。認知されるまでは父の欄は空白です。認知によって子の身分事項欄には、「令和●年●月5日、東京都文京区▲▲田中一郎認知届出同月8日同区長から送付」との記載がなされます。

　認知者（父）の戸籍に記載された認知事項は、新戸籍や他の戸籍には移記されません。転籍等で戸籍の編製替えや婚姻・縁組等で他の戸籍に入籍した場合、その転籍後の戸籍だけでは、被認知者の存在がわからないのです。そのため、相続が発生した場合には、被相続人の出生から死亡までの戸籍、改製原戸籍、除籍を揃えて確認する必要があります。

---

【豆知識】　**改製原戸籍**

　明治5年に戸籍制度の原型が整えられたのち、戸籍は、戸籍制度の改正や命令によって変化し、そのたびに編製方法が改められ、新しい形式の戸籍に作り直されてきました。これを「改製」といいます。改製後は、改製前の戸籍は現在の戸籍簿から外し、改製原戸籍簿にまとめられ、一定期間保管がなされます。

　改製原戸籍は、「かいせいげんこせき」と読みますが、現在戸籍（略して現戸籍（げんこせき））と音が紛らわしいため、「かいせいはらこせき」と読んだり、「はらこせき」と呼ばれたりします。「改製につき●年●月●日消除」との記載があれば、改製原戸籍を取り寄せて確認する必要があります。

**20-7**
未成年の子が所有者になっている土地は、誰が管理するのですか。

 未成年者の財産は、親権者が管理します。

## ■親権■

親権は、大きく分けると身上監護権と財産管理権から構成されます[345]。

身上監護権として、民法は、監護および教育の権利義務（民820条）、子の人格の尊重等（民821条）、居所の指定（民822条）、職業の許可（民823条）を規定しています。

財産管理権は、「親権を行う者は、子の財産を管理し、かつ、その財産に関する法律行為についてその子を代表する」（民824条本文）との規定から導かれます。ここで「代表する」と規定されているのは、代理のことと理解してよい[346]とされています。

未成年者が法律行為をするには、その法定代理人の同意を得なければならない（民5条1項本文）ことから、親権者が同意権を行使します。また、未成年者が学齢前の幼児である等法律行為をすることができない場合には、親権者が法定代理権を行使します。将来の相続税対策など様々な理由によって、未成年者が土地所有権を有している場合、その土地を売却するには親権者が売却についての同意権や代理権を行使します。

## ■懲戒権に関する規定の見直し■

令和4年12月10日に成立した民法等の一部を改正する法律（令和4年法律

---

[345] 窪田・家族法293頁。
[346] 窪田・家族法295頁。

第102号）のうち、懲戒権に関する規定等の見直しに関する規定は、令和4年12月16日から施行されました。

> **（子の人格の尊重等）**
> 第821条　親権を行う者は、前条の規定による監護及び教育をするに当たっては、子の人格を尊重するとともに、その年齢及び発達の程度に配慮しなければならず、かつ、体罰その他の子の心身の健全な発達に有害な影響を及ぼす言動をしてはならない。

　改正前民法では「親権を行う者は、第820条の規定による監護及び教育に必要な範囲内でその子を懲戒することができる」（改正前民822条）と規定しており、懲戒権が児童虐待を正当化する口実に利用され、痛ましい事件が跡を絶ちませんでした。「児童虐待防止対策の強化を図るための児童福祉法等の一部を改正する法律」（令和元年法律第46号）により親権者による体罰の禁止が明文で定められ、同法附則では「政府は、この法律の施行後2年を目途として、民法第822条の規定の在り方について検討を加え、必要があると認めるときは、その結果に基づいて必要な措置を講ずるものとする」との検討条項が設けられました。

　現行民法では懲戒権に関する規定を削除し、821条を新設して、子の監護及び教育における親権者の行為規範として、①子の人格の尊重等の義務、②子の年齢および発達の程度に配慮する義務、③体罰などの子の心身の健全な発達に有害な影響を及ぼす言動の禁止を明記しました[347]。

---

[347] 法務省　民法等の一部を改正する法律について
https://www.moj.go.jp/MINJI/minji07_00315.html
一問一答・親子法制127頁以下。

## 20-8
土地所有者である未成年者の父母が婚姻中の場合、土地の売買契約にあたっては、父母の両名が署名押印する必要がありますか。

共同親権として父母双方の名義でなすのが原則です。

### ■共同親権の行使■

　土地所有者である未成年者の父母が婚姻中の場合には、共同親権が原則ですから（民818条3項、改正民法では818条1項）、親権者として法定代理権や同意権を行使する場合、父母双方の名義でなすのが原則です。

　現実には、親権者として父母双方の署名押印ではなく、父母のいずれか一方の署名押印がなされることも多々あります。一方の名前しか書かれていないとしても、他方がそれに同意しているのであれば、それは有効な親権行使となるとされます。共同行使の原則に実質的には反していないからです[348]。

　親権の行使というと思い出すことがあります。大学入学を機に一人暮らしを始めることになり、両親と3人で下宿探しをしたときのことです。大学生協から紹介を受けた物件を見に行きました。大家さんのご自宅の敷地内に建っている2階建てのアパート形式のはなれで、平日だったため、建物所有者である大家さんは仕事に行かれて留守で、大家さんの奥さんが案内して下さいました。その日のうちに借りることを決め、契約書の貸主欄には大家さんの奥さんが夫の名前を書き、借主欄には私の父が署名押印をしてくれました。母も私も一緒でしたが、筆者は18歳になったばかりの未成年ですし、夫の名前を書いて押印している大家さんの奥さんはもちろん私の父も母も、父

---
[348] 窪田・家族法308頁。

が一人で署名押印するのが当然だと思っていました。今から思えば、未成年とは言え18歳ですから、住戸の一室を借り受ける契約をするとその一室を使用収益することができ、使用収益の対価として毎月賃料と共益費を支払わなければならないということは十分理解できました。ですから、本来は、賃貸借契約を締結するという筆者の法律行為について両親が親権としての同意権を行使することで足りたのです（民5条1項）。その場合は、筆者が署名押印したうえで、共同親権の行使として父と母の両名の同意を表すものとして念のため署名押印すればよかったのです。同意権の行使については、署名押印という様式が定められているわけではありませんが、後日、同意があったかどうかの争いを避けるためには、署名押印を得ておくことが望ましいでしょう。

　仮に、18歳の筆者が世間知らずでどうにも心許ないことから、同意権ではなく親権者としての法定代理権の行使で処理するというのであれば、法定代理人として父と母の両名の署名押印をすべきということになります。自分の署名行為が30年以上後になって、「同席していたお母さんが賃貸借契約の締結に同意していたから、共同親権の行使として遺漏はなかったと解釈で補うことになるのですよ」と娘の原稿のタネになるとは、父は考えもしなかったことでしょう。

　未成年者が所有する土地を公共用地のために取得する目的で行う売買においては、土地という高額かつ重要な財産の所有権を移転する結果を伴うことと、後日の紛争を避けるという意味で、未成年者の法定代理人として父および母の共同親権の行使を求めることが望ましいでしょう。

## ■父母の一方が、他方の意思に反して、双方名義の代理行為をした場合■

　民法は、共同親権を行使する父母の一方が他方の意思に反して双方名義の代理行為をした場合に備えて、「子がこれをすることに同意したときは、その行為は、他の一方の意思に反したときであっても、そのためにその効力を

妨げられない。ただし、相手方が悪意であったときは、この限りでない」との規定を用意しています（民825条）。

　子が同意すれば効力を妨げられないことから、一方の意思に反していたということだけでは、その代理行為等の効力が否定されるわけではありません。ただし、取引の相手方が、父母の一方が他方の意思に反して双方名義の代理行為をしていることについて悪意、つまり知っているときは、このような相手方は保護する必要がありませんから、代理行為の効力が否定されます。

## ■父母の一方が、他方の意思に反して、単独名義の代理行為をした場合■

　父母の一方が他方の意思に反して単独名義の代理行為をした場合については、「民法第4編親族第4章親権」には規定がありません。この場合には、権限外の行為の表見代理を定めた民法110条が適用ないし類推適用され、一方の名義の代理行為をなした親権者に権限があると信ずべき正当な理由を有する相手方は保護するという可能性が考えられます[349]。

## ■未成年者を売主とする売買契約における望ましい法定代理人の署名押印■

　未成年者が所有する土地についての用地取得では、父母共同親権が原則ですから、双方の名義で契約書を作成することが望ましいことは言うまでもありません。後日、父母の一方から、自らの意思に反するとの主張がなされることを避けるためにも父母双方の署名押印を求め、少なくとも、父母双方の意思を確認しておくことは必要です。

---

[349] 窪田・家族法309頁。

相続

公共用地の任意取得において、契約の相手方を特定し、当事者を確定するためには、相続に関する知識を要します。これは、「誰が相続するのか」に収れんされますが、遺産共有になった場合を考えると「相続する割合」も大事です。また、高齢化社会の到来といった社会経済情勢の変化を踏まえ、平成30年の民法改正で配偶者居住権という新たな制度が設けられました。用地取得において、他人の相続に積極的に関与する必要はありませんが、当事者の確定のための最低限度の知識を整理しておきます。

 21-1

登記簿上の土地所有者が死亡していることが判明しました。土地上の建物に居住しているのは、登記簿上の土地所有者の妻で、子供は独立して他県で生活しています。用地取得の交渉は誰との間で行えばよいですか。

 用地取得の対象となる土地所有者と交渉することが必要です。

■配偶者■

法定相続における相続人は、配偶者と血族相続人です。配偶者は常に相続人となります（民890条）。血族相続人は、民法で順番が決められています。

■血族相続人の順番■

血族相続人の相続権については、以下の順番が定められています（民887

条1項、889条1項)。

第1順位　子
第2順位　直系尊属
第3順位　兄弟姉妹

　被相続人に第1順位である子供がいれば、第2順位の直系尊属や第3順位の兄弟姉妹が相続人になることはありません。子供がいなくて父母がいるときには、第2順位の直系尊属が相続人となり、第3順位の兄弟姉妹は相続人になりません。つまり、先順位の相続人が一人でもいれば、後順位の者は相続人にはならないのです。

## ■代襲相続■

　代襲相続とは、相続人が相続開始以前に既に死亡していたり、相続欠格や廃除によって相続人たる資格を失っているときに、その子が代わって相続する仕組みです[350]。代襲相続が認められるのは、子（民887条2項）と兄弟姉妹（民889条2項）に限定されています。

　被相続人の子が相続開始以前に死亡していた時は、その子（つまり被相続人の孫）が代襲相続人になります（民887条2項）。被相続人の孫が被相続人の相続開始以前に死亡していた時には、その子（つまり被相続人の曽孫）が代襲相続人になります（再代襲。民887条3項）。直系卑属の再代襲には制限はありませんから、理屈上は曽孫の再代襲（被相続人の玄孫）、玄孫の再代襲（五世の孫）、五世の孫の再代襲（六世の孫）もあり得ます。

　第1順位、第2順位の相続人がいなくて、第3順位である被相続人の兄弟姉妹が相続人になる場合に（民889条1項2号）、その兄弟姉妹が相続開始以前に死亡していたときには兄弟姉妹の子（つまり被相続人の甥や姪）が代襲相続人になります（民889条2項）。ただし、民法889条2項は、民法887条3項を準用していないので、兄弟姉妹の孫は再代襲しません。代襲相続するの

---

[350] 窪田・家族法376頁以下、潮見・相続法28頁以下。

【相続関係図】

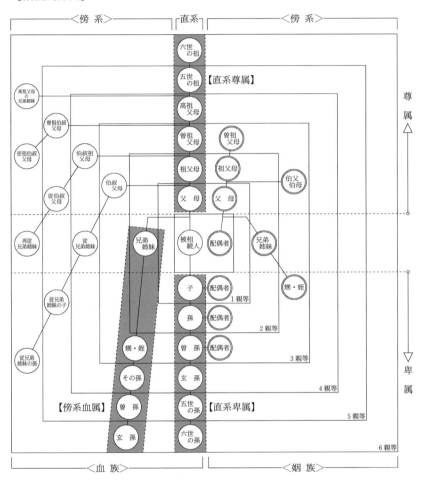

出典:「必携 用地補償実務便覧2025」(編集/一般財団法人公共用地補償機構　発行/大成出版社) 239頁

は、兄弟姉妹の子（甥・姪）までです。そのため、被相続人の兄弟姉妹が相続開始以前に死亡し、被相続人に配偶者がいれば、配偶者の単独相続になります。被相続人に配偶者もいなければ、相続人不存在となります。

---

**（子及びその代襲者等の相続権）**
第887条　被相続人の子は、相続人となる。
2　被相続人の子が、相続の開始以前に死亡したとき、又は第891条の規定に該当し、若しくは廃除によって、その相続権を失ったときは、その者の子がこれを代襲して相続人となる。ただし、被相続人の直系卑属でない者は、この限りでない。
3　前項の規定は、代襲者が、相続の開始以前に死亡し、又は第891条の規定に該当し、若しくは廃除によって、その代襲相続権を失った場合について準用する。
**（直系尊属及び兄弟姉妹の相続権）**
第889条　次に掲げる者は、第887条の規定により相続人となるべき者がない場合には、次に掲げる順序の順位に従って相続人となる。
　一　被相続人の直系尊属。ただし、親等の異なる者の間では、その近い者を先にする。
　二　被相続人の兄弟姉妹
2　第887条第2項の規定は、前項第2号の場合について準用する。

---

## ■相続欠格■

相続欠格とは、民法の定める一定の欠格事由が存在する場合には、その者は当然に相続人となることができないという制度です（民891条）。

欠格事由に該当する者としては、以下が明記されています。

・故意に被相続人または相続について先順位若しくは同順位にある者を死亡するに至らせ、または至らせようとしたために、刑に処せられた者（1号）。

・被相続人の殺害されたことを知って、これを告発せず、または告訴しなかった者（2号）。ただし、その者に是非の弁別がないとき、または殺害者が自己の配偶者若しくは直系血族であったときは欠格事由には該当しま

せん。
・詐欺または強迫によって、被相続人が相続に関する遺言をし、撤回し、取り消し、または変更することを妨げた者（3号）。
・詐欺または強迫によって、被相続人に相続に関する遺言をさせ、撤回させ、取り消させ、または変更させた者（4号）。
・相続に関する被相続人の遺言書を偽造し、変造し、破棄し、または隠匿した者（5号）。

相続で得をしようと考えて、違法行為をした者は、当然に相続人となることができなくなるのです[351]。

## ■推定相続人の廃除■

推定相続人の廃除は、被相続人の意思に基づいて相続人としての資格を失わせるという制度です[352]。

廃除事由は、推定相続人による①被相続人に対する虐待、②被相続人に対する重大な侮辱、③その他の著しい非行があったときです（民892条）。

> （推定相続人の廃除）
> 第892条　遺留分を有する推定相続人（相続が開始した場合に相続人となるべき者をいう。以下同じ。）が、被相続人に対して虐待をし、若しくはこれに重大な侮辱を加えたとき、又は推定相続人にその他の著しい非行があったときは、被相続人は、その推定相続人の廃除を家庭裁判所に請求することができる。

廃除は、家庭裁判所に請求して行いますが、遺言によっても行うことができます（民893条）。遺言による廃除は、その遺言が効力を生じた後、遺言執行者は、遅滞なく、その推定相続人の廃除を家庭裁判所に請求しなければならず、被相続人の死亡の時にさかのぼって廃除の効力が生じます（民893条）。

相続欠格が「当然に」相続人となることができないのと異なり、推定相続

---
[351] 道垣内・リーガルベイシス702頁、潮見・相続法45頁。
[352] 窪田・家族法394頁、潮見・相続法54頁以下。

人の廃除は被相続人の意思に基づくものです。そこで、後日、被相続人と推定相続人とが和解をするなど、被相続人の腹立ちもおさまったというような場合には、被相続人はいつでも家庭裁判所に廃除の取消しを請求することができます（民894条）。

## ■廃除事由該当性■

　民法892条の廃除事由に該当するかどうかは被相続人の主観的な感情や恣意だけで判断されるべきものではなく、そのような行為にいたった背景を踏まえつつ、社会通念に照らして客観的に判断されます[353]。

**【東京高決平4.12.11判時1448号130頁】**

〔事案の概要〕

　推定相続人である二女が保護処分歴を重ねた上、暴力団員と婚姻し、被相続人である父母がこれに反対であることを知りながら父の名で披露宴の招待状を作成し、父母の知人等にも送付したなどしたときに、娘を推定相続人から廃除できるとされた事例。

〔判旨〕

「民法892条にいう虐待又は重大な侮辱は、被相続人に対し精神的苦痛を与え又はその名誉を毀損する行為であって、それにより被相続人と当該相続人との家族的協同生活関係が破壊され、その修復を著しく困難ならしめるものをも含むものと解すべきである。」

「Y（Xの子）は、小学校の低学年のころから問題行動を起こすようになり、中学校及び高等学校に在学中を通じて、家出、怠学、犯罪性のある者等との交友等の虞犯事件を繰り返して起こし、少年院送致を含む数多くの保護処分を受け、更には自らの行動について責任をもつべき満18歳に達した後においても、スナックやキャバレーに勤務したり、暴力団員の丙川五郎と同棲し、次いで前科のある暴力団の中堅幹部である乙山夏夫と同棲し、その挙げ

---

[353] 窪田・家族法394頁。

句、同人との婚姻の届出をし、その披露宴をするに当たっては、Xらが右婚姻に反対であることを知悉していながら、披露宴の招待状に招待者として乙山の父乙山松夫と連名でXの名を印刷してXらの知人等にも送付するに至るという行動に出たものである。そして、このような相手方の小・中・高等学校在学中の一連の行動について、Xらは親として最善の努力をしたが、その効果はなく、結局、Yは、Xら家族と価値観を共有するに至らなかった点はさておいても、右家族に対する帰属感を持つどころか、反社会的集団への帰属感を強め、かかる集団である暴力団の一員であった者と婚姻するに至り、しかもそのことをXらの知人にも知れ渡るような方法で公表したものであつて、Yのこれら一連の行為により、Xらが多大な精神的苦痛を受け、また、その名誉が毀損され、その結果XらとYとの家族的協同生活関係が全く破壊されるに至り、今後もその修復が著しく困難な状況となっているといえる。そして、Yに改心の意思が、抗告人らに宥恕の意思があることを推認させる事実関係もないから、抗告人らの本件廃除の申立は理由があるものというべきである。」

## Q 21-2
### 遺産を相続しないという選択はできますか。

　遺産を相続しない選択はできます。相続放棄をすれば、相続の開始から相続人でなかったことになります。相続が開始したときには、相続人は、単純相続、限定承認、相続放棄のいずれかを選択することができます。

■単純相続■

相続の効果が生じることを認めることです（民920条）。単純承認をしたときは、無限に被相続人の権利義務を承継します。積極的に「私は単純承認を

します」という意思表示をする必要はなく、熟慮期間内に限定承認や相続放棄をしなかったり、相続財産の全部または一部を処分する（民921条1号）などにより相続放棄ができなくなることによって単純承認となります。

■**熟慮期間**■

　相続人は、自己のために相続の開始があったことを知った時から3箇月以内に、相続について、単純承認、限定承認、相続放棄をしなければなりません（民915条）。この期間を熟慮期間といいます。

　相続の承認又は放棄の制度は、相続人に対し、被相続人の権利義務の承継を強制するのではなく、被相続人から相続財産を承継するか否かについて選択する機会を与えるものです。熟慮期間は、相続人が相続について承認するか放棄するかのいずれかを選択するに当たり、被相続人から相続すべき相続財産につき、積極および消極の財産の有無、その状況等を調査し、熟慮するための期間です（最判令元.8.9民集73巻3号293頁、判時2452号35頁）。

　相続人は、自己が被相続人の相続人となったことを知らなければ、当該被相続人からの相続について承認または放棄のいずれかを選択することはできません。そこで、民法915条1項本文が熟慮期間の起算点として定める「自己のために相続の開始があったことを知った時」とは、原則として、相続人が相続開始の原因たる事実およびこれにより自己が相続人となった事実を知った時をいうものと解されます（最判昭59.4.27民集38巻6号698頁、判時1116号29頁）。

　ただし、特定非常災害の被害者の権利利益の保全等を図るための特別措置に関する法律に基づき熟慮期間が延長されることもあります。令和6年能登半島地震においては、「令和6年能登半島地震による災害についての特定非常災害及びこれに対し適用すべき措置の指定に関する政令」が令和6年1月11日に公布、施行されたことを受けて、令和6年能登半島地震による災害の発生日である令和6年1月1日において、令和6年能登半島地震に際し災害救助法（昭和22年法律第118号）が適用された同法2条1項に規定する災害発

生市町村の区域(以下「対象区域」という。)に住所を有していた相続人について、熟慮期間(相続の承認または放棄をすべき期間)が令和6年9月30日まで延長されました。

## ■限定承認■

　限定承認とは、相続によって得た財産の限度においてのみ被相続人の債務および遺贈を弁済すべきことを留保して、相続の承認をすることです(民922条)。限定承認をしようとするときは、相続人は、自己のために相続の開始があったことを知った時から3箇月以内に(民915条1項)、財産目録を作成して家庭裁判所に提出し、限定承認をする旨を申述しなければなりません(民924条)。

　相続人が数人ある時は、限定承認は、共同相続人の全員が共同してのみ行うことができます(民923条)。そのため、誰か一人が相続財産の一部を処分して法定単純承認が生じてしまうと限定承認はできません[354]。

## ■相続放棄■

　相続放棄は、相続開始後に相続の効果が生じることを拒否するものです。相続の放棄をしようとすれば、自己のために相続の開始があったことを知った時から3箇月以内に(民915条1項)その旨を家庭裁判所に申述しなければなりません(民938条)。相続放棄をした者は、その相続に関しては、初めから相続人とならなかったものとみなされますから(民939条)、代襲相続も起きません。

### 【豆知識】 事実上の相続放棄

　相続人の一人だけに遺産を相続させる方法として判明しているすべての遺産を長男に相続させる旨の遺産分割をすることがあります。このとき、「私や妹は相続放棄をして、兄だけが相続したのです」などと言われたりもします。しかし、

---

[354] 潮見・相続法91頁。

相続放棄は、家庭裁判所に相続放棄の申述申立てをし、その申述が受理されることによって、初めから相続人とならなかったものとみなされる制度です。仲の良い兄弟姉妹の間で長男一人に遺産を相続させる旨の遺産分割協議が調ったからと言って相続放棄がなされたわけではありません。

　家庭裁判所に相続放棄の申述をしていなかった場合の問題性は、相続発生時には相続人らに判明していなかった債務があることが分かった時に顕在化します。相続放棄をしていれば、初めから相続人ではなかったとみなされますから、債務を相続することはありません。しかし、遺産分割協議において自分がプラス財産を相続しないというだけでは、債務は法定相続分に応じて相続します。しかも、負債が判明した時点では、熟慮期間3か月が経過してしまっていると、相続放棄の申述が受理されないおそれもあります。


### ■再転相続■

　相続人が相続の承認または放棄をしないで死亡したとき（民916条）を再転相続といいます。Aが死亡し、その子Bが相続人になったが（第1相続）、Bは相続の開始があったことを知った時から1か月が経過した時点で相続の放棄も承認もしないまま死亡し、Cが相続人になった（第2相続）場合です。

### ■「自己のために相続の開始があったことを知った時」■

　「その者の相続人が自己のために相続の開始があったことを知った時」（民916条）とは、相続の承認または放棄をしないで死亡した者の相続人が、当該死亡した者からの相続により、当該死亡した者が承認または放棄をしなかった相続における相続人としての地位を自己が承継した事実を知った時をいいます。

　再転相続におけるCの熟慮期間の起算点は、Bの死亡を知った時です。

　AとBが連続して死亡することにより、Cは、Aの相続とBの相続とについて、それぞれ別に承認するか放棄するかの機会を保障されています。その

ため、負債しか残さなかったAの相続を放棄し、積極財産のあるBの相続について単純承認することは可能です。Aには積極財産があったがBには負債しかなかったときに、Cが第2相続であるBの相続を放棄すれば、Cは初めからBの相続人ではなかったことになり（民939条）、Aの相続を承認または放棄するBの選択権も失いますから、第1相続のみを承認することはできなくなります[355]。

## 【最判令元.8.9民集73巻3号293頁、判時2452号35頁】

〔事案の概要〕

(1) M銀行は、甲株式会社に対して貸金等の支払を求めるとともに、B外4名に対し、上記貸金等に係る連帯保証債務の履行として各8000万円の支払を求める訴訟を提起した。平成24年6月7日、M銀行の請求をいずれも認容する判決が言い渡され、その後、同判決は確定した。

(2) Bは、平成24年6月30日、死亡した。Bの相続人は、妻および2名の子らであったが、同年9月、妻および子らによる相続放棄の申述が受理された。

　この相続放棄により、Bの兄弟4名および既に死亡していたBの兄弟2名の子ら7名（合計11名）がBの相続人となったが、平成25年6月、これらの相続人のうち、F（Bの弟）外1名を除く9名による相続放棄の申述が受理された。

(3) Fは、平成24年10月19日、自己がBの相続人となったことを知らず、Bからの相続について相続放棄の申述をすることなく死亡した。Xは、同日頃、XがFの相続人となったことを知った。

(4) M銀行は、平成27年6月、(1)の確定判決に係る債権をYに譲渡し、Yは、平成27年11月2日、確定判決の正本に基づき、M銀行の承継人であるYが、Bの承継人であるXに対して本件債務名義に係る請求権につき32分の1の額の範囲で強制執行することができる旨の承継執行文の付与を受け

---

[355] 窪田・家族法385頁、潮見・相続法72頁。

た。
(5) Xは、平成27年11月11日、確定判決の正本とその承継執行文の謄本等の送達を受けてはじめて、FがBの相続人であり、XがFからBの相続人としての地位を承継していた事実を知った。
(6) Xは、平成28年2月5日、Bからの相続について相続放棄の申述をし、同月12日、上記申述は受理された。
(7) XはYに対し、本件相続放棄を異議の事由として、執行文の付与された本件債務名義に基づくXに対する強制執行を許さないことを求める執行文付与に対する異議の訴えを提起した。

〔争点〕

Bからの相続に係るXの熟慮期間がいつから起算されるかが争われた。

〔判旨〕

Yの上告棄却。

「民法916条の趣旨は、FがBからの相続について承認又は放棄をしないで死亡したときには、FからBの相続人としての地位を承継したXにおいて、Bからの相続について承認又は放棄のいずれかを選択することになるという点に鑑みて、Xの認識に基づき、Bからの相続に係るXの熟慮期間の起算点を定めることによって、Xに対し、Bからの相続について承認又は放棄のいずれかを選択する機会を保障することにあるというべきである。

再転相続人であるXは、自己のためにFからの相続が開始したことを知ったからといって、当然にFがBの相続人であったことを知り得るわけではない。また、Xは、Fからの相続により、Bからの相続について承認又は放棄を選択し得るFの地位を承継してはいるものの、X自身において、FがBの相続人であったことを知らなければ、Bからの相続について承認又は放棄のいずれかを選択することはできない。Xが、FからBの相続人としての地位を承継したことを知らないにもかかわらず、XのためにFからの相続が開始したことを知ったことをもって、Bからの相続に係る

熟慮期間が起算されるとすることは、Xに対し、Bからの相続について承認又は放棄のいずれかを選択する機会を保障する民法916条の趣旨に反する。」

「以上によれば、民法916条にいう「その者の相続人が自己のために相続の開始があったことを知った時」とは、相続の承認又は放棄をしないで死亡した者の相続人が、当該死亡した者からの相続により、当該死亡した者が承認又は放棄をしなかった相続における相続人としての地位を、自己が承継した事実を知った時をいうものと解すべきである。」

#  21-3
### 相続の割合は、誰が相続人かで変わりますか。

 法定相続分は、血族相続人によって変わります。

| 相続人 | 各人の相続分 | | | |
|---|---|---|---|---|
| | 配偶者 | 子 | 直系尊属 | 兄弟姉妹 |
| 配偶者と子 | $\frac{1}{2}\left(\frac{1}{3}\right)$ | $\frac{1}{2}\left(\frac{2}{3}\right)$ | — | — |
| 配偶者と直系尊属 | $\frac{2}{3}\left(\frac{1}{2}\right)$ | — | $\frac{1}{3}\left(\frac{1}{2}\right)$ | — |
| 配偶者と兄弟姉妹 | $\frac{3}{4}\left(\frac{2}{3}\right)$ | — | — | $\frac{1}{4}\left(\frac{1}{3}\right)$ |

・子・直系尊属・兄弟姉妹が複数いるときは、相続分を均等に分ける。
・父母の一方のみを同じくする兄弟姉妹の相続分は、父母の双方を同じくする兄弟姉妹の相続分の2分の1になる。
・代襲相続分は、被代襲者の相続分と同じになる。
・代襲相続者が複数いるときは、被代襲者の相続分をさらに相続分にしたがって分ける。

・（　）内は、昭和55年12月31日以前（改正前）の法定相続分である。

出典：「必携 用地補償実務便覧2025」（編集／一般財団法人公共用地補償機構　発行／大成出版社）240頁

## Q 21-4
### 被相続人が亡くなってから相当時間が経過した場合でも、遺産分割はできますか。

**A**　共同相続人は、被相続人が遺言で禁じた場合または、共同相続人間で遺産分割をしない旨の契約をした場合を除き、いつでも、その協議で、遺産の全部または一部の分割をすることができます（民907条1項）。

### ■遺産分割協議■

　遺産の分割について、共同相続人間に協議が調わないとき、または協議をすることができないときは、各共同相続人は、その全部または一部の分割を家庭裁判所に請求することができます。ただし、遺産の一部を分割することにより他の共同相続人の利益を害するおそれがある場合におけるその一部の分割はできません（民907条2項）。

　遺産の一部分割ができるかどうかは従来議論がありました。しかし、平成30年の民法改正で、一部分割が可能とされました。これにより、共同相続人間で少なくとも用地取得の対象となる土地についての売却が合意できる場合には、他の遺産について争いがあったとしても、遺産の一部分割で処理できる場合もあります[356]。

　遺産の分割は、相続開始の時にさかのぼってその効力を生じます。ただし、第三者の権利を害することはできません（民909条）。

---

[356] 潮見・相続法344頁。

# Q 21-5

相続人がいない場合について、民法は規定を設けていますか。

相続人不存在については民法951条以下に規定があります。

## ■相続財産法人の成立■

相続人のあることが明らかでないときは、相続財産は法人とされます（民951条）。

相続人はいないけれど、遺産の全部について包括遺贈された受遺者がいる場合には、「相続人のあることが明らかでないとき」（民951条）には当たりません。包括受遺者は、相続人と同一の権利義務を有し（民990条）、遺言者の死亡の時から原則として同人の財産に属した一切の権利義務を承継しますから、相続財産全部の包括受遺者が存在する場合には民法951条以下の規定による手続を行わせる必要はないからです（最判平9.9.12民集51巻8号3887頁、判時1618号66頁）。

## ■相続人の捜索・清算手続■

相続財産法人は、被相続人が死亡した時点で、法律上当然に成立します。会社などと異なり、法人となるための設立登記などの特別の手続は要しません。相続財産清算人が選任（民952条1項）されることは、相続財産法人の成立要件ではありません[357]。

相続財産清算人は、利害関係人や検察官の請求によって家庭裁判所が選任し（民952条1項）、相続財産の管理・清算をします（民953条、27条、28条）。

---

[357] 潮見・相続法119頁。

利害関係人や検察官の請求がないにもかかわらず、家庭裁判所が職権で相続財産清算人を選任することはできません。

利害関係人にあたるのは、相続債権者、相続債務者、特定遺贈の受遺者、特別縁故者として遺産の分与を申し立てる者、被相続人から財産権を取得した者に加えて、徴税権利者としての国や所有者不明土地につき国の行政機関の長（特措38条）も含まれます[358]。

相続財産清算人が選任されると、家庭裁判所は、遅滞なくその旨を「公告」しなければなりません（民952条2項）。公告の内容は、①相続財産清算人を選任したこと、②相続人があるならば一定の期間内にその権利を主張すべきこと（民952条2項）です。この公告があったときは、相続財産清算人は、すべての相続債権者および受遺者に対し、2箇月以上の期間を定めて請求の申出をすべき旨を公告し（民957条1項）、期間が満了すると清算が開始されます（民957条2項）。

【豆知識】 **公告期間の短縮**[358]

改正前民法では、相続人のあることが明らかでない場合における相続財産の清算手続において、①相続財産管理人の選任の公告、②相続債権者等に対する請求の申出をすべき旨の公告、③相続人捜索の公告を、順に行うこととしていました。このようにそれぞれの公告手続を同時にすることができない結果、権利関係の確定に最低でも10か月間を要し、相続財産の清算に要する期間が長期化し、必要以上に手続が重くなっているとの指摘がなされていました。

現行民法では、選任の公告と相続人捜索の公告を統合して一つの公告で同時に行うとともに、これと並行して、相続債権者等に対する請求の申出をすべき旨の公告を行うことが可能になりました（民952条2項、957条1項）。その結果、権利関係の確定に最低必要な期間は合計6か月に短縮されました。

---

[358] 潮見・相続法119頁。
[359] 法務省「令和3年民法・不動産登記法改正、相続土地国庫帰属法のポイント」
https://houmukyoku.moj.go.jp/matsuyama/content/001344983.pdf

■残余財産の帰属■

　清算をした上で、財産が残った場合には、家庭裁判所は、相当と認めるときは、特別縁故者の請求によって特別縁故者に対し清算後、残存する相続財産の全部または一部を与えることができます（民958条の2）。特別縁故者がいない場合や特別縁故者に財産を分与してもなお余剰が出る場合には、その相続財産は国庫に帰属します（民959条）。

■相続財産管理人■

　相続財産清算人の選任から残余財産の国庫帰属までの手続は、相続財産の清算を目的としたものです。しかし、相続財産を適切に管理する必要がある場合もありますし、相続人の有ることが明らかでないが、かといって相続財産清算人の選任もなされていない、という場合もあります。

　このような場合には、家庭裁判所は、利害関係人または検察官の請求によって、いつでも、相続財産の保存に必要な処分を命じることができます（民897条の2第1項）。

 21-6

登記簿上の建物所有者が死亡しており、その建物に居住しているのは、死亡した建物所有者の妻で、子供は独立して他県で生活しています。妻には配偶者居住権がありますか。

　その建物が相続財産である場合には、配偶者居住権が認められる可能性があります。

■配偶者居住権■

被相続人の配偶者は、相続開始の時に被相続人所有の建物に居住していた場合には、遺産分割、遺贈または死因贈与により、その建物の全部について使用および収益をする権利（配偶者居住権、民1028条）を取得することができます。

　高齢化の進展と平均寿命の伸長に伴い、被相続人の配偶者が被相続人の死亡後にも長期間にわたり生活を継続することが少なくありません。配偶者が高齢である場合には、その後の転居が肉体的・精神的・財産的に大きな負担となることから、住み慣れた居住環境での生活を継続するために居住権を確保する必要性は高いと言えます。他方で、相続開始の時点で配偶者が高齢であれば、自ら生活の糧を得ることが困難である場合も多く、その後の生活資金として預貯金等の財産についても一定程度確保したいという希望もあります。

　居住という観点のみに限定すれば、配偶者は遺産分割において居住建物の所有権を取得することはできます。しかし、居住建物の評価額が高額になると現金や預貯金といったその他の遺産を十分に取得できなくなり、建物は相続したけれど生活資金が相続できず、その後の生活に支障を生じる恐れがあります。

　居住建物の所有権を取得するのではなく、居住建物は配偶者以外の相続人が取得して、配偶者が建物所有者との間で賃貸借契約を締結する方法も考えられますが、この方法の場合には、居住建物を取得した相続人が賃貸借契約に応じてくれないと配偶者の居住権は確保されません。

　そこで、配偶者のために居住建物の使用収益のみが認められ、処分権限のない権利を創設し、遺産分割の際に配偶者が居住建物の所有権を取得する場合よりも低廉な価額で居住権を確保することができるようにしたのです[360]）。

## ■配偶者居住権の成立要件■

---

[360]）一問一答・相続法9頁、潮見・相続法420頁、堂薗＝神吉・改正相続法9頁以下。

配偶者居住権の成立要件は以下のとおりです。
① 配偶者が相続開始の時に被相続人の財産に属した建物に居住していたこと（民1028条1項）
② その建物について配偶者に配偶者居住権を取得させる旨の遺産分割、遺贈または死因贈与がされたこと（民1028条1項、554条）

長男が、両親のために古い建物を取り壊して新築し、長男の両親である被相続人とその配偶者が居住していたが、建物には長男名義の登記がなされている場合には、配偶者が相続開始の時に居住していた建物は長男の所有建物であって「被相続人の財産に属した建物」（相続財産）ではありませんから、配偶者居住権は認められません。

> **（配偶者居住権）**
> 第1028条　被相続人の配偶者（以下この章において単に「配偶者」という。）は、被相続人の財産に属した建物に相続開始の時に居住していた場合において、次の各号のいずれかに該当するときは、その居住していた建物（以下この節において「居住建物」という。）の全部について無償で使用及び収益をする権利（以下この章において「配偶者居住権」という。）を取得する。ただし、被相続人が相続開始の時に居住建物を配偶者以外の者と共有していた場合にあっては、この限りでない。
> 一　遺産の分割によって配偶者居住権を取得するものとされたとき。
> 二　配偶者居住権が遺贈の目的とされたとき。
> 2　居住建物が配偶者の財産に属することとなった場合であっても、他の者がその共有持分を有するときは、配偶者居住権は、消滅しない。
> 3　第903条第4項の規定は、配偶者居住権の遺贈について準用する。

以下の場合には、家庭裁判所は、配偶者居住権を配偶者が取得する旨の遺産分割審判をすることができます。
① 共同相続人間で配偶者居住権の取得について合意が成立しているとき（民1029条1号）
② 配偶者が配偶者居住権の取得を希望し、「居住建物の所有者の受ける不利益の程度を考慮してもなお配偶者の生活を維持するために特に必要

があると認めるとき」(民1029条2号)。

> **(審判による配偶者居住権の取得)**
> 第1029条　遺産の分割の請求を受けた家庭裁判所は、次に掲げる場合に限り、配偶者が配偶者居住権を取得する旨を定めることができる。
> 一　共同相続人間に配偶者が配偶者居住権を取得することについて合意が成立しているとき。
> 二　配偶者が家庭裁判所に対して配偶者居住権の取得を希望する旨を申し出た場合において、居住建物の所有者の受ける不利益の程度を考慮してもなお配偶者の生活を維持するために特に必要があると認めるとき（前号に掲げる場合を除く。）。

### ■配偶者居住権の存続期間■

　配偶者居住権の存続期間は、原則として配偶者の終身の間です（民1030条）。ただし、遺産分割の協議若しくは遺言に別段の定めがあるとき、または家庭裁判所が遺産の分割の審判において別段の定めをしたときは、その定めるところによります（民1030条但書き）。

### ■配偶者居住権の登記等■

　配偶者居住権は、登記をすることができ、登記をすると第三者に対抗することができます。その結果、登記をした不動産の賃貸借と同様に、その不動産の占有を第三者が妨害しているときには妨害の停止請求をすることができますし、第三者が専有しているときには返還請求ができます（民1031条2項、605条、605条の4）。しかも、居住建物の所有者は、配偶者居住権を取得した配偶者に対し、配偶者居住権の設定の登記を備えさせる義務を負います（民1031条1項）。

　配偶者居住権は、登記によって第三者に対抗することができ、差押債権者や抵当権者等との対抗関係は登記の先後によって決まります。

### ■配偶者による使用収益■

配偶者は、従前の用法に従い、善良な管理者の注意をもって、居住建物の使用及び収益をしなければなりませんが、従前居住の用に供していなかった部分について、これを居住の用に供することもできます（民1032条1項但書き）。

　しかし、配偶者居住権は、譲渡することができませんし（民1032条2項）、居住建物の所有者の承諾を得なければ、居住建物の改築若しくは増築をし、または第三者に居住建物の使用若しくは収益をさせることはできません（民1032条3項）。配偶者が善管注意義務に反した使用収益をしたり、無断で増改築をしたり、無断に第三者に賃貸したりして、居住建物の所有者が相当の期間を定めてその是正の催告をしたにもかかわらず、期間内に是正しなかったときには、居住建物の所有者は、当該配偶者に対する意思表示によって配偶者居住権を消滅させることができます（民1032条4項）。

## ■居住建物の費用負担■

　配偶者は、居住建物の通常の必要費を負担します（民1034条1項）。通常の必要費以外の支出をしたときには、民法196条の規定にしたがって、建物所有者はその償還をしなければなりません。ただし、有益費については、裁判所は建物所有者の請求により、その償還について相当の期限を許与することができます（民1034条2項、583条2項、196条）。

## ■配偶者短期居住権■

　配偶者短期居住権は、遺産分割成立時等までの比較的短期間について配偶者の居住建物についての利用を認めるものです。被相続人死亡後一定期間について、生存配偶者の居住権を確保したうえで、その後の生活設計が立つまでの間の生存配偶者の保護を図ります[361]。

　配偶者短期居住権の成立要件は、被相続人の財産に属した建物に相続開始

---

[361] 窪田・家族法549頁、潮見・相続法392頁、堂薗＝神吉・改正相続法25頁以下、一問一答・相続法34頁。

の時に無償で居住していたことです（民1037条1項）。配偶者が相続欠格事由に該当したり、廃除されたりして相続権を喪失した時には認められません（民1037条1項但書き）。

存続期間は、2つの場合があります。

① 遺産確定まで（ただし、最低6箇月間は存続）（民1037条1項1号）
② 居住建物が配偶者以外の第三者に遺贈された場合や配偶者が相続放棄をした場合には居住建物の所有者から消滅請求を受けてから6箇月間（民1037条1項2号）

これら配偶者居住権等の制度は、令和2年4月1日より施行され、施行日後に発生した相続において認められます。

用地補償の場面において、配偶者居住権の目的となっている建物が移転対象となる場合、配偶者居住権が消滅することに伴い補償が必要となることから、配偶者居住権の有無の確認は必要となります。具体的には、上記「■配偶者居住権の成立要件■」等の法的条件を踏まえ、建物登記簿、戸籍、住民票等の公的資料に加え、必要に応じ、建物所有者、居住者等からの聞取り、遺産分割協議書等の書面等により、配偶者居住権の設定の有無について調査していくことになります。

# 判例索引

## 【明治】

大判明40.5.20民録13輯576頁 ································································ 103
大判明45.7.3民録18輯684頁 ································································· 103

## 【大正】

大判大7.3.2民録24輯423頁 ···································································· 30
大判大10.7.8民録27輯1449頁 ························································· 102, 107
大判大10.7.11民録27輯1378頁 ·························································· 259
大連判大14.7.8大民集4巻412頁 ···························································· 30
大判大15.5.22大民集5巻386頁 ························································· 178

## 【昭和】

大判昭8.12.11裁判例7巻277頁（民） ············································· 265
大判昭14.7.7大民集18巻748頁 ···························································· 30
大判昭14.7.19大民集18巻856頁 ·························································· 30
大判昭16.2.3大民集20巻70頁 ························································· 358
大判昭16.3.1大民集20巻163頁 ························································· 104
大判昭17.9.30大民集21巻911頁 ·························································· 29
最判昭24.10.4民集3巻10号437頁 ···················································· 218
最判昭28.9.25民集7巻9号979頁、判時12号11頁 ································ 267
最判昭30.7.15民集9巻9号1058頁、判時57号6頁 ································· 98
最判昭31.4.24民集10巻4号417頁、判時75号3頁 ································· 23
最判昭31.6.19民集10巻6号678頁、判夕60号51頁 ······························· 78
最判昭31.7.4民集10巻7号785頁、判時80号3頁 ······························· 136
最判昭33.6.6民集12巻9号1373頁 ····················································· 122
最判昭34.2.5民集13巻1号51頁 ·························································· 72
最判昭35.3.1民集14巻3号307頁、判時216号19頁 ································ 79
最判昭35.7.27民集14巻10号1871頁、判時232号20頁 ····················· 30, 31
最判昭35.11.29民集14巻13号2869頁 ················································· 30
最判昭36.7.20民集15巻7号1903頁 ····················································· 31
最判昭37.4.27民集16巻7号1247頁 ··················································· 381

最判昭37.11.16民集16巻11号2280頁·················································179
大阪高判昭38.1.30判時330号38頁·················································167
最判昭38.10.29民集17巻9号1236頁、判時363号24頁·····························72
最判昭39.4.17民集18巻4号529頁、判時374号18頁·································324
最判昭40.11.24民集19巻8号2019頁、判時428号23頁························221, 223
最判昭41.4.15民集20巻4号676頁、判時448号30頁·································88
最判昭41.4.27民集20巻4号870頁、判時443号16頁·································265
最判昭41.9.22民集20巻7号1367頁、判時463号30頁·······························150
大阪地判昭42.6.12判時484号21頁···················································183
東京地判昭42.11.27判時516号52頁··················································67
最判昭42.12.26民集21巻10号2627頁、判時507号29頁·······························43
最判昭43.6.21民集22巻6号1311頁、判時528号32頁·······························223
最判昭43.8.20民集22巻8号1692頁、判時531号27頁·······························234
最判昭43.12.24民集22巻13号3454頁、判時547号37頁·······························179
最判昭44.1.16民集23巻1号18頁、判時547号36頁·································24
最判昭44.4.3民集23巻4号709頁、判時374号18頁·································353
最判昭44.7.25民集23巻8号1627頁、判時568号43頁·······························72
最判昭45.6.18裁判集民99号375頁、判時600号83頁·································86
最判昭46.11.5民集25巻8号1087頁、判時652号34頁·································30
最判昭50.2.13判時772号19頁、判タ321号59頁·····································260
東京高判昭50.8.28判時791号24頁···················································340
最判昭51.12.20判時843号46頁······················································223
最判昭52.4.4金融・商事判例535号44頁··············································223
最判昭53.3.6民集32巻2号135頁、判時886号38頁·································90
東京地判昭53.9.20判時911号14頁···················································183
最判昭54.4.17民集33巻3号366頁、判時929号65頁·································345
熊本地判昭54.8.7下民集30巻5～8号367頁·········································66
東京地判昭57.2.17判時1049号55頁····················································4
最判昭57.3.26判時1041号66頁······················································358
最判昭58.3.24民集37巻2号131頁、判時1084号66頁·································86
最判昭59.4.27民集38巻6号698頁、判時1116号29頁·································396
東京地判昭63.5.12判時1282号133頁··················································139
最判昭63.7.1判時1287号63頁、判タ680号118頁·····································113
最判昭63.7.1民集42巻6号477頁、判時1286号57頁·································284

【平成】

東京高決平4.12.11判時1448号130頁 ………………………………………… 394
最判平6.3.22民集48巻3号859頁 ……………………………………………… 216
浦和地判平6.4.22判タ874号231頁 …………………………………………… 158
最判平9.9.12民集51巻8号3887頁、判時1618号66頁 ……………………… 403
最判平11.6.15金融法務事情1566号56頁 ……………………………………… 173
名古屋高決平13.2.28判タ1113号278頁 ……………………………………… 148
最判平13.11.22判時1772号49頁 ………………………………………………… 235
東京地判平16.8.12 2004WLJPCA 08120001 ………………………………… 200
さいたま地判平20.3.19判例地方自治321号85頁 …………………………… 225
東京地判平20.6.20 2008WLJPCA 06208004 ………………………………… 225
大阪簡判平21.5.22判時2053号70頁 …………………………………………… 162
東京地判平21.7.10 2009WLJPCA 07108011 ………………………………… 225
東京地判平21.9.25 2009WLJPCA 09258014 ………………………………… 226
東京地判平21.10.16判タ1350号199頁 ………………………………………… 225
東京地判平21.11.12 2009WLJPCA 11128010 ………………………………… 224
大阪高判平23.6.10判時2145号32頁 …………………………………………… 162
東京地判平24.9.7判時2171号72頁 …………………………………………… 163
東京地判平25.4.18 2013WLJPCA 04188001 ………………………………… 224
東京地判平25.9.4 2013WLJPCA 09048015 ………………………………… 224

【令和】

最判令元.8.9民集73巻3号293頁、判時2452号35頁 ………………………… 396

# 事項索引

## 【あ】

明渡し……………………133
明渡しの催告………………152
字切図（字限図）……………37
字図………………………37

## 【い】

遺産分割………………27,57,402
意思主義……………………20
意思能力……………………14,15
意思表示……………………8,9
慰謝料………………………166
委任状………………………11,12
違約金………………………180,181
違約手付……………………211
印影…………………………13
印章…………………………13
姻族関係終了………………361

## 【う】

受取証書……………………100,104
内金…………………………212
訴えの取下げ………………320
売主の義務……………………6

## 【お】

親子…………………………365

## 【か】

改製原戸籍…………………382
解除…………………185,242,243

解除権不可分の原則…………195
解除権留保…………………203
解除後の第三者……………193
解除条件……………………200
解除と損害賠償……………183,191
解除と登記……………………29
解除の効果…………………190
解除の不可分性……………195
解除前の第三者……………192
買主の義務……………………6
解約手付……………………211,213
確定期限……………………121
確定判決……………………144,146
加工…………………………60,61,65
瑕疵担保責任………………228
仮差押え……………………311,329
仮差押え登記………………311
仮差押えの効力……………313
仮執行宣言を付した判決……144
仮処分………………………312
仮の地位を定める仮処分……331,334
管轄…………………………336,337
間接強制……………………132,138,141

## 【き】

期限の定めのない債務………125
起訴命令……………………314,318,323
給付……………………………98
境界…………………………40
供託…………………………108
協議離婚……………………356,358

事項索引 *415*

共同親権・・・・・・・・・・・・・・・・363,385
共同相続・・・・・・・・・・・・・・・・・・・・26
緊急性・・・・・・・・・・・・・・・・・・・・・326
金銭債権の回収・・・・・・・・・・・・142
金銭債務と間接強制・・・・・・・・141
金銭賠償の原則・・・・・・・・・・・・172

【く】
クーリング・オフ・・・・・・・・・・・196
区裁判所・・・・・・・・・・・・・・・・・・324

【け】
形成権・・・・・・・・・・・・・・・・・・・・243
係争物に関する仮処分・・・・・・329
競売・・・・・・・・・・・・・・・・・・・・・・281
競売開始決定・・・・・・・・・・・・・・283
契約自由の原則・・・・・・・・・・・・160
契約の成立・・・・・・・・・・・・・・・・・・3
契約の締結・・・・・・・・・・・・・・・・・・3
契約不適合・・・・・・・・・・・・・・・・227
血族相続人・・・・・・・・・・・・・・・・389
現況地目・・・・・・・・・・・・・・・・・・・41
権原・・・・・・・・・・・・・・・・68,73,263
権限・・・・・・・・・・・・・・・・・・・・・・263
権原によって附属・・・・・・・・68,73
原始取得・・・・・・・・・・・・・・・・・・・82
現実の提供・・・・・・・・・・・・101,107
原始筆界・・・・・・・・・・・・・・・・37,44
限定承認・・・・・・・・・・・・・・・・・・397
顕名・・・・・・・・・・・・・・・・・・・・・・・・8
権利義務の承継・・・・・・・・・・・・・26

【こ】
子・・・・・・・・・・・・・・・・・・・・・・・・351

行為能力・・・・・・・・・・・・・・・・・・・15
公共用地の取得に伴う損
失補償基準細則第15第1
項(七)・・・・・・・・・・・・・・・・・・・・・70
後見・・・・・・・・・・・・・・・・・・・・・・・15
後見開始審判・・・・・・・・・・・・・・・17
後見制度・・・・・・・・・・・・・・・・・・・15
公告期間・・・・・・・・・・・・・・・・・・404
公図・・・・・・・・・・・・・・・・・33,37,38
公図の現地復元性・・・・・・・・・・・38
公租公課の支払・・・・・・・・・・・・・88
口頭の提供・・・・・・・・・・・・101,216
合筆・・・・・・・・・・・・・・・・・・・・・・・43
公簿地目・・・・・・・・・・・・・・・・・・・41
公簿面積・・・・・・・・・・・・・・・・・・235
告知書・・・・・・・・・・・・・・・・・・・・248
戸籍・・・・・・・・・・・・・・・・・・・・・・365
婚姻・・・・・・・・・・・・・・・・・・・・・・352
婚姻届出・・・・・・・・・・・・・・・・・・352
婚姻の解消・・・・・・・・・・・・・・・・360
婚姻をする意思・・・・・・・・・・・・353
混和・・・・・・・・・・・・・・・・・・・・・・・61

【さ】
債権者代位権・・・・・・・・・・・・・・321
債権者の受領拒絶・・・・・・・・・・103
債権者不確知・・・・・・・・・・103,104
債権の消滅・・・・・・・・・・・・・・・・・97
財産分与・・・・・・・・・・・・・・・・・・361
再転相続・・・・・・・・・・・・・・・・・・398
裁判上の自白・・・・・・・・・・・・・・145
裁判離婚・・・・・・・・・・・・・・・・・・356
債務の履行・・・・・・・・・・・・・97,117
債務名義・・・・・・・・・・143,147,315

差押禁止財産‥‥‥‥‥‥‥‥155
暫定性‥‥‥‥‥‥‥‥‥‥‥328

【し】
地押丈量‥‥‥‥‥‥‥‥‥‥37
時効‥‥‥‥‥‥‥‥‥‥‥‥81
時効取得‥‥‥‥‥‥‥‥‥‥83
時効と登記‥‥‥‥‥‥‥‥‥30
時効の援用‥‥‥‥‥‥‥‥‥92
自己のために相続の開始
があったことを知った時‥‥‥398
使者‥‥‥‥‥‥‥‥‥‥‥‥‥9
地震売買‥‥‥‥‥‥‥‥‥259
実方‥‥‥‥‥‥‥‥‥‥‥372
執行官‥‥‥‥‥‥‥‥‥‥134
執行期間‥‥‥‥‥‥‥‥‥344
執行証書‥‥‥‥‥‥‥‥‥144
執行の効力‥‥‥‥‥‥‥‥345
執行文‥‥‥‥‥‥‥‥147,345
実子‥‥‥‥‥‥‥‥‥‥‥368
失踪宣告‥‥‥‥‥‥‥‥84,85
実測面積‥‥‥‥‥‥‥‥‥235
借地権‥‥‥‥‥‥‥‥‥‥261
借地権の対抗力‥‥‥‥260,264
借地借家法‥‥‥‥‥‥‥‥260
19条5項指定‥‥‥‥‥‥‥‥35
住所等変更登記の申請義
務‥‥‥‥‥‥‥‥‥‥‥‥‥22
従物‥‥‥‥‥‥‥‥‥‥‥‥61
熟慮期間‥‥‥‥‥‥‥‥‥396
授権決定‥‥‥‥‥‥‥‥‥150
主物‥‥‥‥‥‥‥‥‥‥‥‥61
種類物‥‥‥‥‥‥‥‥‥‥118
償金請求‥‥‥‥‥‥‥‥‥‥74

承継執行文‥‥‥‥‥‥‥‥333
承継取得‥‥‥‥‥‥‥‥‥‥82
消滅時効‥‥‥‥‥‥‥‥‥‥93
消滅時効の援用権者‥‥‥‥‥94
証約手付‥‥‥‥‥‥‥‥‥211
除籍‥‥‥‥‥‥‥‥‥‥‥366
所有権界‥‥‥‥‥‥‥40,42,43
所有者不明土地・建物管
理制度‥‥‥‥‥‥‥‥‥‥‥52
所有者不明土地‥‥‥‥46,49,52
所有者不明の裁決‥‥‥‥‥‥47
所有の意思‥‥‥‥‥‥‥‥‥86
自力救済の禁止‥‥‥‥156,158,160
親権‥‥‥‥‥‥‥‥‥‥363,383
審尋‥‥‥‥‥‥‥‥‥‥‥341
親族‥‥‥‥‥‥‥‥‥‥‥350
人的担保‥‥‥‥‥‥‥‥‥280
信頼関係破壊の法理‥‥‥‥268
心理的瑕疵‥‥‥‥‥‥‥‥232

【す】
推定する‥‥‥‥‥‥‥‥‥‥84
数量に関する契約不適合‥‥233

【せ】
請求の原因‥‥‥‥‥‥‥‥315
請求の趣旨‥‥‥‥‥‥‥‥315
請求の認諾‥‥‥‥‥‥‥‥145
清算手続‥‥‥‥‥‥‥‥‥403
清算人‥‥‥‥‥‥‥‥299,303,304
正当事由‥‥‥‥‥‥‥‥‥270
成年後見人‥‥‥‥‥‥‥‥‥16
成年後見の申立‥‥‥‥‥‥‥16

【そ】
相続 ……………………………… 389
相続関係図 …………………… 350
相続欠格 ………………………… 392
相続財産管理人 ……………… 405
相続財産法人 ………………… 403
相続登記の義務化 ……………… 21
相続土地国庫帰属制度 ……… 49,51
相続と登記 ……………………… 26
相続人申告登記 ………………… 22
相続放棄 …………………… 27,397
双務契約 ……………………… 127
相隣関係 ………………………… 57
訴訟判決 …………………… 315,316
損害賠償額算定の基準時 …… 178
損害賠償額の予定 …………… 180
損害賠償請求 …………… 165,241
損害賠償の範囲 ……………… 175

【た】
代価弁済 …………………… 290,291
退去 …………………………… 133
代金減額請求 ………………… 241
代金納付 ……………………… 284
対抗要件 …………………… 19,20
対抗力のある賃借権 ………… 256
第三者による弁済（第三者
弁済）………………………… 110
第三者弁済 …………………… 290
代襲相続 ……………………… 390
代替執行 ………………… 132,135,138
代物弁済 ……………………… 114
代理 ……………………… 7,8,10
代理権授与行為 ………… 10,16

諾成契約 …………………………… 4
宅地建物取引業法37条の2 ……… 196
建物収去土地明渡し ………… 147,153
断行の仮処分 ………………… 334,338
単純相続 ……………………… 395
担保 …………………………… 342
担保執行の申立て ……………… 282
担保物権 ……………………… 279
担保不動産収益執行 ……… 281,287

【ち】
遅延損害金 …………………… 122
地図 ……………………………… 33
地図に準ずる図面 ……………… 34
地租改正図 ……………………… 37
地目 ……………………………… 41
嫡出子 ………………………… 377
嫡出推定制度 ………………… 377
嫡出否認 ……………………… 379
懲戒権 ………………………… 383
調停離婚 ……………………… 356
直接強制 …………………… 132,141
地歴 …………………………… 231
賃借権の登記 …………… 257,258

【つ】
追完請求 ……………………… 239
追完請求権としての修補 …… 240
追完不能 ……………………… 244
通知 ………………………… 250,252
強い付合 ………………………… 69

【て】
定期行為 ……………………… 245

停止条件・・・・・・・・・・・・・・・・・・・・・・・200
抵当権・・・・・・・・・・・・・・・・・・・・・279,295
抵当権消滅請求制度・・・・・・・・・290,293
抵当権の実行・・・・・・・・・・・・・・・・・・281
手付・・・・・・・・・・・・・・・・・・・・・・・・・・209
手付解除・・・・・・・・・・・・・・214,220,226
手付の額の制限・・・・・・・・・・・・・・・・214
転貸借・・・・・・・・・・・・・・・・・・・・265,266
添付・・・・・・・・・・・・・・・・・・・・・・・・59,64

【と】
登記の対抗力・・・・・・・・・・・・・・・・・・289
動産執行・・・・・・・・・・・・・・・・・・・・・・155
当事者恒定・・・・・・・・・・・・・・・・・・・・331
当事者の死亡・・・・・・・・・・・・・・・・・・333
同時履行の抗弁権・・・・・・・123,126,128
到達主義・・・・・・・・・・・・・・・・・・・・・・186
特定財産承継遺言・・・・・・・・・18,27,50
特定物・・・・・・・・・・・・・・・・・・・・・・・・118
特別代理人・・・・・・・・・・・・・・・・・・・・306
特別売却・・・・・・・・・・・・・・・・・・・・・・286
特別養子・・・・・・・・・・・・・・・・・・370,376
土地台帳附属地図・・・・・・・・・・・・・・・33
取消しと登記・・・・・・・・・・・・・・・・・・・28

【な】
縄のび・・・・・・・・・・・・・・・・・・・・・・・・・39

【に】
入札・・・・・・・・・・・・・・・・・・・・・・・・・・285
任意代理権・・・・・・・・・・・・・・・・・・・・・10
認知・・・・・・・・・・・・・・・・・・・・・・377,381

【ね】

根抵当権・・・・・・・・・・・・・・・・・・・・・・295
根抵当権の確定・・・・・・・・・・・・・・・・298

【の】
農地法・・・・・・・・・・・・・・・・・・・・・・・・275

【は】
売却・・・・・・・・・・・・・・・・・・・・・・・・・・283
配偶者・・・・・・・・・・・・・・・・・・・・・・・・349
配偶者居住権・・・・・・・・・・・・・・・・・・405
配偶者短期居住権・・・・・・・・・・・・・・409
廃除・・・・・・・・・・・・・・・・・・・・・・・・・・393
背信的悪意者・・・・・・・・・・・・・・・・・・・23
売買契約・・・・・・・・・・・・・・・・・・・・・・・・1
売買契約の成立時期・・・・・・・・・・・・・・4
白紙委任状・・・・・・・・・・・・・・・・・・・・・11
判決・・・・・・・・・・・・・・・・・・・・・・・・・・316

【ひ】
引渡し・・・・・・・・・・・・・・・・・・・・・・・・133
筆界・・・・・・・・・・・・・・・・・・・・33,40,43
筆界確定訴訟・・・・・・・・・・・・・・・・・・・44
筆界特定・・・・・・・・・・・・・・・・・・・・・・・44
筆限図・・・・・・・・・・・・・・・・・・・・・・・・・39
被保全権利・・・・・・・・・・・・・・・・・・・・338
表示登記・・・・・・・・・・・・・・・・・・・・・・261
費用償還請求・・・・・・・・・・・・・・・・・・・75
品質の不適合・・・・・・・・・・・・・・・・・・230

【ふ】
夫婦共同縁組・・・・・・・・・・・・・・・・・・370
不確定期限・・・・・・・・・・・・・・・・・・・・124
復氏・・・・・・・・・・・・・・・・・・・・・・・・・・361
付合・・・・・・・・・・・・・・・・・・59,60,71,77

事項索引 *419*

付随性（従属性）・・・・・・・・・・・・・・・・・328
不受理申出制度・・・・・・・・・・・・・・・・・355
物権・・・・・・・・・・・・・・・・・・・・・・・・・・・19
物権の公示・・・・・・・・・・・・・・・・・・・・・19
物権の絶対性・・・・・・・・・・・・・・・・・・・19
物権の直接支配性・・・・・・・・・・・・・・・19
物権の排他性・・・・・・・・・・・・・・・・・・・19
物権変動・・・・・・・・・・・・・・・・・・・・・・・19
物上保証人・・・・・・・・・・・・・・・・94,113
物的担保・・・・・・・・・・・・・・・・・・・・・280
不動産仮差押命令申立書・・・・・・・317
不動産登記法14条4項・・・・・・・・・・34
分合筆の登記・・・・・・・・・・・・・・・・・・43
分筆・・・・・・・・・・・・・・・・・・・・・・・・・・43

【へ】
平穏・・・・・・・・・・・・・・・・・・・・・・・・・・88
弁済・・・・・・・・・・・・・・・・・・・・・97,109
弁済供託・・・・・・・・・・・・・・・・・・・・102
弁済の提供・・・・・・・・・・・・・・・・・・100

【ほ】
法定解除・・・・・・・・・・・・・・・・・・・・185
法定代理権・・・・・・・・・・・・・・・・・・・10
保佐・・・・・・・・・・・・・・・・・・・・・・・・・15
補助・・・・・・・・・・・・・・・・・・・・・・・・・15
保全執行・・・・・・・・・・・・・・・・・・・・344
保全取消・・・・・・・・・・・・・・・314,319
保全取消の申立て・・・・・・・・・・・・319
保全の必要性・・・・・・・・・・・・・・・・339
保全命令・・・・・・・・・・・・・・・・・・・・328
保全命令の申立て・・・・・・・・・・・・336
本案訴訟・・・・・・・・・・・・・・・・・・・・315
本案判決・・・・・・・・・・・・・・・・・・・・315

【み】
未成年養子・・・・・・・・・・・・・・368,369
密行性・・・・・・・・・・・・・・・・・・・・・327
みなす・・・・・・・・・・・・・・・・・・・・・・84
民事執行法184条・・・・・・・・・・・・284
民事訴訟法248条・・・・・・・・・・・・161
民事保全・・・・・・・・・・・・・・・325,326
民事保全の特質・・・・・・・・・・・・・326

【む】
無権代理・・・・・・・・・・・・・・・・・・8,11
無効と登記・・・・・・・・・・・・・・・・・・28
無断転貸借・・・・・・・・・・・・・・・・・266

【め】
明認方法・・・・・・・・・・・・・・・・・・・・79
命令・・・・・・・・・・・・・・・・・・・・・・・316
免責事由・・・・・・・・・・・・・・・・・・・169
免責特約・・・・・・・・・・・・・・・・・・・246

【も】
申立ての趣旨・・・・・・・・・・・・・・・337
申立ての理由・・・・・・・・・・・・・・・338
目的外動産・・・・・・・・・・・・・・・・・154
目的物の特定・・・・・・・・・・・・・・・・・2

【や】
約定解除・・・・・・・・・・・・・・・・・・・185

【よ】
養子・・・・・・・・・・・・・・・・・・・・・・・368
養子縁組・・・・・・・・・・・・・・・・・・・368
養子縁組の効果・・・・・・・・・・・・・371
予見すべきであったとき・・・・・・・176

予定損害賠償額の増減 ………… 183
弱い付合 …………………………… 69

## 【り】

履行遅滞 ………………… 119,120
履行の強制 ………………………… 131
履行の着手 ………………………… 222
履行の提供 ………………………… 123
履行不能 ………………… 117,119
離婚 ………………………………… 355
利息 ………………………………… 122
立証責任 ………………… 145,171

## 【ろ】

ローン特約 ………………………… 198
ローン特約解除 ………… 198,206
ローン特約条項における
解除期限 …………………………… 205
ローン特約の種類 ………………… 200

## 【わ】

和紙公図 …………………………… 44

事項索引 *421*

# 参考文献

1 潮見佳男著「民法（全）第3版」（有斐閣、2022年3月）
　→略記：潮見・民法（全）
2 道垣内弘人著「リーガルベイシス民法入門　第5版」（日本経済新聞出版、2024年1月）
　→略記：道垣内・リーガルベイシス
3 我妻　榮著「新訂民法総則（民法講義Ⅰ）」（岩波書店、1965年5月）
　→略記：我妻・民法総則
4 四宮和夫・能見善久著「民法総則　第9版」（弘文堂、2018年3月）
　→略記：四宮＝能見・民法総則
5 河上正二著「民法総則講義」（日本評論社、2007年11月）
　→略記：河上・民法総則
6 河上正二著「物権法講義」（日本評論社、2012年10月）
　→略記：河上・物権法講義
7 河上正二著「担保物権法講義」（日本評論社、2015年7月）
　→略記：河上・担保物権法講義
8 松岡久和著「物権法」（成文堂、2017年3月）
　→略記：松岡・物権法
9 安永正昭著「講義　物権・担保物権法　第4版」（有斐閣、2021年12月）
　→略記：安永・物権・担保物権法
10 潮見佳男著「新債権総論Ⅰ」（信山社、2017年6月）
　→略記：潮見・新債権総論Ⅰ
11 潮見佳男著「新債権総論Ⅱ」（信山社、2018年7月）
　→略記：潮見・新債権総論Ⅱ
12 中田裕康著「債権総論　第四版」（岩波書店、2020年10月）
　→略記：中田・債権総論
13 奥田昌道・佐々木茂美著「新版債権総論上巻」（判例タイムズ社、2020年7月）
　→略記：奥田＝佐々木・債権総論上巻
14 奥田昌道・佐々木茂美著「新版債権総論中巻」（判例タイムズ社、2021年4月）
　→略記：奥田＝佐々木・債権総論中巻
15 中田裕康著「契約法　新版」（有斐閣、2021年10月）
　→略記：中田・契約法

16 潮見佳男著「新契約各論Ⅰ」（信山社、2021年3月）
　→略記：潮見・各論Ⅰ
17 潮見佳男著「新契約各論Ⅱ」（信山社、2021年4月）
　→略記：潮見・各論Ⅱ
18 内田　貴著「民法Ⅲ　債権総論・担保物権　第4版」（東京大学出版会、2020年4月）
　→略記：内田・民法Ⅲ
19 窪田充見著「家族法―民法を学ぶ〔第4版〕」（有斐閣、2019年12月）
　→略記：窪田・家族法
20 潮見佳男著「詳解　相続法　第2版」（弘文堂、2022年7月）
　→略記：潮見・相続法
21 二宮周平著「家族法　第6版」（新世社、2024年11月）
　→略記：二宮・家族法
22 小林直人・伊藤　崇・尾久陽子・渡邊竜行共著「相続実務に役立つ"戸籍"の読み方・調べ方（第三次改訂版）」（ビジネス教育出版社、2024年8月）
　→略記：小林ほか・"戸籍"の読み方・調べ方
23 山野目章夫著「不動産登記法（第3版）」（商事法務、2024年1月）
　→略記：山野目・不動産登記法
24 山野目章夫著「不動産登記法概論　登記先例のプロムナード」（有斐閣、2013年5月）
　→略記：山野目・不動産登記法概論
25 山野目章夫著「不動産登記法入門（第3版）」（日経文庫、2022年2月）
　→略記：山野目・不動産登記法入門
26 寶金敏明著「改訂版　境界の理論と実務」（日本加除出版、2018年12月）
　→略記：寶金・境界の理論と実務
27 七戸克彦著「土地家屋調査士講義ノート」（日本加除出版、2010年4月）
　→略記：七戸・土地家屋調査士講義ノート
28 七戸克彦著「新旧対照解説改正民法・不動産登記法」（ぎょうせい、2021年6月）
　→略記：七戸・解説
29 藤原勇喜著「公図の研究（5訂増補版）」（朝陽会、2018年8月）
　→略記：藤原・公図の研究
30 森下秀吉著「地図の蘇生【公図混乱解消の記録】」（毎日新聞社、1995年9月）
　→略記：森下・地図の蘇生

31 新井克美著「登記手続における公図の沿革と境界」(テイハン、1984年7月)
　→略記:新井・公図の沿革と境界
32 瀬川信久著「不動産附合法の研究」(有斐閣、1981年11月)
　→略記:瀬川・不動産附合法の研究
33 髙木　賢・内藤恵久編著「改訂版逐条解説農地法」(大成出版社、2017年4月)
　→略記:髙木＝内藤・農地法
34 和田吉弘著「基礎からわかる民事訴訟法　第2版」(商事法務、2022年4月)
　→略記:和田・民事訴訟法
35 上田徹一郎著「民事訴訟法　第7版」(法学書院、2011年6月)
　→略記:上田・民事訴訟法
36 裁判所職員総合研修所監修「民事訴訟法講義案(改訂補訂版)」(司法協会、2007年6月)
　→略記:民事訴訟法講義案
37 中野貞一郎・下村正明著「民事執行法　改訂版」(青林書院、2021年8月)
　→略記:中野＝下村・民事執行法
38 司法研修所編「民事弁護教材3訂民事執行」(日本弁護士連合会、2021年3月)
　→略記:司法研修所・民事執行
39 執行官実務研究会編(代表:古島正彦)「執行官実務の手引」(民事法研究会、2005年9月)
　→略記:執行官実務研究会・執行官実務の手引
40 瀬木比呂志著「民事保全法　新訂第2版」(日本評論社、2020年9月)
　→略記:瀬木・民事保全法
41 司法研修所編「民事弁護教材　改訂民事保全(補正版)」(日本弁護士連合会、2014年1月)
　→略記:司法研修所・民事保全
42 裁判所職員総合研修所監修「民事保全実務講義案(改訂版)」(司法協会、2007年4月)
　→略記:民事保全実務講義案
43 恩田　剛著「民事保全・証拠保全等プラクティス」(司法協会、2021年3月)
　→略記:恩田・プラクティス
44 東京弁護士会弁護士研修委員会編「民事執行をめぐる実務上の問題点(研究叢書5)」(東京弁護士会、1986年2月)
45 岡本正治・宇仁美咲著「不動産売買の紛争類型と事案分析の手法」(大成出版社、2017年12月)

→略記：岡本＝宇仁・事案分析の手法
46　稲本洋之助・澤野順彦編「コンメンタール借地借家法　第4版」（日本評論社、2019年6月）
　　　→略記：コンメンタール借地借家法
47　藤田宙靖著「新版　行政法総論　上巻」（青林書院、2020年4月）
　　　→略記：藤田・行政法総論　上巻
48　藤川眞行著「新版　公共用地取得・補償の実務―基本から実践まで―」（ぎょうせい、2022年4月）
　　　→略記：藤川・公共用地取得・補償の実務
49　藤川眞行監修・公共用地補償研究会編集「公共用地取得　特別な補償に関する用対連基準の解説と実務―区分地上権設定の補償　区分所有建物敷地の取得に伴う補償　残置工事費・隣接地工事費の補償　配偶者居住権の補償―」（大成出版社、2024年4月）
　　　→略記：藤川・公共用地取得

【論文】
50　浦野雄幸「不動産執行・不動産競売をめぐる実務上の問題点」研修叢書5　民事執行を巡る実務上の問題点（専門講座講義録）（東京弁護士会弁護士研修委員会、1986年2月）
51　髙　秀成「『権限』とは何か」法学教室526号25頁

【改正法の解説】
52　筒井健夫・村松秀樹編著「一問一答　民法（債権関係）改正」（商事法務、2018年3月）
　　　→略記：一問一答・債権関係
53　堂薗幹一郎・野口宣大編著「一問一答　新しい相続法〔第2版〕平成30年民法等（相続法）改正、遺言書保管法の解説」（商事法務、2020年10月）
　　　→略記：一問一答・相続法
54　山口敦士・倉重龍輔編著「一問一答　令和元年民法等改正　特別養子制度の見直し」（商事法務、2020年3月）
　　　→略記：一問一答・特別養子制度
55　佐藤隆幸編著「一問一答　令和4年民法等改正　親子法制の見直し」（商事法務、2024年2月）
　　　→略記：一問一答・親子法制
56　櫻庭　倫著「一問一答　戸籍法　戸籍情報の連携、押印義務の見直し、氏名の振り仮名の法制化」（商事法務、2024年1月）

→略記：一問一答・戸籍法

57 大村敦志・道垣内弘人編「解説　民法（債権法）改正のポイント」（有斐閣、2017年10月）

→略記：大村＝道垣内・債権法改正のポイント

58 山野目章夫・佐久間　毅編「解説　民法・不動産登記法（所有者不明土地関係）改正のポイント」（有斐閣、2023年12月）

→略記：山野目＝佐久間・所有者不明土地関係改正のポイント

59 大村敦志・窪田充見編「解説　民法（家族法）改正のポイントⅠ——2018〜2022年民法改正編」（有斐閣、2024年10月）

→略記：大村＝窪田・家族法改正のポイント

60 大村敦志・窪田充見編「解説　民法（相続法）改正のポイント」（有斐閣、2019年8月）

→略記：大村＝窪田・相続法改正のポイント

61 堂薗幹一郎・神吉康二編著「概説　改正相続法　第2版」（金融財政事情研究会、2021年2月）

→略記：堂薗＝神吉・改正相続法

62 潮見佳男・千葉惠美子・松尾　弘・山野目章夫編「詳解　改正民法・改正不登法・相続土地国庫帰属法」（商事法務、2023年6月）

→略記：潮見ほか・改正不登法・相続土地国庫帰属法

63 村松秀樹・大谷　太編著「Ｑ＆Ａ令和3年改正民法・改正不登法・相続土地国庫帰属法」（金融財政事情研究会、2022年3月）

→略記：村松＝大谷・Ｑ＆Ａ

64 荒井達也著「Ｑ＆Ａ令和3年民法・不動産登記法改正の要点と実務への影響」（日本加除出版、2021年5月）

→略記：荒井・Ｑ＆Ａ

65 木内道祥・片山登志子・増田勝久編著「Ｑ＆Ａ新人事訴訟法解説」（日本加除出版、2004年7月）

→略記：木内ほか・Ｑ＆Ａ新人事訴訟法解説

66 石田敏明編著「新人事訴訟法　要点解説とＱ＆Ａ」（新日本法規、2004年1月）

→略記：石田・新人事訴訟法

67 山野目章夫＝井上　稔＝大谷　太＝西　希代子＝野澤千絵「座談会　所有者不明土地問題とその周辺」ジュリスト1606号14頁

【その他】

68 原田慶吉著「ローマ法の原理」（弘文堂、1950年3月）

69 柴田光蔵著「ことわざの法律学　現代日本の実相分析」(自由国民社、1997年7月)
70 坂田　聡著「苗字と名前の歴史」(吉川弘文館、歴史文化ライブラリー211、2006年4月)
71 一般社団法人日本曳家協会編「家が動く！曳家の仕事」(水曜社、2016年7月)
72 ジル・ボルト・テイラー著「奇跡の脳―脳科学者の脳が壊れたとき」(新潮文庫、2012年3月)
73 井上ひさし著「東慶寺花だより」(文春文庫、2013年5月)

■著者略歴

# 宇仁　美咲（うに　みさき）

関西学院大学法学部卒業　弁護士（大阪弁護士会所属）、関西学院大学大学院司法研究科非常勤講師（平成16年から平成20年3月、法情報調査・法文書作成、建築紛争法）

## 【委員等】

（法務省関係）

司法試験予備試験考査委員〔令和2年度から令和4年度、民法〕

（国土交通省関係）

国土交通大学校講師（専門課程　宅地建物取引研修）、（一財）全国建設研修センター講師（用地職員のための法律実務、民法）、不動産賃貸業、賃貸不動産管理業等のあり方に関する検討会委員、民法改正に対応した不動産取引に係る契約書等に関する検討会委員、国土交通省社会資本整備審議会産業分科会不動産部会臨時委員、心理的瑕疵に関する検討会委員等

（官公署関係）

大阪市固定資産評価審査委員会委員（平成22年6月から平成26年4月）、境界問題相談センターおおさか相談員（平成24年4月～）、大阪簡易裁判所司法委員（平成31年1月から令和3年12月）等

## 【主　著】

「宅地建物取引業者による人の死の告知に関するガイドラインの解説」（大成出版社・令和4年5月）

「消費者契約法からみた不動産取引」（大成出版社・令和7年3月）

（以下、岡本正治と共著）

「マンション管理適正化法の解説」（大成出版社・平成13年10月）

「詳解　不動産仲介契約」（大成出版社・平成20年8月）

「不動産事業者のための障害者差別解消法ハンドブック」（大成出版社・平成28年6月）

「不動産売買の紛争類型と事案分析の手法」（大成出版社・平成29年12月）

「三訂版　逐条解説　宅地建物取引業法」（大成出版社・令和2年2月）

「不動産媒介契約の要点解説」（大成出版社・令和3年5月）

「指導監督から見た宅地建物取引業法」（大成出版社・令和4年8月）

## 用地担当者のための民法の基礎知識

2025年4月24日　第1版第1刷発行

著　者　宇　仁　美　咲
発行者　箕　浦　文　夫
発行所　株式会社 大成出版社

〒156-0042
東京都世田谷区羽根木1−7−11
電話　03（3321）4131㈹
https://www.taisei-shuppan.co.jp/

Ⓒ2025　宇仁美咲　　　　　　　　　印刷　信教印刷

落丁・乱丁はおとりかえいたします。
ISBN978-4-8028-3565-7